숫자를 몰라도
내 주식은
오른다

40년 투자 대가 샤프슈터와
딸의 금융 수업

숫자를 몰라도
내 주식은
오른다

HOW TO BE
RICH

박문환 · 박이수 지음

한국경제신문

일러두기

이 책은 유튜브 〈하우투비리치〉의 2022년, 2023년 콘텐츠를 바탕으로 집필하였습니다.

'이 업종에 관심을 가져라,
이 업종을 팔아라.'
시장은 끊임없이 소리친다.
단지 우리가 그 소리를 듣지 못할 뿐.

샤프슈터 박문환

함께 투자 공부를 시작할 독자들에게

영화 〈기생충〉의 주인공 기택이 사는 집을 보고 깜짝 놀랐습니다. 제가 어렸을 때 살았던 반지하 집과 정말 비슷했거든요. 물이 철벅거리는 장판, 곳곳에 핀 곰팡이, 조명을 켜도 집은 어두웠고, 창문 밖으로 시선을 돌리면 사람들의 발이 보였습니다. 다행히도 곰팡이와의 동침은 그리 길지 않았습니다. 2년에 한 번씩 조금씩 더 넓고 좋은 집으로 이사를 거듭한 끝에, 열세 살이 되던 해에는 서울로 올라와 쾌적한 환경에서 살게 됐죠. 당시 아버지는 증권사에 다니셨는데 저는 그저 아버지 일이 대단히 잘 풀렸나 보다 생각했습니다.

저의 첫 월급은 300만 원대였습니다. 또래보다 빠르게 취업했고, 사회초년생의 평균보다 많은 월급을 받으며 저축까지 하는 제가 꽤 멋지다고 생각했죠. 돌이켜보면 참으로 순진한 생각이었습니다. 그때 저는 열심히 일하면, 10년 정도 월급 착실히 모으면 부모님 집 주변의 아파트 한 채 정도는 살 수 있을 줄 알았습니다. 여유롭게 계산기를 두들겨봤는데, 제 월급에서 최소한의 생활비를 제외하고 60년 정도 모아야 하더군요. 당황했습니다.

60년이라는 숫자를 보고 마음이 급해진 저는 아버지가 계신 서재 문을 열고 물었습니다. 어떻게 여든 살이 되기도 전에 이런 집을 사신 거냐고 말이죠. 아버지가 시장 전문가인 만큼 주식으로 자산을 쉽게 불리는 방법을 알려주시길 내심 바랐습니다. 독립할 때 반지하로 다시 돌아가 시작하고 싶지는 않았거든요.

예상하셨겠지만 아버지는 절대 종목을 알려주시지 않았습니다. 대신 스스로 종목을 찾을 눈과 힘을 기를 수 있도록 '이벤트 스터디'라는 특별한 공부법에 답이 있다고 말씀해주셨습니다. 이해하기 힘든 전문가들의 말과 어려운 차트 분석, 넘쳐나는 경제 이론 대신 시장에서 발생하는 이벤트(뉴스)를 공부해 투자 기회를 찾아내는 방법이었습니다.

이벤트 스터디라니, 숫자를 싫어하는 저에게 이보다 완벽한 공부 방법은 없었죠. '어떻게 이것도 모르냐'는 갖은 구박을 견뎌야 했지만, 이벤트 스터디 덕분에 아버지께서 40년 넘게 축적해오신 지식과 경험까지 조금씩 제 것으로 만들 수 있었습니다.

주변을 둘러보니 투자 공부에 어려움을 느끼는 사람이 저만은 아니었습니다. '아버지와의 대화를 공유하면 어떨까?' 하는 생각에 콘텐츠를 만들며, 전문가의 언어를 쉽고 풀어내고자 노력했습니다. 그렇게 경제를 전혀 모르던 딸과 40여 년간 투자만 해오신 아버지가 함께하는 경제 채널 〈하우투비리치〉가 탄생했습니다.

이 책에서는 2022년부터 2023년까지 발생한 주요 이벤트들이 시장에 어떤 영향을 미쳤는지 살펴보고, 그런 상황에서는 어떤 포지션을 취해야 할지 맞춤 솔루션을 제공합니다. 이벤트 중에는 시기가 지난 것들도 있고, 현재 진행형인 것들도 있습니다. 중요한 것은 이런 이벤트들을 꼼꼼히 살피면서 공부 내공을 쌓으면, 장담하건대 시장과 투자를 바라보는 시야가 넓어질 것입니다.

이 책은 총 6개 장으로 구성돼 있습니다. 이벤트가 시장에 영향을 주는 기간의 길이에 따라 단기적으로 돈의 흐름을 알 수 있는 각국의 금리·환율·유가, 중기적으로 세계 경제를 좌우하는 미국 연준의 행보, 장기적으로 주가 흐름에 영향을 주는 지정학적 관계를 먼저 살펴봤습니다. 이어 변수가 많은 위험한 시장에서 생존하는 방법, 악재와 호재를 구분하는 방법, 미래에 기회를 가져다줄 산업 분야를 다뤘습니다.

이 책에도 여러 데이터와 숫자들이 나오지만 중요한 것은 부담 없이 이벤트를 읽어가는 태도입니다. 숫자는 투자를 할 때 좋은 기준이 됩니다. 차트 분석은 투자를 위한 중요한 기술이죠. 하지만 그 전에 이벤트 스터디를 통해 투자 공부의 즐거움을 깨닫기를 바랍니다. 맥락이 잘 짚이지 않는다면, 저의 시선에서 간결하고 쉽게 정리한 '핵심 요약'을 먼저 읽으시길 추천합니다. 관심 있는 주제나 알고 싶은 이야기부터 읽어도 내용을 이해하는 데 문제가 없으니 책장 사이를 편하게 오가도 좋습니다. 딸이 투자를 쉽고 재밌게 해나가길 바라는 아버지의 진심이 독자 분들에게도 분명 전해지리라고 생각합니다.

어떤 투자 공부법이 필요할까?

이수야, 내가 처음 주식을 접했을 때는 그다지 절박하지 않았던 것 같아. 1985년의 주식 시장은 어지간하면 수익이 나던 시절이었거든. 그렇게 계속 주가가 오르면서 수익만 냈다면 얼마나 좋았겠니? 하지만 경제라는 것은 좋다가도 나빠지기를 반복하게 돼 있지. 몇 차례의 굴곡을 거치면서 호황 때의 수익은 잠깐 나에게 들렀다 간 것일 뿐 정작 내 돈은 아니라는 사실을 알게 됐어. 내가 주식 공부의 필요성을 실감한 게 바로 그때부터였단다.

하지만 내가 공부를 시작하려고 마음먹은 그 시절에는 경제 관련 서적이 거의 없었어. 체계를 쌓기 어려웠기에 무엇부터 시작해야 할지 너무나 막막했지. 주식 공부를 하겠다고 마음먹고 뛰어든 사람이라면 지금도 비슷한 고민을 하지 않을까 싶어. 나는 그런 이들에게 '이벤트 스터디'를 강력히 추천해. 복잡하고 딱딱한 경제 서적을 읽는 것보다 훨씬 쉬우면서도 효과가 큰 방법이거든.

아버지 이야기를 좀 더 해줄까? 내가 처음 주식 투자를 시작한 당시에는 HTS Home Trading System라는 게 없었어. 그 대신 차트를 그려주는 회사가 있었지. 관심이 많은 회사는 직접 그리기도 했는데, 당시 내가 가장 관심 있게 본 지표는 거래량이었어. 거래량이 평소보다 눈에 띄게 많다는 것은 그날 어떤 이유로든 매수와 매도가 심하게 충돌했다는 의미잖아. 매수세와 매도세가 아무런 이유 없이 충돌하지는 않아. 거래량이 터졌다면 종목에 영향을 줄 수 있는 재료가 있었다는 말이지. 나는 그런 재료들을 조사한 거야. '어떤 뉴스가 나왔을 때 시장이 어느 방향으로 움직였더라' 하는 경험치를 계속 모아가면 적어도 비슷한 뉴스가 나왔을 때 당황하지는 않겠지 하는 단순한 마음으로 시작했는데, 내가 상상하는 것 이상의 성과를 거둘 수 있었어.

사실 시장을 움직일 수 있는 뉴스는 그다지 많지 않거든. 종목의 민감도에 따라 조금씩 차이가 날 뿐 대다수의 종목에 고르게 영향을 주는 금리·환율·유가 등의 뉴스도 있고, 개별 종목에만 영향을 주는 뉴스도 있어. 이를 공부하는 걸 이벤트 스터디라고 해. 이벤트 스터디를 꾸준히 하다 보니 지금 나온 뉴스가 어떤 종목에 중점적으로 영향을 줄지도 알 수 있게 되더구나.

예를 들어볼까? 중국은 2017년 사드THAAD(고고도 미사일 방어 체계) 설치 이후 자국민이 우리나라에 단체 관광을 오는 걸 금지했지? 하지만 6년 후인 2023년 8월, 중국 문화여유국에서 단체 관광객을 허용할 거라는 뉴스가 있었어. 이 뉴스를 접했을 때, 이벤트 스터디를 꾸준히 해온 사람이라면 어떤 기회를 찾을 수 있었을까?

우선 유커(중국인 단체 관광객)가 어떤 경로로 한국에 들어올 것인가가 중요하겠지? 과거에 유커들은 크루즈를 많이 이용했는데, 첫 번째 기항지가 제주도라면? 당연히 제주도에 거점을 둔 회사들이 수혜를 볼 거야. 실제로 그 뉴스가 나온 날이 2023년 8월 10일이었는데, 롯데관광개발이라는 회사가 강세를 보이기 시작했어. 그 회사는 마침 제주도에 카지노를 개장해놓고 있었지. 강세를 보이기 시작한 날부터 재료가 소멸한 8월 말까지 1만 270원에서 1만 7,400원까지 무려 7,000원가량 올랐어.

이수야, 내가 이 세상에 저평가된 회사는 이제 더는 없다고 했지? 애널리스트가 우리나라에만 수백 명이나 있고, 가치 분석이 가능한 투자자만 수십만 명이야. 어떤 애널리스트의 눈에도 띄지 않고 10만 원의 가치를 가진 종목이 1만 원의 가격에 거래되는 일은 거의 없어. 하지만 이벤트 스터디를 열심히 하다 보면, 지금 딱 보도된 뉴스가 그 종목에 어떤 영향을 미칠지를 알 수 있기 때문에 누구보다 먼저 매수해서 안전하게 수익을 낼 수 있단다. 투자가 쉽고 재미있어지는 건 덤이고 말이야. 이것만으로도 이벤트 스터디를 해야 하는 이유가 충분하지 않겠니?

숫자를 몰라도 내 주식은 오른다

HOW TO BE RICH

차례

1강
경제와 숫자를 몰라도 괜찮아
돈의 흐름 이해하기

2강

연준의 메시지에 숨은 투자 힌트
물가, 고용지표를 해석하는 법

3강

지정학을 알면 세계 경제가 보인다
장기적 투자를 위한 필수 지식 알기

4강
미지의 시장, 생존을 위한 지식
시장 변동성에 대응하는 법

5강
호재와 악재는 어떻게 구분할까?
장세별 통하는 전략 마스터

6강
미래를 바꿀 산업들
반도체, AI가 가져다줄 기회

예측 대신 현재에 충실한 대응을!

이수   아버지! 제가 "주가는 왜 떨어지나요?"라든지 "전쟁이 어떻게 끝날까요?"와 같은, 시황이나 국제 정세에 대한 질문들을 마구 마구 쏟아붓잖아요. 그러면 아버지는 백 번 중 아흔아홉 번은 "나도 모르지"라고 대답하셨어요. 그래도 전문가이신데 본인만의 시황 예측 기법이 따로 있지 않을까 생각되거든요. 저뿐 아니라 아버지 주변 분들 역시 저와 같은 기대를 하실 텐데요. 시종일관 '모르지'라고 답변하시니 한편으론 '응? 정말 없으신 건가? 가르쳐주기 싫으신 건가?' 싶어서 내심 섭섭하기도 해요.

아버지   나는 그냥 늘 새벽에 깨어 세상을 읽을 뿐이야. 우리가 자고 있을 때 지구 반대편은 낮이니까 경제활동이 일어나잖니. 그래서 우리가 밤을 보내는 동안 미국을 비롯해 전 세계에서 있었던 일들을 정리하고 보여주려고 그러는 거지. 그게 나의 소임이야. 뭔가를 예측하고 전망하고……, 이런 건 놓은 지 오래됐어. 시황 전문가로 널리 알려져 있는 사람에게 직접 물어보면 자신은 시황 전문가 아니라고 답변하는 사람들이 더 많아. 예를 들면 하워드 막스Howard Marks가 대표적이지.

이수   하워드 막스라면 전설적인 투자자이자 투자에 대한 논평을 담은 '메모'로 유명하잖아요. 그의 메모는 월스트리트에서 가장 널리 읽히는 경제 논평이라고 알고 있어요.

아버지   맞아. 워런 버핏Warren Buffett도 그의 이야기를 참 많이 했어. "하워드 막스의 메모가 메일함에서 보이면 가장 먼저 열어서 읽어본다. 나는 그에게 항상 뭔가를 배운다"라고 했을 정도니까.
하워드 막스가 꼽은 '성공적인 투자자가 되려면 반드시 지워야만 하는 7개의 단어'가 있단다.

- 절대 아니다.
- 항상
- 영원히
- 할 수 없다.
- 아닐 것이다.
- ~일 것이다.
- 해야만 한다.

이수   어려운 단어는 없는데 대체로 확언이나 예측과 관련된 단어 같아요.

아버지 그렇지? 한마디로, 투자에 성공하려면 시황을 함부로 예측하지 말고 남들의 말에 쉽게 현혹되지도 말라는 얘기야.

이수 시황 전문가로 유명한 분이 그런 얘길 하셨다고요? 그런데 예측 없이 어떻게 투자를 할 수 있나요?

아버지 시황 전문가? 음, 하워드 막스는 아주 의미심장한 말을 한 적이 있어.

나는 시장을 예측하는 일을 오래전에 그만뒀다. 지금은 사람들에게 그저 오늘 일어나고 있는 일에 대해 말한다. 이후로 내 삶이 훨씬 더 좋아졌다.

이수 아버지 말씀이랑 똑같네요? 새벽에 일어나서 그냥 밤새 일어난 일을 정리해 보여준다고 하셨잖아요.

아버지 나 역시 젊었을 때는 내가 뭔가를 예측할 수 있으리라는 망상에 사로잡힌 적이 있어. 그런 근거 없는 자신감 때문에 고객들의 소중한 자산을 축내기도 했지. 일테면 2008년까지는 시장을 예측할 수 있다고 믿었고, 그래서 늘 예측을 했어. 하지만 당시 결정적인 실수를 했단다. 2008년이면 미국발 금융 위기로 전 세계 경제에 먹구름이 드리웠을 때잖아. 우리 증시도 폭락했는데, 난 아무리 하락하더라도 1400포인트 아래로는 '절대' 내려갈 수 없다고 단언했어. 하지만 지수는 속수무책으로 내려가 900선까지 무너뜨렸지. 그날 이후로 나는 시장을 예측하는 멍청한 일을 완전히 그만뒀단다. 너무나 충격이 컸던 나머지 전문가라는 직업을 그만둘까도 심각하게 고민했는데, 비겁하게 도망가기보다 진짜 봉사를 하자는 생각에 마음을 바꿨지.

이수 봉사라면 아버지가 새벽에 고객들께 편지를 써서 보내는 걸 말씀하시는 거죠? 그런데 그 편지도 사실 시황 예측이 아닌가요? 뭔가 다른 점이 있는 거예요?

아버지 자, 봐봐. 예를 들어 어느 날 새벽, 나는 영국 재무장관 제러미 헌트Jeremy Hunt의 발언을 확인하고 우리나라 시장이 시가는 낮아도 종가는 높을 거라는 생각을 말할 수 있었어. **이건 그저 누구보다 열심히 시장을 들여다봤기에 할 수 있는 일이었을 뿐 예측이나 예언이 아니야. 시장이 최근 왜 하락했는지를 알고 있었기에 그 악재가 반전될 요소도 알 수 있었던 거지.** 게다가 며칠 전부터 미리 알 수 있는 것도 아니고, 그날 아침 그 발언을 접하고 나서야 알 수 있었어. 아침 일기예보에서 가끔 "오늘은 비가 올 것 같으니 출근길에 꼭 우산을 준비하세요"라고 알려주잖아. 아버지가 한 일이 그거랑 비슷한 거지.

이수 저랑 얼마 전에 PBRPrice Book Value Ratio●과 관련한 이야기를 할 때 "0.9배수 아래에서는 적극적으로 매수해라"라고 말씀해주셨는데, 이건 예측이 아닌가요?

● 주가순자산비율. 주가를 주당순자산가치로 나눈 것을 말하며, 기업의 상대적 가치를 평가하는 데 활용된다.

아버지 당연히 아니지. '시스템 위기**와 같은 엄청난 위기 상황만 아니라면, 대개 그즈음에서 매수했을 때 손해 보지는 않더라'라는 경험치에 기반한 조언이었어. 혹시 기억나니? 그때 단서를 하나 달았잖아. 만약 시스템 위기가 온다면 0.6배 수준까지 하락할 수도 있다고 말이야.

예측이라면 '모년 모월 모일에 어디까지 하락한다'라고 하는 것 아니겠니? 그런데 영국의 총리가 무슨 말을 할지, 러시아의 대통령이 실각을 할지 말지, 중국이 타이완을 침공할지 말지, 더군다나 그런 일이 언제 일어날지 누가 알겠어. 또 다른 예로 만약 연방준비제도Federal Reserve System, Fed 의장이 금리를 6%까지 올리면 어쩔 건데? 연준 금리가 5%만 돼도 우리나라 경제가 삐걱거리는데, 6%까지 오른다면 상상도 하기 싫은 일이 터지지 않겠니? 이런 모든 것을 예측해서 지수 저점을 찍어낼 수는 없는 거야.

이수 그야 그렇지만……. 그래도 시장 참여자들이 전문가에게 바라는 답, 원하는 답이라는 게 있잖아요. 그래서 예측을 할 방법이 없다는 게 솔직히 좀 실망스럽기도 해요. 그렇다면 시스템 위기가 정말 올 수 있냐는 질문도 딱히 의미가 없겠네요?

아버지 시스템 위기를 발생시킬 수 있는 대표적인 인물이 연준 의장, 그러니까 현재로선 제롬 파월Jerome Powell이지. 그런데 아마 파

● 은행으로부터 생기는 위기. 금융 시스템의 안정성 등이 의심을 받아 경제가 경색되는 상태를 말한다.

월 자신도 시스템 위기가 올지 안 올지 모를걸? 잘 와닿지 않는다면 지난 얘기를 한번 해볼게. 2020년 코로나19 바이러스가 처음 알려졌을 때 아버지가 뭐라고 했는지 기억나?

이수 있는 돈 없는 돈 모두 긁어모아서 지수를 사라고 하셨죠. 그때 주가가 무섭게 하락하는 상황이라서 겁이 났는데, 전 아버지를 전적으로 믿으니까 최대한 샀어요.

아버지 그래? 날 믿어서 샀다니 고맙구나. 동시에 미안하게도, 그건 내가 코로나19라는 바이러스를 몰랐기 때문에 그런 제안을 한 거였어. 이 바이러스가 엄청난 사망자를 낼 것이고 온갖 변종을 만들어내며 인간 세상을 2년 넘게 괴롭히리라는 것을 몰랐기 때문에 지수에 올인해보라고 했던 거지. 만약 내가 그런 사실을 미리 알았다면, 보유 중인 것들 다 매도하고 쉬자고 했을 거야. 당시 일은 아버지 생각이 맞지 않았는데도 오히려 수익을 낸 사례야. 시황과 관련해서 오히려 진실을 상세히 알수록 불리하게 작용하는 경우도 있다는 얘기지.

시장을 예측하는 건 불가능하지만, 설령 〈도깨비〉의 공유가 와서 앞으로의 일을 정확하게 알려준다고 해도 투자에는 그다지 도움이 되지 않아. 월스트리트의 전설적인 투자자이자 펀드 매니저인 피터 린치Peter Lynch는 "당신이 만약 예측하는 일에 시간을 쓴다면 그중 대부분은 허비한 것이다"라고 말하기도 했어.

이수 제가 직접 겪었던 사례를 들어주시니까 지금까지 말씀하신 게 이해가 되네요. 아버지는 포춘텔러fortune teller가 아니라 현재 일어나고 있는 일들을 정리해서 전달하는 역할을 하는 사람이라는 거, 맞죠?

🪙 그래프조차 몰라도 되는 가장 쉬운 투자 공부법

이수   시장을 예측할 수 없다는 걸 충분히 알았으니, 이제 중요한 건 공부의 방향을 잘 세우는 것인데요. 이론에 국한된 공부가 아니라 실제 사례와 연결해서 공부의 효용을 높이고 싶어요. 경제학을 전공하는 학생이든 초보 투자자든, 거시적인 시각을 키우려면 어떤 것들을 실천해야 할까요? 투자 공부를 하려고 딱 마음을 먹고 보면, 외워야 할 그래프도 많고 경제 학파부터 이론까지 어마어마해서 엄두가 나질 않잖아요. 정말 이런 것들을 다 공부해야 시장에 뛰어들 수 있는 건가요?

아버지   물론 이론도 중요하고, 그래프도 중요하지. 배경지식으로 활용할 수 있는 범위가 넓어지니까. 하지만 그중에서 **지금 당장 거래에 도움이 될 수 있는 가장 중요한 것 한 가지만 꼽자면 단연 '이벤트 스터디'라고 생각해.** 예를 들어, 차트를 해석할 줄 몰라도 일단 딱 보면 유난히 길고 빨갛다든가 아니면 유난히 길고 파랗다든가 하는 특별한 일봉들이 있거든? 그런 날은 특별히 어떤 뉴스가 주가에 반영됐다는 거야. 그날 어떤 뉴스가 있었는지 꾸준히 찾아보면, 어느 순간 시황의 달인이 될 수 있어. 요즘

HTS가 워낙 잘돼 있어서 쉽게 해볼 수 있는데, 우선 그런 작업부터 시작해보는 거지.

대형주 200개를 뽑아서 하루에 10개씩만 분석해봐. 3년 정도의 일봉 중에서 가장 긴 봉을 찾아 그날의 뉴스를 분석해보는 거지. 시장 경험치를 늘린다는 게 사실 별것 아니야. 시장에 오랫동안 머무는 것만이 중요한 건 절대 아니거든. 나 역시 초보 시절에는 급락하거나 급등했을 때의 뉴스를 먼저 분석했어. '아, 이런 뉴스가 악재로 작용했구나. 이날은 이 뉴스가 호재였구나' 하고 뉴스와 시장 상황을 연결하며 공부했지. 이런 것들부터 익힌 다음 시장에 자신의 생각을 적용해나가는 게 순서겠지?

이수 미래에 일어날 일을 전부 반영해서 '여기가 저점입니다'라고 하는 게 딱히 쓸모가 없는 일이라는 걸 명심할게요. 시황의 대가라고 불리는 하워드 막스나 아버지와 같은 시황 전문가들마저도 시황 예측, 그러니까 미래를 예측하는 것에 그다지 관심이 없다는 것을 확실히 알게 됐으니까요.

그와 관련해서 떠오르는 예가 하나 있는데요. "애플이 중국 최대 메모리반도체 기업 양쯔메모리로부터 자사에 필요한 반도체의 40%를 충당하기로 했으나, 미 정부의 제재 권고로 양쯔메모리와의 계약을 유보했다는 소식이 있습니다. 그러므로 다음 분기에는 우리나라의 반도체가 좋아질 수 있습니다!" 이런 말을 할 수 있는 사람이 시황 전문가라는 말씀인 거죠?

아버지 바로 그거야! 실제로 2022년 10월 넷째 주 수요일 기준, 외국인들이 바로 그 뉴스를 접하고 13영업일 동안 전기·전자를 매수했거든. 바로 그런 것을 알려주는 게 전문가야. 미래를 예측하는 일은 이를 전문으로 하는 이들에게 맡기고, 우리는 각자가 있는 자리에서 현재 일어난 일을 가지고 방향을 제시하는 일을 하는 거지.

이수 '그날의 주식 시장은 바로 그날 생긴 여러 가지 새로운 뉴스로 결정된다. 앞날을 예단하지 말고, 현재에 충실하며 시장에 대응하라'라는 말씀이네요.

1강

경제와 숫자를
몰라도 괜찮아

돈의 흐름 이해하기

HOW TO BE
RICH

이수야, 아침에 일어나서 어떤 뉴스를 가장 먼저 살펴보니? 사방에서 쏟아지는 뉴스 중 주가에 가장 크게 영향을 주는 요인은 뭐라고 생각하니?

첫째는 **금리**란다. 잘 관찰해봐. 미국 증시에서 어떤 종목이 오르거나 내리고 심지어 증시 자체가 강세인가 약세인가를 떠나서 미 국채 금리가 상승한 날, 그러니까 미 국채 가격이 하락한 날은 우리나라 증시가 하락할 가능성이 매우 크다는 것을 알 수 있어.

왜 이런 일이 벌어지는지 궁금하지? 가장 중요한 이유는 자금 흐름에서 찾을 수 있어. 세상에서 가장 믿을 만하고 안전한 미 국채가 바겐세일을 한다는데, 다른 곳에 투자해서 한눈팔 필요가 없잖아. 마치 백화점 세일처럼 말이야. 한마디로, '미국이 금리를 올리면 세상의 돈이 미국으로 향하게 된다'라는 얘기지. 그뿐만이 아니라 미 금리는 글로벌 금리의 기준점이야. 미국이 금리를 올리면 우리도 어느 정도는 따라 올려야 하는데, 그러면 기업들의 조달 금리도 일제히 오르겠지?

그렇다고 금리 인상이 늘 나쁘게 작용하는 것만은 아니야. 금리를 올린다는 건 미국의 경제가 너무너무 좋아서 제동을 건다는 뜻이니까 긍정적인 영향을 주기도 하지.

둘째는 **환율**이야. 달러는 이 세상 모든 것을 살 수 있는 가치의 척도잖아? 달러로는 석유도 살 수 있고, 자동차도 살 수 있고, 주식도 살 수 있지. 그런 환율이 움직인다는 것은 말 그대로 척도가 움직인다는 것이니, 그만큼 지대한 영향력을 행사할 수밖에 없어. 잘 관찰해보면 달러의 가치가 상승한 날은 꽤 높은 확률로 주가가 하락했다는 걸 알 수 있을 거야.

셋째는 **석유 가격** 동향이지. 기름 한 방울 나지 않는 우리나라 같은 곳에서는 더더욱 중요하겠지? 특히 석유 가격은 그 석유를 가공해서 뭔가를 만드는 석유·화학 전체 공정에 매우 중요하고, 그 밖에 여행·레저 부문에도 광범위하게 영향을 미치지.

아버지는 새벽마다 이 세 가지를 가장 먼저 살펴본단다. 간밤에 미 증시가 올랐는지 내렸는지보다 훨씬 더 중요하기 때문이야.

달러가 너무 강해도 슬픈 미국

달러는 모든 실물자산과 교환할 수 있으며, 금융거래의 기본이 되는 '기축통화'입니다. 그래서 달러의 방향성에 따라 실물자산의 희비가 엇갈리죠. 예를 들어 달러가 강세를 보일 때, 주식 시장이나 상품 시장은 대체로 하락합니다. 달러는 세상 모든 걸 살 수 있는 기축통화이기 때문에 달러의 가치가 높아졌다는 건 달러로 살 수 있는 것들의 가치가 하락했다는 뜻이거든요. 그 반대도 마찬가지입니다. 달러가 약세를 보인다는 것은 달러의 가치가 낮아졌다는 말이고, 주식 시장이나 상품 시장은 대체로 오름세를 보입니다. 그래서 많은 사람이 달러의 방향성에 촉각을 곤두세우는 겁니다.

2022년 9월, 원/달러 환율이 천장을 찍고 이후 1,400원 전후를 오르내렸습니다. 원/달러 환율이 1,400원을 돌파한 적은 1997년 외환위기 때와 2008년 글로벌 금융 위기 때 등 두 번밖에 없었어요. 그래서 과거의 경제 위기가 되풀이되는 게 아닌가 하는 공포감이 확산됐습니다. 이렇게 무섭다고까지 할 만큼 '킹달러'의 모습을 보였던 달러가 2022년 11월 FOMCFederal Open Market Committee(미국 연방공개시장위원회) 회의 직후 변동성이 굉장히 커지게 됩니다. 달러가 하루에 1% 이상 오르내리는 것은 쉽게 볼 수 있는 일이 아닌데도 당시는 하루가 멀다고 1%대의 급등락을 보이게 된 거죠.

이런 현상이 생기는 이유는 무엇일까요? 그리고 이를 통해 우리는 무엇을 공부할 수 있을까요?

⑤ 달러가 강하면 미 국채가 곤란해

이수 그동안 시장을 군림해왔던 '킹달러'가 이제는 좀 약해질 수도 있을까요?

아버지 모든 변곡점은 시끄럽기 마련이지. 지수의 변곡점에서도 거래량이 늘어나고 주가 등락 폭이 커지는 것처럼, 달러의 시세 변곡점에서도 거래가 실리고 변동성이 커지는 경우가 종종 있어. 변곡점이라는 것이 반드시 이전과 반대로 간다는 의미인 건 아니지만, 약세 전환의 가능성이 좀 더 크다고 생각해. 몇 가지 이유가 있는데, 그중에서 딱 한 가지만 말해줄게. 바로, 외국인들이 이머징emerging◆ 주식을 매수하고 있다는 점이야. 외국인들은

◆ 새롭게 부상한다는 의미로 신흥 시장을 가리킨다.

달러의 중기적 강세를 전망할 때는 대체로 이머징 주식을 매수하지 않거든. 어떤 종목을 사서 5% 수익이 났는데, 달러가 10% 강해졌다면 오히려 5%의 손실이 나니까 말이야.

이수 달러가 왜 약세를 보이기 시작했는지 알려주세요. 달러 약세가 계속 진행될 것인지(기조적 현상), 아니면 잠시 약세를 보이다가 말 것인지(기술적 반락)에 따라서 시장 전략을 다르게 짜야 하잖아요?

아버지 아버지가 그동안 이벤트 스터디가 매우 중요하다고 강조했지? 달러가 약세로 전환된 시점에 나온 뉴스들을 찾아봤니? 결론부터 말하자면 **달러가 강세를 보이는 것이 미국, 특히 미 국채에 심하게 타격을 줬기 때문**이야. 자칫 채권 시장까지 붕괴할 수 있다는 얘기도 나왔거든.

이수 잠깐, 질문이 있어요. 달러가 강하면 보통 미 국채 시장은 더 좋아지지 않나요? 미 국채를 구매하면 환차익까지 노릴 수 있으니까요.

아버지 이론적으로는 이수 말이 맞아. 하지만 과유불급이라는 말이 있듯이, 아무리 좋은 것도 너무 과하면 나빠지는 법이야. **달러가 강해지면 미 국채를 보유한 사람이야 좋겠지만, 너무 강해지면 어느 순간부터는 오히려 투자자들에게 외면받아 신규 매수세가 약해질 수도 있어.**

예를 들어서 금값이 오른다고 하자. 그러면 금에 투자하고 싶겠지? 하지만 짧은 시간에 2배로 올랐다면, 일단 이익 실현을 하고 싶어질 거야. 보유 중인 사람은 매도하고 싶어 할 것이고, 금값이 너무 비싸니 신규로 매수하려고 하는 사람은 없어지지 않겠니? 국채도 마찬가지야. 강달러가 진행될 거라고 생각하는 사람이 많아지는 구간이라면 인기가 있겠지만, 이미 달러가 많이 올랐다고 보는 사람이 많아지면 국채를 매도하고 싶어 하는 사람이 늘어나고 신규 매수자는 유입되지 않겠지.

이수 재닛 옐런Janet Yellen 미 재무부 장관이 미 국채 시장에서의 유동성 경색 문제를 언급한 이유가 바로 이 때문인가요? 2022년 10월 증권산업금융시장협회SIFMA 연차총회에서 재닛 옐런이 이렇게 말했거든요.

최근 미 국채 시장에서 스트레스가 높아지는 사례들이 포착되고 있는데, 시장의 회복 탄력성을 높이기 위한 조치가 필요하다. 재무부는 금융 감독 당국과 협력해서 채권 시장의 (충격) 흡수 능력을 향상시키는 조치를 취하고 있다.

아버지 이벤트 스터디 제대로 했네. 아까는 왜 대답하지 않았어?

이수 나름대로 다양하게 찾아봤는데 확신이 부족했어요. 제가 알아본 것 중에 '채권시장공포지수CE-BofA MOVE'라는 게 있는데요. 바이러스 쇼크가 최고조에 달했던 2020년 3월 이후 최고 수준에 근접하고 있거든요. 그래서 저는 사실 좀 무서웠어요. '세계 최고 안전자산'이라고 불리는 미 국채 시장에서 유동성 경색이 시작됐다는 것 때문에요. 이로 인해서 또다시 2008년처럼 미국발 금융 위기가 시작되는 건 아닌가 하는 걱정도 들고요. 달러의 강세가 미 국채에 당연히 유리할 거라고만 생각했는데, 미 국채 시장 유동성 경색의 원인이 오히려 강달러 때문이었다는 점을 설명해주시니까 이제 이해가 돼요.

하지만 시장에서는 강달러가 더 진행될 수 있다는 주장도 적지 않아요. 특히 2022년 11월 FOMC 회의에서 터미널 금리terminal rate● 수준이 더 높아졌기 때문에 달러는 그에 맞춰서 더 오를 거라는 주장이 많은데요. 실제로 연방기금 금리에서 관찰되는 내재 금리●●는 2022년 11월 FOMC 회의 직전에 4.9%였던 것이 회의 이후 5.2%까지 상승했단 말이죠.

아버지 맞아. 그런데 달러의 강세는 터미널 금리 수준보다는 금리 인상의 속도에 좀 더 영향을 받는 편이야. 쉽게 말해서 **'금리를 어디까지 올리는가'보다는 '금리를 얼마나 빠른 속도로 올리는가'가 달러 강세에 훨씬 더 영향을 준다**는 말이지.

이수 연준이 이미 금리 인상 속도를 조절하겠다고 천명했잖아요. 그렇다면 통화정책으로 인한 달러 강세는 거의 막바지에 이르렀다고 해석해도 될까요?

아버지 그건 누구도 알 수 없어. 어쨌거나 **미국 입장에서도 달러가 지금**

● 금리 사이클상 도달할 수 있는 최고 금리에 대해 시장에서 생각하는 최종 금리
●● 현재 거래되는 선도 금리, 즉 미래의 대출 및 채권 구매에 관련된 금리 등을 통해서 추정할 수 있는 금리 수준

보다 더 강해진다면 좋을 게 없다는 점은 분명한 팩트야. 달러 가치가 계속 오르기만 한다면 미 국채를 누가 거들떠나 보겠니? 이수 같으면 1,400원에 달러를 바꿔서 미 국채 사겠어? 아무도 안 사지. 그러면 미 국채 시장이 심각한 위기에 빠질 수도 있기 때문에 미국 재무부가 움직여서 강달러의 속도만이라도 늦추지 않을까 싶었지. 그리고 FOMC 회의 직후 달러가 좀 약해졌지?•••

이수　만약 달러가 계속 하락한다면 외국인들이 이머징 주식을 더 매수할 수 있겠네요. 그럼 이제 이머징에 골든타임이 시작된 거라고 볼 수 있을까요?

아버지　달러의 약세를 어느 방향에서 보느냐에 따라 전혀 다른 행동이 나올 수 있어. 예를 들어 달러 약세가 어느 정도 진행됐다고 해보자. 그러면 어떤 외국인은 유럽 시장이 불안해서 다시 달러 강세가 재개될 수 있다고 믿을 수도 있고, 어떤 외국인은 채권 시장을 안정적으로 유지하기 위해서 달러 약세가 좀 더 진행되리라고 생각할 수도 있어. 전자라면 이머징 주식을 매도할 것이고 후자라면 매수하겠지?

게다가 달러가 계속 하락한다는 보장은 없어. 급등락을 거듭할 수도 있는데, 미 재무부 입장에서는 나쁠 게 없지. 가격 변동성만 조금 있어도 미 국채에 대한 매수 욕구를 자극할 수 있으니

••• 원/달러 환율은 2022년 11월 FOMC 회의 직후 1,420원대였으나 그다음 주 1,310원대를 기록했고, 2023년 1월 1,230원대까지 하락했다.

말이야. 예를 들어 20만 원 하던 금이 30만 원, 50만 원을 지나서 100만 원까지 오르면 아무도 안 사겠지? 하지만 100만 원까지 갔던 금이 70만 원으로 하락했다가, 다시 100만 원으로 올랐다가 또 80만 원까지 하락했다면 어떻겠니? 오히려 매수하고 싶다는 생각이 들지 않겠어?

외국인 수급이 계속 좋아지기 위해서는 달러의 약세가 좀 더 완만하게 지속될 거라는 믿음이 커져야 해. **가장 기본적인 물가와 경기의 안정이 필수적이라는 말이지.**

달러가 약해질 때 주목해야 할 국내 업종은?

이수   만약 달러가 약해지고 외국인들이 돌아온다면, 국내 증시에서 어떤 업종이 좋을까요?

아버지 미국에서는 회사의 이익 전망치를 중시하지? 하지만 우리나라와 같은 이머징 증시에서는 환차익이 매우 중요한 선택 기준이야. 달러가 약세를 보일 가능성이 클 때 이머징 증시에서는 대체로 외국인 수급이 우호적으로 변하지.

이수   외국인들에게 환차익이 그렇게 중요하다면, 왜 원화를 직접 사지 않는 거예요?

아버지 아쉽게도 우리나라에는 원화를 직접 대량으로 거래할 수 있는 외환 시장이 아직 형성돼 있지 않아. 그래서 **외국인들이 원화 대**

용물로 우리 증시에서 초대형주를 먼저 사는 거지. 외국인들이 되돌아오는 시기에 주로 초대형 지수 관련주들이 먼저 상승하는 것도 바로 그런 이유에서란다.

핵심 요약

- 달러가 강할 때, 즉 원화보다 달러가 비쌀 때는 환차익을 노릴 수 있기에 미 국채 시장이 대체로 좋아진다. 하지만 달러가 너무 강하면 오히려 신규 매수가 급격히 줄어 미 국채 시장의 위기로 이어질 수 있다. 그래서 미국은 달러의 강세가 지속되는 속도를 어느 정도 늦추고자 한다.
- 외국인이 한국 증시에서 매수한 것은 달러가 약세로 전환될 가능성을 보고 환차익을 노린 것일 가능성이 크다. 관건은 과연 달러의 약세가 얼마나 더 진행될 수 있을까 하는 것이다. 물론 경기와 물가라는 요인이 크게 작용하지만, 미 재무부의 간곡한 요청에 제롬 파월이 금리 인상 속도를 완화하겠다고 천명한 만큼 중기적으로 달러의 강세는 완화될 것으로 보인다.

플러스 스터디

달러가 1등을 유지하는 법

엄청난 양의 신권 화폐를 찍어내는데도 달러는 어떻게 강함을 유지할 수 있는 걸까요?

전교 1등을 할 수 있는 가장 쉬운 방법은 무엇일까요? 아마도 학생이 몇 명 안 되는 학교에 가면 확률을 높일 수 있을 것입니다. 거기까지 전학을 갔는데 나보다 공부를 잘하는 친구가 있다면 살짝 쥐어박거나, 그래도 말을 잘 듣지 않는다면 아예 시험을 보지 못하게 하는 방법이 있죠. 이를테면 설사약……? 아, 물론 절대로 해서는 안 되는 행동이지만 말이죠.

첫 번째 방법: 영원한 '을'로 만들기

달러의 가치는 달러를 제외한 6개국의 통화와 비교해 매겨집니다. 이를 이해하기 위해선 통화 바스켓이란 개념을 알아야 하는데, 말 그대로 통화들의 꾸러미를 의미합니다. 그 속에는 유로화, 엔화, 파운드화, 캐나다 달러화, 스웨덴 크로나화, 스위스 프랑화가 들어가 있습니다.

바스켓 속 통화들의 가치는 매일 바뀌며 이에 따라 달러 역시 상대적 수치가 바뀌는데, 이것을 달러 인덱스(달러 지수)라고 합니다. 즉, 돈을 아무리 많이 찍어낸다고 해도 다른 6개보다 강하다면 달러는 강해 보일 수 있죠. 그게 바로 달러가 강함을 유지하는 여러 가지 비밀 중 하나입니다.

일본 국민의 성향은 수동적인 편이라고 알려져 있습니다. 일본은 섬으로 이루어진 나라이기 때문에 군주가 바뀌면 도망가고 싶어도 도망갈 곳이 없었고, 그 때문에 일본인들은 군주가 바뀌는 일이 생길 때마다 복종 아니면 죽임을 당할 수밖에 없었습니다. 이런 일들이 누적되면서 어쩔 수 없이 내부에 수동적인 성향이 자리 잡은 거죠.

그런 일본인들에게 미국이라는 아주 강한 군주가 새로 생겼습니다. 히로시마와 나가사키에 각각 우라늄과 플루토늄 방식의 핵폭탄이 떨어졌고, 그곳 주민들 대다수가 왜 죽는지도 모르는 채 죽어 나갔죠. 이때 막부 시대 때부터 그들의 염색체에 각인돼 있던, 굴복하고 복종해야만 살 수 있다는 정보가 작동하면서 미국을 큰형님으로 모시기로 합니다. 이후 미국이 세운 자민당이라는 정권이 (단 한 차례를 제외하고) 여당을 차지해왔으며, 미국이 뭔가를 제안하면 크게 거슬리지 않는 한 고분고분 수용했죠. 미국은 이런 일본을 잘 도와서 초강대국으로 만들기도 했지만, 다른 한편으로는 일본을 적절하게 이용하기도 했습니다.

미국은 스스로 돈을 찍어낼 수 있는 권리를 가지고 있으니 돈이 부족해지면 마음대로 찍으면 될까요? 그렇지 않습니다. 아무리 미국이라도 마음대로 찍으면 세계 각국의 비난을 받습니다. 하지만 미국은 구소련과 대적하는 데 상당한 비용을 지출해야 했고, 그래서 신권을 대량으로 찍어낼 수밖에 없었습니다. 돈을 마음대로 찍어내고도 욕먹지 않을 묘안을 찾아야만 했는데, 그중 하나가 바로 전교생이 여섯 명밖에 없는 곳으로 전학을 가는 방법이었습니다.

이제 통화 바스켓이라는 것을 만들고, 달러 지수는 그들 통화 6개에 대한 상대평가로 고시하기 시작합니다. 유로화, 엔화, 파운드화, 캐나다 달러화, 스웨덴 크로나화, 스위스 프랑화에서 달러화의 가치는 상대평가로 결정되기 때문에 달러는 이들 6개 통화 대비 돋보이기만 하면 명목상 1등을 할 수 있었죠. 아무리 많이 찍어내도 달러가 강세를 보이는 것처럼 위장할 수 있었다는 말입니다.

특히 적극적으로 동원된 것이 바로 일본의 엔화입니다. 벤 버냉키Ben Bernanke가 연준 의장의 자격으로 일본을 방문한 적이 있는데, 일본은행에 '양적완화', 즉 돈을 마구 찍어내라고 권고했고 일본은 곧바로 실행에 옮겼습니다. 세계 제2의 경제국이 엄청난 돈을 찍어내는 바람에 엔화의 가치는 가파른 곡선을 타고 하락했고, 이 때문에 달러화의 가치는 오히려 상승하는 것처럼 비친 겁니다.

금융 위기 직후에도 비슷한 일이 있었습니다. 2013년, 극우파에 속하는 아베 신조의 친미 정권이 재집권에 성공하자 미국은 그토록 원하던 무한대의 양적완화를 단행했습니다. 덩달아 일본도 마구잡이로 돈을 찍어내면서 미국 달러화의 하락을 감추는 데 큰 역할을 했죠.

두 번째 방법: 스스로 무너지게 하기

하지만 고작 통화 바스켓에서 14%의 비중을 차지하는 엔화만으로는 소기의 목적을 달성하기 어려웠습니다. 절반 이상의 비중을 가진 유로화의 도움이 필요했는데 말을 잘 안 듣는 거예요. 유로화에는 어떤 전략을 썼을까요?

슬쩍 설사약을 먹였습니다. 유로존이 만들어지려 하던 때 미국의 금융 회사인 골드만삭스Goldman Sachs가 그리스에 은밀한 제안을 합니다. 그리스는 채무를 많이 지고 있었기 때문에 유로존의 핵심 국가가 될 자격이 없었습니다. 그런데 그 채무를 변제할 수 있는 양의 달러와 당시 그리스의 돈 드라크마를 바꾸는 '스왑 거래Swap transaction'를 하자는, 아주 획기적인 제안을 한 겁니다.

이 거래를 통해 달러 채무를 갚고 난 그리스는 아주 재정이 튼튼한 국가로 위장되면서 부채가 적은 초우량국으로 분류됐고, 미국은 그렇게 그리스를 슬쩍 유로존에 밀어 넣는 데 성공했습니다. 그리고 그들의 전략대로 그리스는 결국 많은 문제를 일으키면서 유로화를 벼랑 아래로 밀었죠.

달러화는 1등을 하기 위해 전교생이 여섯 명밖에 없는 상황을 인위적으로 만들었습니다. 이른바 6개 바스켓 통화에 대한 비교 지수를 만든 거죠. 그리고 가장 덩치가 큰 유로화에는 설사약을 먹여서 살짝 맛이 가게 하고, 그다음으로 중요한 엔화는 영원한 을로 만들어 고개를 숙이게 했습니다. 그러니 그렇게나 많은 돈을 찍어내고도 상대평가에서 늘 1등을 할 수 있었던 것입니다.

지금도 많은 금융 전문가는 그렇게나 많은 돈을 찍어내는 달러화의 명목 가치가 하락하지 않는 것을 의아해합니다. 곧 달러화의 종말이 닥칠 거라는 '달러 종말론'이 등장한 지도 어언 40년이 흘렀지만 여전히 달러는 건재합니다. 유대인들의 머리가 특별하게 좋은 것인지 아니면 그들을 제외한 우리가 덜 똑똑한 것인지, 그게 좀 아리송하네요.

엔화 폭락에도 태연한 일본, 한국 투자자의 대응법은?

일본은 세계에서 유일하게 'YCCYield Curve Control' 정책을 고집하는 나라입니다. YCC를 풀어서 말하면 '수익률곡선 통제'로 국채를 무제한 매입해 10년물 국채 금리를 통제하는 정책입니다. 쉽게 말해서 양적완화Quantitative Easing, QE의 최종 보스 버전입니다. 'Yield Curve'는 장단기 채권의 수익률 분포를 나타낸 곡선인데, 이것을 시장에 맡기지 않고 인위적으로 컨트롤해보겠다는 거죠.

기존 양적완화의 목표는 돈을 풀어서 시중에 자금이 돌게 하고, 궁극적으로 경기를 활성화하는 것입니다. 돈을 푸는 대표적인 방법이 회사채를 매입하는 것이죠. 양적완화니까 당연히 어마어마하게 매입하겠지만, 양이 정해져 있습니다. 미국에서 실시한 1차부터 3차까지의 양적완화 때도 '국채 얼마, 주택저당증권Mortgage Backed Securities, MBS 얼마, 기간은 언제까지' 하는 식으로 모든 계획이 미리 세워져 있었습니다. 하지만 **YCC는 양이든 기간이든, 제한이 없습니다. 원하는 금리 수준**

을 정한 뒤 그 목표에 도달하기 위해서, 돈이 없으면 무제한 찍어내서라도 매입을 지속하는 게 바로 YCC입니다.

엔화의 가치가 심각하게 하락한 상황에서도 일본이 YCC 정책을 고집하는 이유는 무엇일까요? 그리고 엔저 현상은 우리나라에 어떤 영향을 미칠까요?

💲 일본의 무모한 도전, YCC

이수   2023년 7월 초, 일본은행 부총재 우치다 신이치內田愼一가 취임 후 처음으로 〈니혼게이자이신문〉과 공식 인터뷰를 했는데요. YCC 수정 가능성에 대한 기자들의 질문에 이렇게 답변했어요.

시장 기능을 참고하면서 금융 완화를 어떻게 하면 잘할 것인가라는 관점에서 균형 있게 판단해나가고 싶다. 당분간 YCC 정책을 계속할 것이다. 정책을 서둘러 바꿔 물가 상승률 2% 목표치를 달성할 기회를 놓치게 될 위험이, 뒤늦게 긴축을 시행해 물가 상승률이 2% 이상 계속 상승할 위험보다 크다. 목표치를 바꾸는 일은 없을 것이다. (…) 또한 급속하고 일방적인 엔저는 불확실성을 높이므로 바람직하지 않다. 정부와 연계해 시장과 경제에 미치는 영향을 계속 주시할 것이다.

또 현재 일본의 물가 상승률이 당국이 내세운 목표치인 2%를 넘어서 움직이고 있다는 점을 들면서 드디어 기업의 임금과 가격 설정에 변화 조짐이 나타나고 있다고 긍정적으로 평가했어요. 이 말은 곧 엔화의 급격한 하락은 계속 주시하겠지만 YCC 정책을 놓진 않겠다는 뜻이라고 봐야겠죠?

일본이 왜 이렇게까지 고집을 부리는 건지 의아한데요. 엔화 가치가 많이 하락해서 엔화 투자를 해야 한다는 '엔테크' 열풍이 불 정도인데, 수출에도 엔화가 큰 영향을 미치는 만큼 앞으로 엔화는 어떻게 될지 짚어봤으면 해요.

아버지 우치다 부총재에 대한 이야기를 먼저 해볼까? 그는 일본은행 기획 부서에서 잔뼈가 굵은 인물이야. 기획 부서는 금융정책을 입안하는 곳인데 이곳에서 아주 오래 경력을 쌓은, 일본 경제의 핵심 인물이라고 할 수 있지. 구로다 전 총재가 2013년 취임한 후에 추진한 '이차원 금융 완화 정책'의 설계를 담당했던 사람이기도 해.

이수 그런 우치다 부총재가 공식적으로 YCC를 유지하겠다고 말하기 이전부터 일본은행 내에서는 많은 관계자가 YCC를 더 이상 고집하지 말고 이제는 수정해야 한다는 의견을 내비쳤잖아요. 그럼에도 결국 유지하겠다고 했단 말이죠. 일본, 정말 이대로 괜찮은 걸까요?

아버지 이수야, 혹시 '미스터 엔'으로 불렸던 사카키바라 에이스케榊原英資라는 사람을 아니? 일본의 전 재무성 차관이었는데, 우치다 총재의 발언 직전에 그가 블룸버그와의 인터뷰에서 "(달러당) 엔화 가격이 현재 시세에서 10% 이상 하락하면서 2024년에는 160엔이 무너질지도 모른다. 160엔 전후 수준에서는 일본 당국이 개입할 가능성이 있다"라고 얘기했어.

이수 사카키바라가 '미스터 엔'이라고 불린 이유가 재임 기간에 환율을 굉장히 능숙하게 관리해서 그런 거죠? 2022년도에 엔화 가격이 150엔대까지 내려갈 거라고 예측했는데, 그것도 맞혔다고 하더라고요.

아버지 맞아. 사실 모든 분야에서 100% 적중률을 보일 정도로 공부하는 것은 불가능해. 그래서 차안으로 특정 방면에서 독보적으로 뛰어난 사람을 찾는 거지. 특히 환율은 럭비공과 같아서 어디로 튈지 모르는 분야거든. 생각해봐, 우치다 총재가 'YCC에 대해 다시 고민해보겠다' 정도로만 말해도 엔화는 속등할걸? 그것을 미리 알 방법은 거의 없어.

하지만 **사카키바라는 엔화에 대해서 누구보다 잘 알고 있는 사람이야. 이런 경우 굳이 어려운 엔화의 방향성을 고민할 게 아니라, 전략을 수립하는 데 그의 생각을 참조하는 것이 훨씬 더 효율적이고 현명한 방법**이지. 그는 일본은행이 긴축으로 전환할 때까지는 엔화가 계속 곤두박질칠 것이라면서 "일본 경제가 예상대로 과열되면 2024년에 긴축을 단행할 가능성이 크다"라고 분석했거든. 그러니까 과열되어야 긴축한다는 것이고, 과열은 2024년쯤 온다는 말이잖아. 미스터 엔이 그렇게 말했다면 엔화가 160엔까지 하락할 가능성을 열어두는 것이 가장 현명한 전략이겠지?

💲 일본의 이유 있는 방관

이수   부총재도 그 분야에서 잔뼈가 굵은 똑똑한 사람이고 엔화를 가장 잘 안다는 미스터 엔 역시 경고했다는 말씀이죠. 그런데 엔화가 추락할 걸 알면서도 일본 정부가 이렇게 방치하는 이유가 뭘까요?

아버지   두 가지 이유가 있어. **첫째, 일본은 보수의 나라야.** 제2차 세계대전 이후 지금까지 진보 정당이 집권한 적이 단 한 차례밖에 없는데, 남미 국가들처럼 진보가 장기 집권을 하면 돈을 너무 많이 쓰기 때문에 인플레가 발생해. 반면 일본처럼 보수가 장기 집권을 하면 돈을 너무 안 쓰기 때문에 디플레가 발생할 수 있지. 그동안 일본은행은 그 디플레에서 빠져나오기 위해 무던히 애를 썼지만 성공하지 못했거든. 그래서 인플레 위험보다는 너무 오랫동안 고통을 준 디플레 위험이 더 크다고 생각한 것 같아. 일본은행 당국자들은 현재 상황에 대해서 3%대 물가가 두렵다기보다는 '드디어 2% 이상의 물가에 도달했다!'라는 분위기야.

그리고 **두 번째 이유는, 엔화가 기축통화 바스켓에 포함된 주요**

통화이기 때문이야. 이건 아주 특별한 차이를 가져온단다. 우리나라와 같은 변방 통화는 통화가 약세를 보이면 주가도 약세를 보이는데, 엔화나 달러는 약세를 보일 때 오히려 주가가 강세를 보이거든. 적절한 수준의 통화 가치 약세가 주가에 불리하지 않다면 굳이 엔화의 약세를 두려워할 이유는 없겠지?

⑤ 엔테크 열풍의 후폭풍

이수   엔화가 지속적으로 약세를 보이면 '엔테크를 하기에 가장 좋은 시기다'라는 말들이 나오기 마련인데요. 국내 4대 시중은행(KB국민·신한·하나·우리)의 엔화 예금 잔액이 2023년 6월 15일 기준 8,109억 7,400만 엔으로, 전달 6,978억 5,900만 엔 대비 16% 늘었어요. 2022년 6월 말과 비교하면 38% 가까이 급증했다고 하는데요. 환차익을 노리기도 하고 또 일본 증시에 직접 투자하기도 하는 등 엔테크 열풍에 대해서는 어떻게 생각하시는지 궁금해요.

아버지   어느 한 방향으로만 가지 않는다는 전제하에 지속적으로 엔화가 약세를 보이는 시기엔 엔화에 투자하는 것도 나쁘지는 않은 전략이라고 생각해. 하지만 시장의 생각이 너무 한 방향으로 움직일 때 그 방향을 과하게 따르는 것은 그다지 바람직스러운 일이 아니야. 게다가 엔화를 가장 잘 알고 있는 사람인 사카키바라가 160엔까지 간다고 주장한 만큼 굳이 미리 보초를 설 필요는 없지 않을까?

이수　어차피 환율 예측은 비효율적이라서 그 분야에서 독보적인 사람의 말을 듣고 전략을 세우는 게 더 낫다고 하셨으니까, 벌써부터 이런 과열에 휩쓸릴 필요는 없겠네요.

다른 한편, 사카키바라의 경고대로 앞으로 엔화가 계속 추락한다면 우리나라가 수출 경쟁력에서 많이 밀리게 되잖아요? 일본과 경쟁하는 분야라면 역시 자동차를 꼽을 수가 있는데, 요즘들어서야 우리나라 자동차 실적이 좀 좋아진 걸로 알고 있거든요? 분위기가 다시 바뀔까요?

아버지　2023년 상반기 들어 실적이 좋았던 것은 그동안 적체됐던 주문이 풀려서야. 2022년 내내 자동차용 반도체의 공급이 막히는 바람에 출하가 늦어졌잖아. 차 신청해놓고 1년씩 기다려야 했을 정도니까. 이제 자동차용 반도체의 공급 문제가 해결돼서 밀렸던 자동차 출하가 집중되고 있으니 실적은 당연히 좋아질 수밖에 없어. 아버지도 고객들을 위해 제공하는 모델 포트폴리오에서 자동차를 오래전부터 계속 보유하고 있었는데, 얼마 전 매도했고 지금은 자동차를 보유하고 있지 않아. 사실 아직은 좀 더 보유해도 괜찮다고 생각하는데, 최고점까지 들고 갈 수는 없는 거니까. 조금 미리 나오기는 했지만, 무리하게 추격할 생각은 없어. 자동차용 반도체가 공급망 문제에서 벗어났다는 것도 이제는 알려진 뉴스가 되어가고 있기 때문이

야. 우리는 그것보다는 엔저에 더 신경 써야 할 때라고 생각해.

이수   엔저 현상이 진짜 심각해 보이긴 해요. 특히 원/엔 환율은 지난 2015년 이후 최저치로 하락했어요. 2023년 7월 셋째 주에 다시 915원대까지 올라오기는 했지만, 2023년 7월 5일에는 하나은행이 고시한 원/엔 재정 환율이 3시 30분 기준으로 897.29원까지 내려갔고요. 서울 외환 시장 마감에서 엔화 가격이 800원대를 기록한 건 2015년 6월 25일 이후로 처음이라고 하더군요.

〈매일경제〉와 한국경제연구원이 2005년부터 2022년까지 분기별로 달러당 엔화 가격 변화가 한국 수출에 미치는 영향을 분석해봤더니, 엔화 가격이 1%p 하락할 때 한국의 수출 증가율은 0.61%p 낮아지는 것으로 조사됐어요.

이 모델을 2023년 상반기에 적용해보면, 엔저로 한국 수출액이 약 100억 5,000만 달러 줄어든 것으로 추정된다고 해요. 원화로 13조 951억 원이나 되는 어마어마한 금액이죠.

아버지   엔저 현상이 모든 업황에 영향을 주는 건 아니야. 엔화가 원화 대비 약할 때 가장 신경 쓰이는 업종이 특히 자동차인 거지. 수출 경합도 면에서 자동차 부문의 경쟁이 오히려 더욱 심화되기 때문이야. 예를 들어 반도체라면 일본은 소부장(소재·부품·장비), 우리는 디램과 낸드로 구분돼 서로 경쟁을 피하면서 함께 발전해왔잖아. 하지만 자동차는 람보르기니·부가티 같은 고급차, 벤츠·BMW·제네시스 같은 중고급차, 그리고 일반 범용

차군으로 나뉘거든. **우리나라의 현대 · 기아차랑 일본의 닛산 · 토요타 · 혼다는 모두 범용차라는 하나의 시장을 두고 싸우는 형태로 발전해왔어. 그러니 엔화 약세에 가장 크게 타격을 받는 업종이 자동차일 수밖에 없지.** 자동차 부문의 경쟁이 심화되고 있는데다가, 엔화가 원화보다 약세를 보인다면 국제 시장에서 일본차 가격이 우리나라 차보다 저렴해진다는 말이잖아.

다만 엔저 현상은 동행성보다는 약간 후행성을 보이는 경향이 있어. 계약하고 선적하고 시장에 뿌려지는 데 시간이 다소 걸리기 때문이야.

그래서 아까도 말했지만, 나는 충분히 조정을 거치기 전까지는 무리하게 추격하지 않을 생각이야.

물론 엔저가 주는 영향력은 시간이 갈수록 작아지고 있어. 지금도 과거와 비교했을 때 엔저 이후 자동차의 약세가 크게 두드러지지는 않는데, 대부분의 공정을 일본이 아닌 미국 등 다른 곳에서 해내는 '현지화' 때문이야. 일본의 자동차가 일본에서 전량 생산된다면 당연히 엔저의 영향력이 크게 작용하겠지만, 현지화 비율이 점점 높아진다면 엔저의 영향력도 갈수록 줄어든다는 사실을 알아둬야 해.

핵심 요약

- 한국에 현대차가 있다면 일본엔 토요타가 있고 한국에 포스코가 있다면 일본에 신일철이 있듯이, 국내 수출품의 70% 이상은 일본과 직간접적 경쟁 상태다. 특히 이 중 절반 이상은 치명적 경쟁 상태에 놓여 있다.

- 엔저 영향을 받는 업종에는 자동차·기계·설비·건설·장비·조선주 등이 있는데, 그중에서 엔화 움직임에 가장 심각하게 영향을 받는 업종은 단연 자동차다. 엔화 전망에서 유명한 권위자인 사카키바라가 달러당 160엔을 예상하는 만큼, 엔화가 160엔에 갈 때까지는 자동차 업종은 매수에 대한 경계가 필요할 것으로 보인다.

- 이미 엔화는 많이 하락했기 때문에, 이런 상황에서 엔테크 열풍에 올라타는 것은 나쁘지 않은 전략이다. 하지만 언제라도 엔저 현상이 더욱 심각해질 수 있다는 점은 염두에 두어야 한다.

플러스 스터디

달러보다 중요한 엔화

업종이나 종목을 직관적으로 분석할 때 가장 중요한 포인트는 가장 큰 악재가 무엇인지 또는 그 종목을 부양하는 호재가 무엇인지를 아는 것입니다. 원인을 정확히 알아야 반등 시점을 현명하게 추정할 수 있죠. '그럼 외우면 되겠네'라고 생각할 수도 있겠지만 그건 옳은 방법이 아닙니다.

예컨대 환율에 영향을 받는 업종들이라고 해서 영원히 같은 영향권에 있는 건 아닙니다. 핵심적인 변화가 상당 기간에 걸쳐 특정 업종에 영향력을 유지하는 것은 맞지만, 시대에 따라 상황은 바뀌기 마련입니다. 예를 들어볼까요?

항공사를 운영할 때 들어가는 비용 중에서 항공유는 아주 큰 비중을 차지합니다. 그래서 2000년대 중반까지만 해도 유가가 오르면 항공주는 거의 반사적으로 하락했죠. 하지만 유류 할증료*라는 것이 생기면서 유가 상승이 곧 매출 증가로 이어졌고, 유가는 항공주의 주가 향방

● 국제 유가 상승에 따른 항공사들의 손실을 일정 부분 보전하기 위해 여객의 기본 운임에 할증 형태로 추가하는 요금

을 결정하는 고려 대상에서 제외됐습니다.

이처럼 가장 큰 영향을 미치는 요인이 영원히 같은 힘을 행사하지는 않는다는 점을 꼭 기억해야 합니다.

달러와 엔화, 어떨 때 호재일까?

일반적으로 원/달러 환율이 하락하면 수출주들이 타격을 받는다고 생각하죠. 물론 틀린 말은 아니지만 100% 정답도 아닙니다. 미국의 달러는 기준 통화이기 때문에 달러가 하락하면 원화는 물론이고 밧·페소·루피 등 다른 나라의 화폐 가치는 일제히 강해집니다. 게다가 우리나라는 미국과 경쟁하는 품목도 많지 않죠. 사람들은 보통 달러 환율에 굉장히 민감하지만, 우리나라 원화 가치가 독특하게 강해지는 상황이 아니라면 경쟁에서 그다지 큰 문제는 발생하지 않습니다. 원화의 가치 대비 달러가 약해지는 국면에서 우리나라가 유달리 불이익을 당할 이유는 크지 않다는 말이죠.

하지만 엔화는 분명히 다릅니다. 달러에 비해 대표성이 작아서 가치가 하락하더라도 모든 통화 가치에 영향을 주지 못하는 데다가, 우리나라 수출 품목 중 절반 이상이 일본과 치열한 경쟁 상태에 있기 때문입니다. 실제로 과거 우리나라 수출주들의 가장 큰 악재는 단연 엔화의 약세였습니다. '아베노믹스Abenomics●'는 당시 일본의 총리였던 아

● 아베 신조와 economics를 합쳐놓은 신조어로 일본의 제2차 아베 신조 내각 시절(2012~2020) 시행되었던 경제 정책을 일컫는 말이다. 특히 30년째 그대로인 최저시급과 물가를 올리는 데 집중했다.

베 신조安倍晋三가 2012년부터 시행한, 고의로 엔화의 약세를 유도한 정책이죠. 2012년 10월 이후 전 세계 대부분 증시가 상승했음에도 우리나라 증시만 소외됐는데, 가장 큰 원인은 바로 아베노믹스로 유도된 엔화 약세였습니다.

우리 경제는 수출 주도형인 데다 증시에서도 수출주들은 대부분 삼성전자나 현대차 같은 대형주로 구성돼 있습니다. 과거 환율에 따른 주가지수 흐름을 분석해봐도 원/달러 환율이 하락할 때, 그러니까 원화가 달러화 대비 강해질 때 우리나라 주가가 하락한 경우는 거의 없습니다. 오히려 달러 대비 원화 강세는 호재로 작용해왔다는 말입니다. 반면 원/엔 환율이 하락하면, 그러니까 원화가 엔화보다 강세를 보이면 우리 증시가 글로벌 증시 대비 약세를 보이곤 했습니다.

따라서 이렇게 정리할 수 있습니다. **원화가 달러 대비 강해지는 것은 호재고, 엔화 대비 강해지는 것은 악재다!**

엔화가 약할 때 피해가 큰 국내 종목

엔화 대비 원화의 강세 시기에 어떤 업종이 더 큰 피해를 볼지 쉽게 생각해볼까요?

우리나라 자동차가 페라리나 람보르기니와 경쟁한다면 유로화에 영향을 받을 겁니다. 하지만 우리의 경쟁 상대는 아무래도 일본의 토요타나 혼다에 좀 더 가깝죠. 그러다 보니 바이러스 쇼크나 공급망 충격과 같은 독특한 환경이 아니라는 전제하에, 일반적인 상황에서 현대차의 추세적 변곡점은 원/엔 환율의 변곡점과 거의 일치하는 편입니다.

자동차 업종은 원/엔 환율의 방향성에 맞춰 매수와 매도를 고려해야 한다는 것을 의미하죠.

종목은 딱 두 종류입니다. '상승 시 매도하는 종목 그리고 하락 시 매수하는 종목'이죠. 그리고 이런 결정에 석유, 환율, 금리가 상당한 영향력을 행사합니다. **원화가 엔화보다 강해지는 시기에 자동차 관련주는 상승 시마다 매도하는 종목입니다.** 원/엔 환율이 1,430원을 찍기 직전까지 현대차는 바다 대비 6배나 상승했습니다. 하지만 그로부터 딱 2년 후에는 원/엔 환율이 960원까지 하락했는데, 이건 국제 시장에서 현대차의 가격이 토요타의 가격보다 30% 이상 비싸졌다는 말이 됩니다. 차 한 대 팔아서 30%가 채 남지 않는다는 점을 고려한다면, 현대차의 주가가 엔화 약세 구간에 아주 차별적으로 상승하기는 어려웠겠죠?

그 외 자동차만큼이나 영향을 받는 업종에는 기계·설비·건설·장비·조선주 등이 있는데, 이들 업종 역시 일본과 경합도가 아주 높습니다. 이들에게 환율이 왜 그렇게 중요한지 구체적인 과거 예를 들어보겠습니다.

지난 2023년 10월 첫 주에 신조선 가격이 바다 대비 10% 올랐습니다. 하지만 경쟁국인 엔화의 가치가 많이 하락한 상태였기 때문에 오히려 엔화 대비로는 신조선 가격이 22% 하락한 것이나 다름이 없었죠. 원화와 엔화를 비교하면 여러 동등한 상황에서도 가격 괴리가 생겼음을 알 수 있습니다. 신조선 가격이 아무리 상승했다고 해도 환율이라는 장벽은 넘을 수 없었기 때문에 조선주는 이후에도 한동안 더 하락했습니다. 신조선 가격의 상승 반전은 조선주에 중요한 호재였음에도, 우리에게 올 수 있는 수주가 일본이나 중국으로 넘어갈 수도 있다는 점 때문에 주가에 영향을 줄 수밖에 없었던 겁니다.

그렇다면 이들 종목의 바닥은 어떻게 잡아낼 수 있을까요? 물론 환율 이외에도 고려해야 할 여러 가지 요소가 있습니다. 그런데 오로지 환율만이 주요 원인으로 작용했다면, 그 악재가 해소되는 시기에 바닥이 올 수 있습니다. 엔화에 핍박받던 종목들에 부차적인 문제가 없다면, 엔화가 강세로 전환되는 즉시 좀 더 많은 수주 소식과 함께 꾸준한 상승을 이어갈 겁니다. 엔화가 오르고 원화 가치가 싸진다는 것은 우리나라 배가 상대적으로 저렴해진다는 뜻이므로 우리나라에는 호재로 작용하는 거죠. **수출 경쟁력에서 우리나라는 달러보다 엔화에 더 큰 영향을 받는다는 점, 꼭 기억해두세요.**

달러 대신 위안화의 세계가 온다?

미국과 패권 전쟁을 치르고 있는 중국이 강한 반격에 나섰습니다. 석유 결제를 기존의 달러에서 위안화로 대체하려는 시도를 하고 있죠. 1970년대 이후로 돈독한 관계를 유지해왔던 미국과 사우디아라비아의 관계가 좀 소원해지자, 바로 이 빈틈을 노렸다고 볼 수 있습니다.

2022년 12월 9일, 중국 관영 중앙TV CCTV에 따르면 시진핑習近平 주석은 중국-걸프 아랍국가협력위원회 정상회의 기조연설에서 달러에 대한 반역 의사를 확고히 밝혔습니다.

중국은 걸프협력회의GCC 국가로부터 원유와 액화천연가스 수입을 계속 확대할 것이다. 석유 및 가스 개발은 물론이고 청정 저탄소 에너지 기술 분야에서 협력을 강화하며, 석유 및 가스 무역에서 위안화를 사용할 것이다.

로이터통신 역시 시진핑 주석이 '상하이 석유/가스 거래소'를 위안화 결제의 플랫폼으로 충분히 활용할 수 있다고 보도했는데, 실제로 2022년부터 국제 거래에서 위안화의 비중이 눈에 띄게 높아졌습니다.

위안화의 기축통화 시도가 어디까지 진행되고 있는지, 이로 인해 커지는 달러 종말론은 가능성이 어느 정도인지 확인해보겠습니다.

⑨ 미국의 헤어질 결심, 중국에게는 기회로

이수   아버지, 미국의 달러에 기축통화 지위를 안겨준 일등공신은 에너지였잖아요?

아버지 맞아. 과거 미국은 베트남과 전쟁을 치르면서 너무 많은 돈을 쏟아부었어. 그래서 금 1온스당 35달러를 주겠다고 했던 브레턴우즈 협정Bretton Woods Agreement *을 지킬 수가 없었고, 결국 미국과 더불어 달러는 크게 흔들리게 됐지. 그런 달러를 헨리 키신저Henry Kissinger가 되살렸어. 모든 석유를 달러로만 결제할 수 있게 한 거야. 그 덕에 죽어가던 달러가 기사회생했지. 당시 석유수출국기구OPEC를 만들어서 전체 산유국들의 행동을 하나로

● 1944년 미국, 캐나다, 호주, 일본 및 다수의 서유럽 국가 간에 체결된 국제협약. 협약의 핵심 내용은 화폐 단위의 가치와 금의 일정량의 가치가 등가관계를 유지하는 본위제도인 금본위제에서 기축통화를 달러로 지정하고 금 1온스당 35달러로 고정한 것이다.

묶어준 일등공신이 바로 사우디아라비아였고.

하지만 미국은 사우디라는 오랜 친구를 헌신짝처럼 버렸어. 지구 온난화 탓에 국제적으로 화석 연료의 장기적 비전이 약해진 것도 이유가 되겠지만, 무엇보다 그들의 관계가 묘연해지기 시작한 건 미국 본토에서 셰일 가스가 채굴되면서부터야.

이수 석유 시장에서 위안화 결제가 허용된다면 달러의 입지는 굉장히 줄어들 수밖에 없잖아요. 사우디 입장에서도 그런 결정을 함부로 내릴 수 없을 것 같은데……. 진짜 사우디가 미국을 버리고 중국이랑 손잡을까요?

아버지 중국 하기 나름이겠지. 재혼을 결정한다면 우선 조건을 좀 봐야 하지 않겠니? 1970년대에 키신저가 사우디의 알사우드 국왕의 마음을 가져올 수 있었던 결정적 이유는 바로 세계열강으로부터 사우디를 보호해준다는 조건이었어. 제2차 세계대전 이후 공군력이 매우 중요하다는 것을 열강들이 잘 알게 됐고 공군력을 유지하는 데는 석유가 필수 자원이었기 때문에, 아마도 미국이 아니었다면 사우디를 어떤 나란가는 집어삼켰을 거야. 그런데 아주 엄청난 사건이 벌어져. 도널드 트럼프Donald Trump 전 대통령이 사우디에 설치했던 패트리엇 미사일을 철수한 거야. 트럼프는 장사꾼 출신이라 눈앞에 보이는 수익 구조에만 치중했거든. 사우디 입장에서 패트리엇 철수는 '보호 해지'로 보일 수 있는 아주 치명적인 사건이었어. 아마도 이때 사우디는 미국과 더는 함께할 수 없다는 결정을 내렸을 거야.

이수   이후에 조 바이든Joe Biden 대통령은 사우디와 대립하던 예멘의 후티 반군에 대해서 테러리스트 지정을 해제했잖아요. 사우디의 적에게 호의를 베푼 것인데, 그때도 사우디가 굉장히 곤혹스러웠으리라고 생각돼요. 아무튼 미국에 등을 돌리게 한 장본인은 트럼프였던 거네요.

아버지   그런데 바로 그때, 시진핑 주석이 이별의 고통 속에 있는 사우디에 슬쩍 접근해서 아픈 상처를 보듬어준 거지. 2022년 12월 9일, 시진핑은 페르시아만협력회의Gulf Cooperation Council, GCC 연설에서 이렇게 말했어.

중국은 GCC 국가들의 자체 안보 유지를 계속해서 굳게 지지할 것이며, 걸프 지역을 위한 집단 안보 체제를 구축할 것이다. 중국과 걸프 국가 간 평화적 핵 이용 기술 포럼을 설립하고 핵 안보 시범 센터를 공동으로 건설해서 GCC 국가들의 평화적 핵 이용과 핵기술 분야 인재를 양성할 것이다.

'핵'이라고 했지? 핵만 있으면 누구의 보호도 필요 없어. 중국은 사우디를 보호해주는 것은 물론이고, 거기에 더해서 핵이라는 선물까지 얹어서 줄 생각이라는 얘기야. 사우디가 어떻게 흔들리지 않을 수 있겠니?

이수   저라도 엄청나게 솔깃할 것 같아요. 사우디 실세가 왕세자이자 총리인 무함마드 빈살만Mohammed bin Salman인데, 왕세자도

솔깃해서 "중국과의 관계에서 역사적인 새 시기"라고 평가한 거겠죠?

아버지 그렇지. 국제 정세보다 당장의 손익계산서가 중요했던 트럼프로서는 셰일 오일을 확보한 미국이 추가 대가 없이 사우디를 보호해주는 것은 의미가 없다고 생각했을 거야. 또 **사우디 입장도 그래. 중국은 지금도 세계 제1의 에너지 수입국이니까, 미국보다는 중국에 붙는 것이 더 나은 결정이라고 생각했을지도 몰라. 둘의 이해관계가 맞았던 거지.**

⑤ 위안화의 기축통화 도전, 넘어야 할 산은?

이수 그렇다면 위안화의 기축통화 도전이 이제는 현실이 됐다는 말로 들리네요. 하지만 직접 돈을 들고 다니지 않는 이상 결제 시스템이 없으면 소용이 없잖아요. 국제사회에서 '위안화를 받지 않겠다'라는 식으로 나오면 어쩔 수 없지 않나요?

아버지 방법은 있지. 아까 이수가 말했잖아. **상하이 석유/가스 거래소를 위안화 결제의 플랫폼으로 충분히 활용할 수 있다고** 말이야. 국제결제 시스템도 다 준비돼 있어. 중국은 이미 미국 주도의 결제 시스템인 'SWIFTsociety for worldwide interbank financial telecommunication'를 대체할 수 있는 'CIPSCross-Border Interbank Payment System'를 완성해놓았거든.

게다가 빈살만 왕세자는 중국과 걸프 국가들이 공통의 자유무역협정Free Trade Agreement, FTA 지대를 창설할 가능성에 관해 논의 중이라고 말했어. 중국과 걸프 국가 간 FTA는 지난 20년간 논의만 있었을 뿐 별다른 진전을 보지 못했는데, 미국이 사주지 않는 석유를 중국은 꾸준히 사준다고 하니까 이제 중국의 물건들을 사우디를 비롯한 산유국들이 사주겠다고 한 거지. 예를 들어 중국산 샤오미 휴대전화를 구매한다면 위안화로 결제할 수 있겠지.

이수 국제결제 시스템까지 만들어뒀다면 굉장히 오래전부터 달러에 대한 반역을 차분히 준비해왔다는 말인데……. 미국이 그렇게까지 중국을 강력하게 통제한 것도 다 이유가 있었구나 하는 생각이 드네요.

중동은 중국에 석유를, 중국은 중동에 소비재를 공급한다는 것이 말은 간단해 보여도 굉장히 심각하고 중요한 문제 아닌가요? 달러의 국제 영향력이 크게 감소할 수도 있을 텐데, 과연 미국이 가만히 있을까요?

아버지 만약 위안화가 석유 결제에 쓰이게 된다면 당연히 국제결제에서 달러의 위상은 타격을 받을 수밖에 없어. 하지만 그런 일이 쉽게 일어나지는 않을 거야. 가벼운 등락이야 물론 있었지만, 달러는 지난 수십 년 동안 안정적인 가치를 유지해왔어. **반면, 위안은 아직 그 정도의 신뢰도를 확보하지 못했어. 언제든 위안화 폭락 사태가 오면 산유국들도 달러를 다시 찾게 될 거야.**

중국은 큰 나라지만, 그만큼 약점을 가지고 있어. 모든 시스템이 한족 위주로 되어 있다는 게 아주 큰 약점이지. 예를 들면 지난 2009년 위구르에서 소요 사태가 일어났을 때, 위구르인들은 언론에 "밖에서 목소리를 내는 건 모두 한족들"이라며 "만약 우리가 거리로 나가면 당장 붙잡혀 갈 것"이라고 말하기도 했어. 이처럼 오랫동안 소수민족들이 불평등 속에 있다 보니, 약간만 자극해도 봉기할 수 있고 중국을 갈래갈래 찢어놓을 수 있다는 거지.

또 아프가니스탄에서 미군이 완전 철수했지? 아프가니스탄 와칸 회랑의 동쪽 끝, 대략 75킬로미터가 중국과 닿아 있어. 그렇게 닿아 있는 바로 그곳이 신장 웨이우얼 자치구거든. 신장은 청나라 건륭제 때 생긴 지명인데, 새롭게 생긴 영토라는 의미야. 그러니까 원래 중국의 영토가 아니었다는 말이지. 실제로 신장 지역의 주민들은 생김새도 중국인들과 전혀 달라. 만약 아프가니스탄의 탈레반들이 신장 지역에 구금돼 있는, 자기들과 비슷한 동족을 보게 된다면 어떨 것 같아?

이수 그 사람들이 위구르 사람들을 도와서 독립을 시도할 수도 있겠네요?

아버지 그렇지. 이와 비슷한 격발 장치를 미국은 많이 가지고 있어. 창족이나 먀오족 또 우리와 같은 조선족 등 중국에는 핍박 속에서 살아온 수많은 소수민족이 있어. 이들을 이용한다면 언제든 중국을 적당히 갈라놓을 수 있다는 말이지.

💲 위안화, 정말 달러를 대체하는 중일까?

이수 미국이 들고 있는 카드가 많기 때문에 아직까지는 위안화가 넘어야 할 산이 높다고 느껴지는데요. 하지만 그럼에도 위안화의 세력 확장과 함께 '달러 종말론'에 대한 얘기가 종종 들려요. 이와 관련한 질문을 조금만 더 해볼게요.

일러 종말론을 주장하는 달러 회의론자들은 자신들의 분석을 토대로 달러의 시장 점유율이 2001년 73%에서 2020년 55%로 하락했고, 2023년 상반기 러시아 제재가 시작된 뒤로는 47%까지 내려갔다고 주장하고 있어요. 달러의 점유율 하락 속도가 지난 20년 평균치보다 무려 10배나 빨라지면서 유례 없이 가파른 속도로 달러 체제로부터의 이탈이 일어나고 있다고 해요.

아버지 이 세상 모든 기축통화는 계속해서 바뀌어왔으니까 **언젠가는 달러의 시대도 끝이 나겠지만, 우리 세대에서 이루어질 만한 일은 아니라고 생각해.** 일단 이수가 말한 부분에서 바로잡을 것이 있는데, 2001년부터 달러의 무역 거래 점유율이 점차 하락한 것은 맞아. 그동안 유로화도 생겼지? 하지만 그럼에도 달러는 이후로 계속해서 안정적인 흐름을 보여줬어. 국제통화기금International Monetary Fund, IMF이 발표한 2022년 4분기 외환 보유액 구성Currency Composition of Official Foreign Exchange Reserves, COFER 데이터베이스에 따르면, 달러의 시장 점유율은 달러 회의론자들의 분석과 달리 47%가 아닌 58.4%였어.

이수 러시아가 달러를 버리고 위안화를 선택했잖아요. 그런데도 국제 거래에서 달러가 차지하는 비중에는 거의 변화가 없었던 건가요?

아버지 전혀 안 변한 건 아니고, 러시아에 대한 G7의 금융 제재 이전 COFER 수치에서 사실상 큰 변동이 없었다는 말이지. 고작 0.1%p의 차이만 생겼을 뿐인데, 이 정도 차이 때문에 달러의 종말을 주장한다면 좀 우습잖아.

이수 달러 회의론자들이 주장하는 데이터는 47%고 IMF의 보고서는 58.4%라면, 두 데이터 간에 꽤 큰 차이가 있는 거잖아요. 이렇게 차이가 나는 데 이유가 있나요?

아버지 달러 회의론들이 어디서 그런 수치를 인용했는지는 나도 알 수 없어. 하지만 대략 두 가지 이유를 추정할 수는 있는데, **하나는 달러의 자체적 약세 그리고 다른 하나는 금리의 강세야. 이런 요소들이 약간의 수치 차이를 만들 수는 있을 거야.** 달러는 지난 2022년 1~3분기까지 강세를 보였지? 하지만 이후로는 약세를 보이면서 2023년 5월 16일 새벽, 인덱스 기준으로 102 수준까지 하락했잖아. **달러가 약세를 보였다는 것은 달러 준비금 그리고 외환 보유액 포트폴리오에서 차지하는 달러 비중이 하락했다는 걸 의미해.**

이수 달러의 가치가 하락한 만큼 달러 보유고가 작아진다는 말이죠? 그럼 같은 이유로 금리가 상승해서 국채 가격이 하락했다면,

국채를 들고 있는 나라들의 외환 보유고도 감소했다는 거네요?

아버지 빙고! 이 세상 대다수 국가는 달러 현물보다는 미 국채를 보유하는 형태로 외환을 갖고 있어. 현물에는 이자가 붙지 않지만 국채를 보유하면 이자를 받을 수 있잖아. 게다가 거의 무한대의 유동성 덕에 언제든지 현금화할 수 있고 말이야.

문제는 투자자들이 미 국채를 많이 사들인 이후에 이자율이 많이 올랐다는 거지. 그에 따라 보유하고 있던 달러 표시 국채 가격이 하락했을 테고, 당연히 달러 자산 보유고가 감소한 것처럼 보이겠지? 이런 경우는 장기물일수록 더 심하게 나타나. 1년물보다는 10년물, 10년물보다는 30년물의 하락 폭이 더 컸다는 말이지. 요약하자면, 달러 절대 보유량에는 큰 변화가 없는데 달러의 약세와 이자율 상승으로 상대적 보유량이 적어졌다는 말이야.

이수 하지만 경제 제재 이후 러시아가 준비금을 달러 대신 위안화로 거의 채우고 있는 건 팩트 아닌가요? 러시아는 굉장히 크기도 하고 영향력도 강한 나라니까, 당연히 위안화가 기축통화를 위협하는 것처럼 보일 수 있지 않을까요?

아버지 러시아가 크다는 건 땅덩어리가 크다는 것이지, 경제 규모는 그다지 크지 않아. 오히려 우리나라가 더 큰 거 아니? UN이 2021년 국가별 명목 GDP를 비교한 결과에 따르면, 한국은 경제 규모 1조 8,100억 달러로 10위고, 러시아는 1조 7,760억 달러로 우리나라 다음인 11위에 랭크돼 있어.

아무튼, 러시아 중앙은행이 2021년 말 이후로 준비금 구성을 보고하지 않았기 때문에 러시아가 위안화 준비금을 얼마나 보유하고 있는지 정확하게 알 수는 없어. 다만, 전 세계의 중앙은행들이 보고한 모든 위안화 보유고 중에 거의 3분의 1 정도를 러시아 은행이 보유하고 있거든. 러시아 딱 한 나라가 외환 준비금으로 보유한 위안화가 세계의 30%나 된다는 거니까 아직은 달러를 위협하는 수준이라고 볼 수는 없지.

이수 전 세계에 위안화가 퍼져 있는 게 아니라 러시아 은행에만 집중적으로 쏠려 있다는 말씀인 거죠?

아버지 그렇지. 러시아 경제는 중국 경제의 10분의 1에 불과하거든. 2022년 4분기 COFER 데이터를 참조하자면, 아무리 러시아가 준비금을 위안화로 교체한다고 한들 위안화 준비금은 세계 전체 준비금의 2.7%에 불과해. 이 정도 때문에 미국의 달러가 죽어가고 있다고 분석하는 건 아무래도 좀 문제가 있지 않겠니?

이수 아버지 말씀대로 러시아 경제가 중국의 10분의 1이라면 중국 경제는 러시아 경제 규모의 10배라는 건데……, 중국의 경제 규모는 정말 어마어마하군요.

아버지 크기는 크지. 그러니까 G2라고 하잖아. 하지만 중국의 위안화 국제 거래 자산과 부채는 세계 총거래량의 4%에 불과해. 게다가 아직은 달러가 기축통화이기 때문에 중국마저도 전체 거래를 위안으로 하지는 않아. 바꾸려고 열심히 노력 중이지만, **전 세계에서 결제를 위한 위안화의 국경 간 사용은 2022년까지 전체**

국경 간 거래의 2% 수준에 불과했어. 2023년 들어 사우디와의 석유 거래에 위안화가 사용되면서 2.3%까지 급증했다고는 하지만 역시 달러를 위협하기에는 매우 빈약한 수준이지.

이수   이란도 그렇고 브라질도 그렇고, 아직은 거래의 일부지만 어쨌든 위안화를 쓰기로 했는데요. 이 과정에서도 점유율이 늘어나지 않을까요? 게다가 사우디는 이미 위안화 결제를 시작했고, 아랍에미리트는 석유 거래에 위안화를 일부 쓰기로 했다는데…… 위안화 거래가 점점 증가하는 건 맞는 것 같아요.

아버지   이수야, 브라질에서 소고기를 수출하고 위안화를 받았다고 치자. 그 위안화로 우리나라의 반도체를 살 수 있을까? 우리나라가 반도체를 수출하고 사과 궤짝에다가 현금을 실어온다면 또 모를까, 반도체를 꼭 사야 하는 브라질로서는 위안화를 받고 싶어도 받을 수가 없는 거야. 그래서 앞서 말했지만 중국마저도 위안화만으로는 결제를 할 수 없는 거고. 꼭 필요한 물건을 사 와야 할 때 달러가 아니면 안 되는 경우가 아직은 훨씬 더 많기 때문이야.

그리고 수치로 말해야지. 금융인은 수치로 말하는 거야. 위안화의 거래를 키우려고 노력할 뿐이지, 실제로는 위협적인 수준으로 커지고 있지는 않아. 게다가 위안화는 투명하지 않다고 했지? 2023년 5월, 중국이 미국인 시민권자에게 간첩 혐의로 무기 징역을 구형했다는 뉴스 봤니? 그런데 딱히 어떤 간첩 행위를 했는지조차 설명하지 않았어. 이런 말을 하면 중국을 배척

하는 사람으로 비칠 수도 있어서 좀 조심스럽다만, 난 사실 일본을 잘 활용하고 중국과 화합해야 한다고 믿어. 어느 한쪽으로 치우칠수록, 한쪽을 단절해야 한다고 믿을수록 내 손해가 더 커질 수밖에 없는 게 국제 정세거든.

다만 기축통화의 자격으로 봤을 때, 위안화가 국제 통화로서의 투명성을 잘 담보할 수 있을까? 그게 어렵다면 언제든 위안화는 크게 흔들릴 수밖에 없어. 위안화를 준비 통화로 일부라도 보유하고 있던 나라들은 몹시 후회할 수도 있다는 말이지.

 핵심 요약

- 중국은 달러 패권에 도전장을 내밀었고, 이를 위한 준비도 제법 차근차근 진행 중이다. 전략적 동반자로 사우디를 택하고, 이와 함께 중동 GCC 국가들로부터 원유 등의 수입을 확대했다. 이 과정에서 달러 대신 위안화로 결제하기 위한 시스템까지 구축했으니, 국제 무역 거래에서 위안화를 내세우기 위한 중국의 마음만은 꽤 진심이다.

- 하지만 달러를 대체하기엔 아직 어려움이 있어 보인다. 소수민족과의 갈등 봉합이 여전히 불투명하고, 이로 인한 불안정성은 위안화의 신뢰도 하락과 맞닿아 있다. 나아가 기축통화국으론 매우 치명적인 체제의 불투명성 때문에, 위안화가 흔들릴 경우 위안화 보유국들도 함께 외환 위기를 맞을 수 있다. 그러면 도리어 달러가 기축통화 지위를 더욱 공고히 할 가능성이 커진다. 그럼에도, 미국과 사우디의 벌어진 틈을 앞으로 중국이 얼마나 더 매섭게 파고들지 계속 지켜볼 필요가 있다.

영국, 전 세계 증시를 위험에 빠뜨리다

2022년 10월, 영국은 새로운 총리가 몰고 온 폭풍에 심하게 흔들렸습니다. 주인공은 바로 리즈 트러스Liz Truss로, 이 신임 총리가 꺼내 든 감세안은 하루 만에 영국을 주저앉혔습니다. 취임 직후 대규모 감세안을 발표한 그날 하루에만 영국채는 51bp*폭등하고, 파운드화는 3% 넘게 폭락한 겁니다. 그뿐만이 아니라, 시장에는 이로 인한 여파로 외환 위기가 올 것이란 불길한 전망마저 가득했습니다.**

영국을 넘어 전 세계를 경악시킨 리즈 트러스 전 총리의 감세안은 무엇이 문제였을까요? 그리고 각국에 어떤 후폭풍을 불러왔을까요?

● 1bp는 0.01%p를 말한다.
●● 결국 리즈 트러스 총리는 취임 44일 만인 2022년 10월 20일에 사임했고, 그 뒤를 이어 리시 수낙Rishi Sunak이 제79대 총리가 됐다.

ⓢ 텅 빈 금고, 망한 정책

아버지   트러스 내각이 감세안을 꺼내 든 이유가 뭐라고 생각해?

이수   나름대로 경기 침체를 우려하지 않았을까요? 당시 영국은행 BOE이 가치 하락으로 인한 물가 상승을 우려하면서 기준금리를 50bp 인상했죠. 또 가스값이 폭등하면서 2023년에는 전기요금을 우크라이나 전쟁 이전 대비 무려 10배까지 올린다고도 하고……. 정치인으로서 당연히 경기 침체 걱정을 했을 거예요. 제가 궁금한 것은 정책의 내용이나 방향이 과거 마거릿 대처Margaret Thatcher 총리 때와 크게 다르지 않은 것 같은데, 그때는 시장 반응이 좋았잖아요. 왜 트러스 총리의 정책에 대해서는 이렇게 부정적으로 반응했을까요?

아버지   그거 설명하려면 온종일 걸려. 간단하게 말하자면, 그냥 그때와 지금은 재정 상태가 다르기 때문이라고 생각하면 돼. 똑같이 만 원을 쓴다고 해도, 지갑이 두둑할 때와 빈털터리일 때 반응은 다를 수밖에 없잖아.

이수   영국이 지금 빈털터리라는 말씀인가요?

아버지   그렇지. 이웃 나라 네덜란드의 금융 회사 ING가 분석한 바에 따르면, 2022년 8월 말 기준 영국의 외환 보유고는 800억 달러에 불과해. 몇 가지 이유가 있는데, 일단 영국은 우크라이나 전쟁의 큰 피해자 중 하나야. 전기를 생산할 때 천연가스 의존도가 독일은 15%인 데 반해 영국은 44%나 되거든. 10월에 전기 요금을 75% 추가로 인상할 예정이었지만 월 소비자물가지수Consumer Price Index, CPI가 이미 9.9%까지 상승한 상태였어. 게다가 바이러스 쇼크 때도 많은 돈을 썼어. 여윳돈이 없는 상태에서 또 돈을 쏟아붓겠다고 하니까 금융 시장이 이른바 발작 현상을 보인 거지.

사실 파운드화의 하락이 시작된 건 꽤 됐어. 브렉시트Brexit, 그러니까 영국의 유럽 연합EU 탈퇴 때부터 몰락하기 시작했는데, 브렉시트를 결정할 수밖에 없었던 영국의 입장도 충분히 이해할 만해. 유로존에서 돈은 돈대로 내면서 실제 주도권은 없었으니, 아마도 자존심이 무척 상했을 거야. 하지만 하드 보더hard border● 문제라든지 절대로 풀 수 없는 문제 때문에 브렉시트 비용은 천문학적으로 증가할 수밖에 없었거든. 결국 브렉시트는 자존심을 위해서 현금을 포기한 사례라고 할 수 있지.

이수　하드 보더는 영국의 브렉시트 이후 아직까지도 굉장히 큰 문제잖아요? 아일랜드와 북아일랜드는 같은 민족인데, 아일랜드는 유로존이고 북아일랜드는 영국령이니까 국경 문제가 발생한 거죠. 아일랜드에서 사는 동생이 북아일랜드에 사는 오빠네 집에 가려고 해도 여권을 제시해야 하니까요. 우리나라를 예로 들면 제주도 갈 때 여권이 필요한 것과 같은, 어처구니없는 상황이 벌어진 거예요. 이건 애초에 말도 안 되는 문제였어요. 예

● 경찰이나 군인 등이 상주하며 출입을 엄격히 통제하는 국경을 말하며, 영국령인 북아일랜드와 EU 소속인 아일랜드 간 국경 설정 문제가 브렉시트 관련 주요 의제였다.

를 들어 통관을 위해서 기다리는 엄청난 트럭 행렬이 문제를 제기한다면, 그 비용을 당장 정부가 책임져야 하잖아요.

아무튼 다시 본론으로 돌아와서, 트러스 총리는 급격하게 둔화하는 경기를 방어하기 위해서 재정정책을 강화했다는 말인데요. 아무리 재정 상태가 대처 총리 때와는 달랐다고 해도, 앞서 미국이나 중국 역시 재정정책을 발표했잖아요? 그런데 왜 미국의 달러는 여전히 강하고 영국은 약한 거예요? 위안화도 하락하고는 있지만 사실 원화보다는 낙폭이 덜하잖아요.

아버지 로컬 통화가 기축통화와 같니? 뱁새와 황새 차이지. 게다가 누차 강조하지만, 재정에도 여러 종류가 있어. 이수 말대로 중국도 재정정책을 발표했지만 위안화가 폭락하지는 않았지. 주로 인프라 투자에 재정을 쏟아부으면 GDP 규모를 늘릴 수 있으니 물가를 자극하지 않기 때문이야. 하지만 영국의 재정정책을 봐. **대부분이 감세안과 보조금으로 구성돼 있잖아. 더욱 놀라운 것은, 재원 마련을 위해서 국채를 발행하겠다는 거야.**

이수 세금을 감면하고 국채를 발행해서 메운다는 얘긴데, 정상으로 보이진 않네요. 지금은 물가 급등 시기잖아요.

아버지 맞아. 한마디로 매우 초보적 발상의 정책을 발표한 것이 문제였던 거야. 오죽하면 남 일에 참견하기 싫어하는 미국 연방준비은행 총재들마저 한마디 했겠니. 애틀랜타 연방준비은행 총재인 래피얼 보스틱Raphael Bostic은 정면으로 비판했어.

감세안이 나온 뒤 파운드가 출렁거리고 있다. 영국 정부의 계획은 정말이지 불확실성을 높였다. 도대체 경제가 어디로 향하게 될지 그 궤적에 모두가 의문을 품게 했다. 경제학의 기본 교리는 불확실성이 높을수록 소비자와 기업의 활동이 위축된다는 것 아닌가. 핵심 질문은 이로 인해 유럽 경제가 결국 약화될 것인지이며, 이는 미국 경제가 어떤 성과를 내는지를 판단하는 데 중요하다.

이게 그래도 말을 부드럽게 한 거야. "도대체 경제가 어디로 향하게 될지"는 한마디로 '미친 거 아니야?'가 되는 것이고, "경제학의 기본 교리는"이라는 언급은 '경제학의 기본도 모르는 사람들'이라는 비난이잖아. 에둘러 말하기는 했지만 그냥 직설적으로 표현한다면, '경제의 기본도 모르는 사람들이 미친 짓을 했다' 정도로 해석할 수 있는 거지. **또한 "미국 경제가 어떤 성과를 내는지를 판단하는 데 중요하다"가 핵심인데, 이 말은 곧 '미국에까지 영향을 미칠 정도로 정말 중요한 실수였다'라는 의미거든.** 그러니까 2022년 10월 주가가 급락한 이유가 영국 신임 총리의 실수 때문이라는 주장인 거지.

이수   똥 묻은 개와 겨 묻은 개 정도의 차이 아닌가요? 미국이 영국을 비난할 처지가 되는지 모르겠어요. 지금 세상 주가가 하락하는 게 누구 때문인데……. 아무튼 유럽에서는 이탈리아가 가장 큰 문제라고 생각했는데 영국이 문제를 일으켰다는 게 놀랍네요.

아버지   이탈리아도 만만치 않아. 사실 나는 장기적으로 이탈리아가 더 걱정스러워. 영국은 단지 정책의 문제지만 이탈리아는 이념의 문제라 수정하기가 어렵거든. 어쨌든 지금 당장은 영국이 더 큰 문제라고 봐야지. 나라의 리스크 수준은 채권 시장에 잘 반영돼 있다고 하지? 2022년 9월 27일 새벽 1시 기준으로 런던 채권 시장에서 거래된 영국 국채인 길트채 5년 만기 금리가 4.535%였거든. 그런데 같은 시각 이탈리아는 그보다 아래에서 거래 중이었어. 물론 영국은행의 긴급 발표 이후에 수정되기는 했지만, 아무튼 10월의 주가 폭락에는 영국이 더 많은 기여를 했다고 봐야겠지?

이번 일이 더욱 걱정스러웠던 건 영국이 전 세계 금융의 중심지이기 때문이야. 금융의 중심지에서 파운드화가 폭락했다는 것은, 세계 금융의 근간이 흔들리기 시작했다는 의미니까. 그것이 2022년 9월 마지막 주를 기준으로 환율이 하루에 1% 이상씩 오르게 하고, 주식 시장을 폭락으로 이끈 거거든. 그래서 금융계 전문가들이 트러스 신임 총재를 비판하는 거야.

💲 영국의 부채관리 전략

이수　영국은 금융의 중심지이지만 금융 상식의 기초도 모르는 행동을 했다? 좀 의아스러운 말씀인데요? 그리고 래피얼 보스틱이 영국의 문제가 미국까지 확산될 수 있다고 한 말도 이해가 잘 안 가요. 우선 왜 영국이 금융의 중심지인가요? 월스트리트가 있으니 대부분 미국을 금융의 중심지로 알고 있잖아요.

아버지 도이체방크, HSBC 등 이 세상에서 가장 강한 은행을 대부분 소유하고 있는 로스차일드 가문Daniel Davis Rothschild family이 영국 태생이잖아. 세계 헤지펀드의 70%가 영국을 경유할 정도로 영국은 금융의 중심지야. 그리고 내가 언제 영국이 금융 상식도 모른다고 했니? 리즈 트러스 총리가 사고를 쳤다고 했지.

이수 아하, 영국 전체가 아니라 새로운 총리가 사고를 쳤던 거다? 이해했어요. 쉽게 말해서 영국 주머니 사정이 여의찮은 상황에 대규모 재정정책까지 겹치면서 물가 상승에 대한 우려감을 만들었다는 뜻이잖아요. 하지만 아무리 그렇다고 해도 지금 유럽에서는 유명 은행 크레디트스위스의 부도설까지 나돌고 있잖아요.● 리즈 트러스의 실책이 정말로 영국을 넘어 세상마저 위태롭게 한 건지 잘 이해가 가지 않아요.

아버지 내가 20년 전에 연금보험을 들었다고 해볼까? 당시 이자율이 5%였다고 치자. 내가 은퇴 후에 여생을 행복하게 살기 위해서 모두 2억 원 정도가 필요하다면, 보험사는 내가 낼 보험료를 어떻게 책정할까?

이수 당연히 아버지가 보험을 든 당시의 이자율에 맞게 책정하겠죠. 이자율이 5%였다고 했으니까 5%의 이자율로 계산해서 20년

● 2023년 3월 UBS에 인수됐다.

뒤에 2억 원이 될 수 있는 보험료를 산정하겠죠.

아버지 그렇다면 이자율이 높을수록 보험료는 많을까, 적을까?

이수 이자율이 높으면 보험료는 당연히 줄어들죠. 이자율이 높다면 복리로 붙는 이자가 높으니까, 그만큼 매월 내야 하는 보험료는 적어지는 거죠.

아버지 좋아. 이번에는 연준이 돈을 많이 찍어내는 바람에 이자율이 나날이 하락해 결국 1%까지 떨어졌다고 치자. 그럼 보험사에는 어떤 일이 벌어질까? 이자율이 5%일 때 나한테 주기로 했던 연금은 반드시 줘야 하는데, 이자율이 1%까지 하락했다면 운용 수익이 크게 감소했을 테고……. 참 난감한 일이 벌어지겠지? 보험사가 나에게 약속한 돈을 제대로 주지 못하는 일이 벌어질 수도 있지 않겠니? 보험사를 비롯해서 모든 연금·기금이 같은 문제를 겪을 거야.

이수 연금 고갈 문제는 어제오늘의 이야기가 아니죠. 우리나라도 연금 고갈 때문에 우리 세대는 받지 못할 수도 있다는 불길한 소리도 들리잖아요.

아버지 그래. 하지만 영국은 금융의 중심지라고 했지? 지금까지 이런 문제를 잘 해결해왔어. **이른바 '부채관리 전략'인데, 금리의 운용 수익이 하락해서 미래에 고객들에게 지불해야만 하는 부채, 즉 연금의 미래가치를 안정적으로 유지하기 위해 노력해왔거든.** 스왑을 통해서 미래의 금리를 현재의 금리에 고정하는 방법으로 말이지. 그러니까 5%로 고정할 수 있도록 고정금리를 받고, 변동

금리를 주는 스왑 거래를 통해서 철저히 관리해온 거야.

좀 어렵니? 예를 들어볼게. 네가 변동금리로 차를 샀다면 금리가 내려가는 게 좋겠지? 차를 살 때 앞으로 금리가 내려갈 거라고 생각하고 변동금리를 선택했다고 해보자. 그런데 제롬 파월의 눈빛을 보니 곧 금리가 올라갈 것 같아! 걱정이 막 되는 거야. 이때 시장에는 너처럼 생각하는 사람만 있는 건 아니지. 파월의 눈빛을 보고 금리가 내려갈 거라고 생각하는 사람도 분명히 있어. 예를 들어 네가 차를 사던 날 다른 누군가도 차를 샀는데, 그 사람은 고정금리를 택했고 금리가 하락할 것 같다고 생각한다면? 그럴 때 네가 "우리 금리를 서로 바꿀래?"라고 거래를 제안할 수 있겠지. 너는 그 사람에게 변동금리를 주고 그 사람이 가진 고정금리를 받는 거야. 이런 거래를 '서로 바꾼다'고 해서 스왑 거래라고 하는데, 영국처럼 금융이 발달한 나라는 카운터 파티counterparty(거래 상대방)를 매칭해주는 딜러가 있어서 이런 거래가 원활하게 이루어질 수 있어.

이수 그러면 거기에서 문제가 발생한 건가요? 지금은 긴축의 시대지만 금융 위기 이후부터 바로 얼마 전까지만 해도 무제한 양적완화의 시대였잖아요. 결국 이자율이 하락할 것으로 생각했을 것이고, 이자율이 하락하더라도 연금은 안정적으로 지불해야 하니까 이자율 스왑 거래를 왕창 했을 테고요. 그런데 이제는 금리가 상승하고 있어서 문제가 발생한 건가요?

아버지 영국인들이 그렇게까지 바보는 아니야. 예측 가능한 시장에서는 문제가 발생하지 않아. 진짜 위기는 전혀 예측하지 못했던 곳에서 시작되는 거지. 2022년에 영국 신정부가 돌연 발표한 감세안처럼 말이야. 92조 원 가까이 되는 엄청난 규모의 보조금을 뿌린다고 했는데, 그냥 뿌리는 돈인 만큼 물가에 어떤 영향을 주겠니?

이수 그냥 뿌리는 돈이라면, 인프라에 투자하는 것처럼 지속적으로 GDP를 창출하는 게 아니잖아요. 그렇다면 물가 상승에는 굉장히 치명적이죠. 금리는 당연히 올라갈 수밖에 없고요.

아버지 바로 그거야. 그게 트리거가 된 거야.

이수 그렇다면 영국은 제롬 파월이 과격하게 금리를 인상하리라는 것까지는 예측할 수 있었다는 말씀인가요?

아버지 제롬 파월은 공인이잖아. 시장과 계속 소통하면서 어느 정도 힌트를 준다고. 영국의 보험사나 연기금은 이것저것 예측해서 대충 5% 전후를 터미널 금리로 생각해왔을 거야. 그런데 전혀 예기치 못했던 트러스의 실책으로 금리가 급등하니까 부채관리 전략에서 심각한 문제가 발생한 거지. **영국 보험사의 부채관리 전략에 마진콜**margin call**이 발생하면서 계약 유지를 위한 최소 증거금까지 위협받는 상황이 온 것이고, 결국 자신들이 보유하고 있던 국채(길트채)를 매각해서 현금화해야 했을 거야.**

● 선물이나 펀드 등 투자자산의 가격 변동으로 손실이 발생하여 유지 증거금 비율을 무너뜨렸을 때 증거금을 추가로 납부하도록 요구하는 것. 증권사에서 전화가 온다고 해서 '콜'이라는 말이 붙었다.

💲 덩달아 피해 본 미국, 이유는?

이수 그래서 2022년 9월 마지막 주 단 3일 동안에 길트채 금리가 130bp씩이나 움직였던 거군요. 무슨 신흥국처럼 말이에요. 영국에서 크게 움직였던 것들이 주로 10년물과 30년물 등 장기채였는데, 지금 생각해보니까 그 이유를 좀 알 것 같아요. 연준의 금리 인상 의지 때문에 2년물이 주로 올랐잖아요. 보험사나 연기금이 마진콜에 대응하기 위해서 자신들이 가진 채권을 매도해야만 하는 상황이었고, 물량이 시장에 뿌려지면서 장기채 가격이 폭락한 거네요.

하나만 더 질문할게요. 미국과 영국의 금리가 거의 시차를 안 두고 동시에 발작을 일으켰는데, 영국의 정치적 문제와 미국 간에 특별한 연관성이 있는 건가요?

아버지 보험사들의 부채관리 전략은 금융 시장이 고도로 발달한 나라에서나 가능해. 스왑 거래를 하려고 해도 카운터 파티가 충분히 있어야만 하는데, 시장이 형성되지 않을 정도로 거래가 없다면 의미가 없잖아. 영국은 금융의 중심지답게 거래가 많으니 가능했던 것이고, 미국도 영국만큼은 아니지만 제법 많은 거래가 있었어. 만약 영국에서 국채 시장이 붕괴할 정도로 문제가 생긴다면 미국도 비슷한 문제가 발생할 수 있다고 본 거야. 공포는 빠르게 전이되는 특성이 있으니까.

이수 이걸 다행이라고 해야 할지는 모르겠지만, 우리나라처럼 상대적으로 금융이 덜 발달한 나라라면 그런 위험은 없겠네요?

아버지 그렇지. 그 나라들처럼 금융 시장이 발달하진 않았지. 하지만 반대로, 연기금 고갈이라는 숙명을 달고 다니잖아. 우리나라의 경우 혁신적인 개혁이 없다면 미래에는 연기금 고갈이라는 위기를 피하기 힘들 거야. 그리고 지금 당장 위기가 없다고 해도, 미국과 영국이 위험한데 우리가 안전하겠니?

 핵심 요약

- 브렉시트로 영국의 재정은 약해졌고, 이를 무시한 대규모 감세안은 누구도 예상치 못한 후폭풍을 일으켰다. 오랫동안 유지해온 영국의 부채관리 전략이 무너졌기 때문이다. 연기금이나 보험사가 보유한 장기채가 급진적인 부양책에 따른 금리 인상으로 마진콜에 노출되며 급락세를 탔고, 장기채 금리가 오를수록 마진콜이 더욱 증가하는 악순환의 고리가 만들어졌다. 결국 무차별 매도 폭격을 맞은 영국 길트채와 이와 함께 곧장 폭락한 파운드화가 시장에 악영향을 미친 것이다.

- 다행히 트러스 총리가 기존 입장을 철회하고 자금 조달 계획 발표를 예고하면서 시장에 안도감을 주었다. 지금 이 위기는 끝났지만, 당시로서는 영국 은행의 양적완화가 중지되는 순간 언제라도 다시 불거질 수 있는 위기였다. 그리고 다시 반복될 수 있다. 이를 예방하기 위해 길트채의 동향을 계속 살피자. 길트채 가격이 올라가거나 유지된다면 시장은 정상적인 흐름을 보이겠지만, 길트채 가격이 내려간다면 시장은 재차 흔들릴 것이다.

유로존 붕괴?
동상이몽 유럽의 위기

2022년 7월 유로존이 분절화fragmentation되는 모습을 보이면서 그에 따른 위험이 커졌습니다. 같은 유로화를 사용하지만 나라별 재정 상태나 신용도의 차이로 금융 시장이 따로 움직이기 때문이죠.

독일과 이탈리아는 같은 유로화를 쓰지만 재정 통합이 되지 않았기에 재정 상황에 따라 신용도도 다릅니다. 예를 들어 위기가 커져 금리가 오를 때, 이탈리아만 오르고 독일은 그대로인 현상을 분절화라고 합니다.

유럽중앙은행European Central Bank, ECB에서도 분절화 현상을 막기 위해 대책 마련에 분주합니다. 앞서 유로존의 재정 위기를 겪어본 사람이라면, 유로존의 위기가 지난한 경기 침체로 이어질 것이란 사실을 잘 알고 있습니다.

계속되는 유로존의 분절 위험은 얼마나 심각한 걸까요? 그리고 애초에 그 원인은 무엇일까요?

💲 분열된 이탈리아, 유로존 붕괴의 시작

이수 아버지! 유럽이 다시 흔들리는 것 같아요.

아버지 아버지가 코스피 기준 저점은 두 가지 경우의 수를 전제로 해야 한다고 말해준 적이 있지? 일반적인 침체를 가정했을 때 바닥은 얼마라고 했어?

이수 **PBR*을 기준으로 1배수 아래에서는 분할 매수, 0.9배수 아래에서는 강력 매수라고 하셨어요. 지수로 환산하면 2530포인트 아래에서는 분할 매수, 2280포인트부터는 강력 매수죠.**

아버지 하지만 단서를 달았어. 일반적 침체가 아닌 시스템 위기로 전이될 때는 얼마까지 하락할 수 있다고 했지?

이수 과거에는 PBR 기준으로 0.6~0.7 수준까지도 하락한 적이 있다고 하셨어요. 일단 PBR 0.9배수인 2280포인트 주변에서 반등이 있었으니까, 지금까지는 대충 맞았다고 볼 수 있네요. 0.6배수까지도 하락시킬 수 있는 시스템 위기는 진짜 가정하고 싶지 않지만……, 투자자로서 대비는 해야겠지요? 아버지는 그런 시스템 위기가 유럽에서 올 수 있다고 보시나요?

아버지 꼭 유럽이라고 단정하는 것은 아냐. 재정적으로 취약한 곳이라면 어디서든지 올 수 있어. 사실 미국이 금리를 가파르게 인상한 후 여기저기서 문제가 불거졌는데, 잠깐 중국 얘기를 해볼

● 코스피 PBR은 시가총액/순자산(자본)으로 한국거래소 정보데이터 시스템, KOSIS 국가통계포털에서 확인이 가능하다.

까? 중국의 약점은 부동산인데, 정말 큰 문제야. 2022년 중국의 역외 크레딧 부도는 341억 달러로, 그중 337억 달러가 부동산 섹터에서 발생했어. 설상가상으로 중국에서는 은행 주택담보대출 상환 거부 운동마저 확산됐지.

이수 그런 운동이 허난성 정저우를 시작으로 중국 전역에 퍼지고 있다면서요? 록다운 탓에 공사 기간이 늘어지면서 중국 여러 도시에서 분양 주택을 약속된 기일 안에 인도하지 못하게 됐는데요. 그러자 공사가 재개될 때까지 주택담보대출 상환을 중단하겠다고 선언했다는 뉴스를 봤어요. 현지 업계에서는 중국 전역에 걸쳐 100여 개 아파트 단지에서 상환 거부 운동이 진행 중이라고 보고 있어요. 씨티그룹은 이 사태로 촉발된 중국 금융권의 부실 대출이 최대 5,610억 위안(약 108조 7,000억 원)에 달할 수 있으며, 이는 전체 주택담보대출 잔액의 1.4%에 이르는 수준이라고 추산했어요.

아버지 이 운동이 격렬해지면 자칫 부동산 위기가 금융 위기로 전이될 가능성도 있어. 은행은 자기자본이 매우 작은 업종에 속하기 때문에 대출을 상환받지 못하면 매우 취약해지거든. 예를 들어 자기자본 비중이 14%라면 1.4%의 결손은 자기자본의 10%가 날아가는 거잖아. 중국 이야기는 이쯤에서 마무리 짓고, 본론으로 들어가자.

2022년 7월 14일, 이탈리아 마리오 드라기Mario Draghi 총리가 사의를 표명했어. 신임 투표에서 유효표를 얻기는 했지만, 결국 연정 구성원들이 지지를 철회했기 때문에 연정이 붕괴한 거야. 연정 붕괴의 원인은 오성운동Movimento 5 Stelle•이었어. 오성운동의 수장인 이탈리아의 전 총리 주세페 콘테Giuseppe Conte가 "국가 재정을 더 푸는 것에 동의하지 않는다면 연정 탈퇴도 불사하겠다"라고 했거든.

이수 우리나라나 미국은 여당과 야당이 확실하게 존재하죠. 하지만 유럽에서는 절대다수 의석을 차지하는 당이 거의 없어서 둘 이상의 정당이 연합하여 구성하는 연정이 거의 필수적이죠? 그만큼 연정이 깨지는 일도 다반사라고 알고 있는데, 그게 그렇게나 큰 뉴스인가요?

아버지 중요하지. 드라기 총리가 과거 ECB 총재였던 건 아니?

이수 조사를 싹 해봤죠. 2021년에 연정 붕괴로 콘테 전 총리가 사임하고 그의 후임으로 총리가 됐죠? 드라기 총리 풀 네임이 마리오 드라기인데요, '슈퍼 마리오'라는 별명을 얻을 정도로 과거 유럽의 재정 위기를 잘 극복해낸 인물이라고 알고 있어요. 거의 영웅 대접을 받았는데요, 사의를 표명한 현재도 드라기가 계속 총리를 맡아야 한다는 탄원이 지방 정부 기관과 대학 총장들 사이에서 계속 이어지고 있다고 해요. 유럽의 위기를 잘 다스렸던 분이 왜 국내 정국 이슈를 극복하지 못하고 사의를

• 코미디언 베페 그릴로Beppe Grillo가 2009년 창당한 빅 텐트 정당. 창당 당시에는 직접 민주주의와 중도 실용주의를 표방했고, 이후 우경화와 좌경화를 오가다가 현재는 진보주의 정당으로 분류된다.

표명한 건지 궁금해요.

아버지 좌와 우는 생각이 결코 같을 수가 없어. 그냥 맞추고 살 뿐이지. 연정 파트너인 주세페 콘테와 생각이 너무 달랐기 때문이야. 음……, 어디부터 설명을 해줄까?

유로존 역시 2022년 7월 21일에 금리를 올렸잖아. 이탈리아나 그리스 등 재정 취약국들은 부채를 잔뜩 늘려놨는데 금리가 올라가니 비용이 커질 수밖에 없어. 드라기는 ECB 총재를 역임했으니까 금리가 올라갈수록 더 아껴야 한다는 점을 굉장히 잘 알고 있을 거 아냐? 하지만 콘테가 260억 유로 규모의 재정 부양책도 적다면서 드라기를 불신임하겠다고 선언한 거야.

이수 오성운동은 주세페 콘테 전 총리가 이끄는 극좌파 정당인데요. 에너지 위기나 물가 상승에 따른 지원책 그리고 우크라이나 무기 지원 등을 놓고 드라기 총리와 계속 대립해왔더라고요. 콘테도 그럴 만한 사정이 있었겠지만, 시국이 시국인데 어째서 그런 생각을 한 걸까요? 연준이 금리를 75bp 인상한 이후로 전 세계가 긴축하며 고난의 행군을 이어가는데, 260억 유로 규모의 재정 부양책도 부족하다고 한다면 대체 얼마를 원하는 건지……. 게다가 유로화는 현재 패리티parity●●까지 약해질 대로 약해져서 물가가 더욱 치솟고 있잖아요.

●● 다른 나라 통화와 비교했을 때 동등한 가치 혹은 비율(1달러=1유로)

⑤ 밑 빠진 유럽에 돈 붓는 독일

이수 심지어 2022년 7월 19일 새벽에는 러시아 국영 에너지 기업 가스프롬이 딱히 구체적인 설명도 없이 대유럽 가스 공급과 관련해서 '불가항력'이 선언될 수도 있다고 했어요. 한마디로 '가스 공급 계약 이행 못 한다!'라는 건데요. 물론 하루 만에 천연가스 수송 파이프 '노르트스트림 1'이 21일부터 다시 가동될 수 있다고 말을 뒤집기는 했지만, 아무튼 지금까지 에너지 가격의 급등으로 유럽이 나날이 힘들어지고 있다는 걸 모르는 사람이 없는데 말이에요.

불가항력이란 자연재해 등의 요인으로 계약상 의무를 이행하지 못한 책임을 회피하려는 방편으로 선언되는데, 반드시 합당한 설명이 붙어야 해요. 앞서 가스프롬은 유지·보수를 이유로 7월 11일부터 열흘 동안 노르트스트림 1 가동을 중단하기로 했다면서, '열흘 이후에도 가동 재개를 보장할 수 없다'라고 덧붙였어요. **우크라이나 전쟁 이후로 독일이 러시아 제재에 적극 나서고 있다는 점을 생각할 때, 독일에 대한 보복 조치로 볼 수밖에 없죠.**

아버지 그게 이번 공부의 핵심이란다. 이수야, 지나가는 사람이 너한테 섭섭하게 했어. 그러면 섭섭하니?

이수 처음 보는 사람인데 나한테 섭섭하게 할 이유가 있을까요? 뭐, 그런다고 해도 딱히 섭섭하지 않을 것 같아요.

아버지 그럼 내가 너를 좀 섭섭하게 했어. 그러면 섭섭해?

이수 뭐, 평소에도 자주 섭섭해하는 편이죠.

아버지 미안. 아무튼 지나가는 사람과 아버지의 차이는 아마도 가족, 그리고 사랑이지 않을까?

역사적으로 훈족과 게르만은 애증의 관계였어. 로마가 망한 것도 지구가 차가워지는 간빙기 때 훈족이 남하했고, 그 훈족을 피해 게르만이 남하하면서 일어난 일이잖아. 지구 최강의 전사들이었다는 점도 비슷하고……. 아무튼 독일은 제2차 세계대전 이후로 러시아를 양지로 끌어내기 위해 가장 애를 써온 나라야. 독일의 정치인들은 종전 이후 러시아와 가깝게 지내는 것이 전쟁을 막는 방법이라고 생각했어. 러시아의 천연가스가 유럽으로 수출되게 한 일등공신이기도 하지. 독일이 직접 자기 돈을 들여서 파이프라인을 만들었거든. 독일은 이후로도 계속 러시아에 대한 천연가스 의존도를 높여와서 현재는 50~60%에 달해. 유럽 전체가 대략 40% 전후의 의존도를 갖게 되는 데도 독일의 역할이 컸어. 한마디로 러시아와 독일은 말로 설명할 수 없는 묘한 애증의 관계였다는 말이지. 지금 우크라이나 문제로 유럽이 모두 러시아와 대립하고 있지만, 알다시피 독일은 초기에 중립을 지켰어. 하지만 러시아가 민간인에 대한 공격을 감행하자 러시아 제재에 독일이 앞장서기 시작했지. 러시아로서는 다른 나라들에 대해서보다 훨씬 더 섭섭함을 느꼈을 거야.

이수 유럽에는 공급받을 수 있는 루트가 여러 개 있잖아요? 왜 하필

자꾸 독일 쪽 루트만 더 문제 삼나 했는데……. 그래서 자꾸 딴지를 건 거군요?

아버지 응. 아무튼 또 다른 악재가 튀어나오지 않는다면 2022년 말 전후로는 에너지 가격이 안정될 것으로 보여. 독일이 천연가스 공급망을 다양화하기 시작했고, LNG 터미널을 최소 6개소 이상 건설 중이기 때문에 딱 2022년 말까지가 고비야. 하지만 적어도 지금까지는 에너지 가격이 급등한 탓에 독일이 풍족하지 않다는 말이지. 과거 재정 위기 때처럼 남유럽을 돕기가 쉽지 않다는 거야. 지난번 유럽 재정 위기 때 돈을 써가면서 가장 큰 도움을 줬던 나라가 독일이잖아. 전체 출연 기금 중에서 거의 절반을 냈으니까. 만약 2022년 안에 남유럽에서 문제가 생긴다면, 여력이 없는 상태에서 독일이 과연 남유럽의 찢어진 재정을 도울 수 있을까?

이수 잠깐만, 더 길어지기 전에 제가 이해한 대로 사건을 재구성해볼게요.

크리스틴 라가르드Christine Lagarde ECB 총재가 FOMC 회의를 앞둔 상황에서 특별 회의를 소집했어요. 그 회의에서 가장 강조된 것이 분절화 방지 대책이었는데, 이때까지만 해도 '웬 분절화?'라고 생각했거든요. 분절화 방지 대책이 필요하다는 것은 유로존이 위태롭다는 것을 의미한다는 것 정도는 알았지만, 뭐가 위태로운 건지 전혀 몰랐거든요. 그리고 라가르드의 발언 직후에 독일의 분데스방크 총재가 유로존의 분절화 방지 정책은 반드시 예외적인 상황에서, 매우 좁게 정의된 조건하에서만 적용해야 한다고 주장했어요. 그러니까 정말 극단적으로 위험한 상황으로 한정해야 한다는 뜻이겠죠? 독일이 과거처럼 내줄 돈이 많지 않으니까, 정말 위급할 때만 분절화 방지 장치가 가동되어야만 한다는 뜻으로 얘기한 거군요.

아버지 잘 봤어. 그럼 이수야, 독일이 돈이 없어서 못 준다면 남유럽에서는 어떻게 행동하겠니?

이수 없어서 못 준다는데 할 말이 없지 않을까요? 제가 독일이라면 돈을 흥청망청 쓴 남유럽에 굳이 예비 차원의 도움까지 주고 싶지는 않을 것 같아요.

아버지 하지만 남유럽의 입장은 달라. 힘들어지기 전에 돈부터 달라고 할 거야. 도움을 주지 않는다면 이탈렉시트, 그렉시트 등을 추진하겠다고 엄포를 놓을 거야. 유로존은 여러 나라로 구성돼 있잖아. 모두 유로화를 공용 화폐로 쓰고 있고. 만약 이탈리아나 그리스가 부도가 난다면? 그건 유로존의 부도나 마찬가지야.

일반적으로 사람들은 이렇게 생각할 수도 있어. '굳이 돈을 안 채워줘도 되고, 차라리 독일이 쏙 빠져나오는 게 유리하지 않나?'라고 말이야. 하지만 독일 국민이 수십 년 동안 축적해온 것은 마르크가 아닌 유로화야. 그게 부도가 난다면 독일 국민도 부도가 나는 거지. 유로존의 붕괴는 어느 나라도 원하지 않아.

이수 아, 그러네요! 재정 위기 당시에 고안됐던 '무제한 국채 매입Outright Monetary Transactions, OMT'이나 '재정 안정화 기구European

Stability Mechanism, ESM'는 독일이 재원을 거의 충당했죠. 전체 재원의 절반 가까이를 말이죠. 그때는 '독일이 왜 그러지?'라고 생각했는데, 함께 부도가 나면 안 되니까 울며 겨자 먹기로 돈을 내준 것이었네요. 그것을 잘 알고 있는 이탈리아나 그리스가 노골적으로 돈을 요구하는 거고요.

아버지 독일 대법에서도 OMT나 ESM은 합헌이라고 했지. 이는 남유럽이 죽어가는 것까지 방치할 수는 없다는, 그러니까 결국 독일 국민을 지킨다는 의미에서의 합헌이었던 거야. 다만, 당시 돈을 내줄 때 조건이 있었어. 위기에서 탈출하면 국가 재정을 정상으로 되돌려놓아야 한다는 것이었지. 하지만 남유럽은 코로나19 위기를 거치면서 더욱 흥청망청 써버렸어. 독일은 팬데믹 때도 돈을 많이 쓰지 않아서 GDP 대비 70%가 넘지 않았는데, 이탈리아와 그리스는 그때 돈을 더 쓰는 바람에 국가 재정이 더욱 악화됐지. 그리스는 GDP 대비 정부 부채가 재정 위기 당시 162%였던 것이 2022년 7월을 기준으로 194%까지 상승했고 이탈리아는 122%였던 것이 151%까지 늘었으니까.

이수 내밀한 사정은 알 수 없지만, 재정을 정상화하겠다는 약속을 저버리고 다시 어려워지니까 또 돈을 달라고 하는 것은 다 같이 어려운 상황에서 정당하지 못한 것 같아요.

아버지 그런데 그마저도 돈이 있으면 주겠지만 신냉전이 시작되면서 독일의 풍요함도 이제 한물갔다는 것이 문제야. 지금까지 독일은 중국·러시아는 물론이고 유럽·미국하고도 수출을 주도해왔거든. 하지만 지금은 달라졌어. 특히 러시아로부터 에너지 수입이 중단되면서 고가의 에너지 수입이 불가피해졌고, 러시아로의 수출조차 거의 중단됐어. 그러다 보니 2022년 6월에는 1990년 독일 통일 이후 처음으로 무역 적자를 보이기도 했지.

이수 다시 초반으로 가보면, 이탈리아의 드라기 총리가 그만두겠다고 한 것도 이해가 가네요. 과거에 이탈리아는 독일의 도움으로 구멍 난 재정을 메웠고 지금 또 손을 벌리기는 힘든데, 콘테의 오성운동 쪽에서는 계속 더 많은 돈을 쓰자고 하니까 염치가 없어도 너무 없다고 생각했을 것 같아요. 고민이 깊은 건 독일 정치가들도 마찬가지겠네요. 국가 재정이 풍족할 때야 국민들을 설득할 이유가 충분했겠지만, 지금처럼 독일마저 힘든 시기에 남을 돕자고 주장했다가는 정치적 생명을 위협받을 수도 있으니까요.

아버지 맞아. 문제는 연준의 금리 인상 의지가 여전히 강하다는 거야. 물가가 정점을 찍었다는 조짐을 보인다고 해도 원하는 수치에 이를 때까지는 계속 금리 인상에 박차를 가할 거라는 말을 자주 했으니까. 아마도 시기의 차이만 있을 뿐, 그리스와 이탈리아는 또다시 재정 위기에 빠질 수밖에 없을 거야.

이수 해법은 없나요?

아버지 일본의 YCC처럼, 독일의 국채와 문제국들의 국채 간에 수익률 스프레드를 고정할 방안을 찾아야 해. 과거처럼 유로를 안정화할 기구를 만들어서 밑 빠진 독에 물 붓는 일을 해야 한다는 얘긴데, 지금까지 말했듯이 독일이 전과 같지 않기 때문에 쉽진 않을 거야.

또 하나의 방법이 있다면 미국이 금리 인상을 멈추는 일이겠지? 마지막으로 하나 더 추가하자면, 어떤 방법으로든 견디는 거야. 앞서 말했던 것처럼 6개 이상의 LNG 터미널을 건설 중이고 대략 2023년부터는 정상적으로 가동될 예정이거든. 독일 재정을 어렵게 했던 에너지 가격 폭등은 반년 정도만 잘 견디면 수그러들 수 있다는 말이 되겠지?

 핵심 요약

- 유로존이 붕괴하고 시스템 위기가 오는 신호를 알아차리려면 PBR을 살필 필요가 있다. 일반적인 침체라면 대략 PBR 0.9배 수준인 지수 2280포인트가 저점이라고 보겠지만, 시스템 위기라면 0.6배수까지 하락할 수 있다. 이 위기의 진원지는 중국과 남유럽이 될 가능성이 큰 만큼 중국의 부동산 동향과 독일-이탈리아 국채 간 스프레드를 주시할 필요가 있다.

- 불행 중 다행인 점은 남유럽의 시스템 위기를 독일이 모른 체하긴 어려울 것이란 점이다. 유로존의 위기가 자국의 위기로 직결되는 탓에 울며 겨자 먹기로 막대한 재정을 투입해 지금껏 유로화를 지켜왔기 때문이다. 다만 이를 믿고 돈을 펑펑 써대는 이탈리아나 그리스의 상황을 보면서 악순환이 지속될지는 지켜볼 필요가 있다.

연준의 메시지에 숨은 투자 힌트

물가, 고용지표를 해석하는 법

HOW TO BE
RICH

마구 하락하던 주가를 끌어올릴 마법의 지팡이를 가진 사람이 있다면 믿을 수 있겠니? 바로 연방준비제도Fed 의장이야. 지팡이까지도 필요 없고, 그냥 말 한마디면 끝이지. 주식 시장에는 'Fed PUT'이라는 말이 존재한단다. 연준 의장의 발언이 하락하던 증시를 살린다는 의미지.

아버지는 시장에서 참 많은 연준 의장을 거쳐왔어. 제12대 의장이었던 폴 볼커Paul Volcker는 높은 인플레이션 문제를 해결하기 위해 기준 금리를 20%나 높인 사람이었고, 제13대 의장이었던 앨런 그린스펀Alan Greenspan은 언어의 마법사라는 별칭이 붙을 만큼 그의 발언을 해석하는 데만 며칠이 걸리기도 했지. 돈을 퍼붓듯이 쏟아붓는다고 해서 '헬리콥터 벤'이라 불릴 정도로 양적완화에 진심이었던 제14대 의장 벤 버냉키, 최초의 여성 연준 의장인 재닛 옐런과 경제학 출신이 아님에도 실무 능력으로 연준 의장 자리를 따낸 제롬 파월까지……. 이들의 발언은 투자자들을 울리기도 하고 희망을 선사하기도 했어. 중요한 것은 그들이 증시에 중장기적으로 영향을 줄 수 있는 단서를 가끔 제공한다는 거야. 그들의 말 속 행간에 숨겨진 힌트를 찾아낼 수 있어야 해.

인플레이션이 점차 극심해지면서 연준은 2022년 6월 '양적긴축Quantitative Tightening, QT'을 시행했습니다.

양적긴축은 미국에서도 2017년에 단 한 차례만 시행됐기 때문에 의미를 잘 모르는 사람들이 많습니다. 그래서 먼저 양적완화QE와 테이퍼링tapering, 양적긴축의 개념을 정리해볼게요.

'양적완화'는 쉽게 말해서 돈을 찍어 시중에 뿌리겠다는 얘기입니다. 시장 상황이 나빠졌으니 연준에서 돈을 찍어내고, 찍어낸 돈으로 미국 정부가 발행한 채권을 사겠다는 거죠. 테이퍼링도 양적완화의 연속선상에 있지만, 양적완화의 모든 행위를 조금씩 줄여나가겠다는 의미입니다. 그리고 양적긴축은 양적완화의 정반대라고 생각하면 됩니다. 그동안 경기 부양을 위해서 매수했던 채권과 MBS를 팔아 중앙은행으로 돈을 빨아들이는 것을 말하죠.

중요한 건 양적긴축을 왜 하는지, 만약 한다면 언제쯤 할지를 파악하는

것입니다. 물론 연준 의장인 제롬 파월에게 물어보는 것이 가장 정확하겠지만, 파월마저도 2022년 1월에는 '당장은 시행하지 않을 것이다'라고 했다가 바로 다음 달인 2월에는 당장이라도 시행할 것처럼 말을 바꿨습니다.

연준 의장이라는 무거운 직책을 어깨에 지고 있는 그의 생각이 바뀐 이유는 무엇일까요?

🪙 제롬 파월이 양적긴축을 꺼내 든 이유

아버지 그에 대한 답은 에스더 조지Esther George * 캔자스시티 연방준비은행 총재의 발언을 통해서 알 수 있을 것 같아. 그는 "재무상태표(대차대조표)**를 축소(보유 자산 축소)하면 금리가 인상될 것이다. 그리고 이 같은 의견에 대다수가 동의했다"라고 언급했어.

이수 에스더 조지 총재의 생각은 만약 양적긴축과 병행해서 금리를 올린다면 금리를 서둘러 올리지 않아도 된다는 거잖아요. 그렇다면 금리 인상의 보폭을 줄이기 위해서 양적긴축을 일찍 시행한다고 한 걸까요?

---

* 2023년 1월에 퇴임했다.
** 흔히 일정 시점에서의 기업의 재무상태, 즉 자산, 부채 및 자본의 내용을 수록한 표를 나타낸다. 기업의 유동성, 재무적 탄력성, 수익성과 위험 등을 평가하는 데 유용한 정보를 제공한다. 여기에서 말하는 재무상태표 축소는 연준이 보유 중인 채권의 만기가 도달해도 이를 재투자하지 않고 시중의 유동성을 흡수하는 방안을 말한다.

아버지 그 말도 맞지만, 100% 정답은 아냐. 우선 이걸 기억하렴. **양적긴축 결정에 영향을 주는 것은 오로지 금리 스프레드(차이)일 뿐이란다. 파월의 생각이 바뀌었다기보다는 시장이 바뀐 거지.** 장단기 금리 스프레드가 지금처럼 빠르게 축소된다면 양적긴축은 굳이 7월이다, 9월이다를 정하지 않고 시행될 수밖에 없는 거야.

이수 장단기 금리 차이가 좀 더 축소된다면 당장이라도 시행할 수 있다는 건가요?

아버지 당장은 아닐 거야. 지금 바로 시행한다면 테이퍼링을 조기 종료해야 하는데, 애초 예정대로 모두 하기로 했으니까. 아무튼 돈을 찍어내는 목적은 유통시키기 위해서잖아. 찍어낸 돈이 연준으로 다시 돌아오는 것은 연준 입장에서는 바람직스럽지 않아. 그래서 주로 금리를 통해 조절해왔지. 양적긴축이 등장한 것은 너무 많은 유동성 탓에 금리의 조절 능력이 크게 저하됐기 때문이야. 좀 어렵지?

예전에는 금리 스프레드가 가파른 모양이 정상이었어. 그만큼 장단기의 금리 차이가 컸는데, 양적완화가 수차례 진행되면서 지금은 차이가 거의 없어졌거든. **문제는 연준이 금리를 올리겠다고 하면 2년물 금리가 확 오르기 시작하는데, 이때마다 쉽게 금리 역전 현상, 그러니까 단기 금리가 장기 금리보다 높아지는 현상이 발생할 수 있다는 거야.**

지금도 딱 그렇잖아. 연준에서 금리를 올리겠다고 하니까 장단기 금리 스프레드가 2022년 3월 넷째 주를 기준으로 40bp까지 축소됐지? 아마도 이 상태에서 파월 같은 사람이 한 번만 더 거칠게 말하면 '훅' 하고 역전된다고 해도 놀랍지 않을 거야. **한 마디로 금리 역전을 방어하기 위해서 양적긴축이 동원됐다는 말이야.** 그 이전에는 필요성조차 없던 정책이었는데 금리 스프레드가 축소돼서 역전 현상을 막아야 하기 때문에 2017년에 처음이자 마지막으로 시도됐던 거지. 양적긴축이라는 게 기록이 거의 없기 때문에 다들 낯설어하는 것도 이해할 만해.

💲 강력한 침체 신호 '장단기 금리 역전'

아버지   현실의 문제를 얘기해볼까? 장단기 금리 역전이 생겼다고 하면 가장 먼저 무엇이 떠오르니?

이수   경기 침체가 떠올라요.

아버지   맞아. 장단기 금리 역전은 '절대 거역할 수 없는 침체의 신호'야. 모든 경제 주체는 물론이고 대부분 기업도 같은 생각을 할 거야. 장단기 금리 스프레드가 역전되는 순간 몸을 움츠리게 되지. 모든 투자는 중단되고, 저축을 늘려서 다가올 침체에 대비하려고 하거든. 문제는 여기에서 발생하는 거야. 기대인플레가 물가를 실제로 끌어올리듯이, 모든 경제 주체가 침체를 생각하면 경제는 진짜 침체에 빠지거든.

이수   물가가 올라서 금리를 올리겠다고 하는 순간 2년물 금리가 치솟으면서 금리 역전을 만들고, 실제 침체로 이어질 수 있다는 거죠?

아버지 그렇지. 빈대 잡으려고 집을 홀랑 태워 먹을 수는 없잖아? 당연히 연준은 시장에 침체 분위기가 완전히 자리 잡기 전에 막아야만 했고, 그래서 장기 금리를 억지로라도 올리기 위해 울며 겨자 먹기로 양적긴축을 시행한 거야. 그러니까 **세상에 없던 양적긴축이 생긴 이유는 금리 인상 시기에 장단기 금리 역전을 막아서 경기 침체에 대한 시장의 생각을 차단하기 위함이었던 거지.**

양적긴축이 시행된다는 것이 무엇을 뜻하니? 연준이 보유하고 있던 국채와 주탁저당증권인 MBS는 시중으로 내보내고, 대신 시중에 유통되던 달러를 다시 연준으로 끌어오겠다는 거잖아. 그러면 장기채 가격이 하락하고 금리는 올라가겠지? 따라서 양적긴축이 진행되면 특히 미국의 부동산 시장에 영향을 줄 수 있어.

이수 장기 금리가 올라가서 부동산 시장에 악영향을 주는 건가요?

아버지 그렇게 단순한 문제는 아니야. 사실 나도 단 한 번의 양적긴축밖에 보지 못했기 때문에 좀 조심스럽기는 한데, 장기 금리가 조금 더 빠르게 오를 수 있다고 생각해. 우선 '재무부 발행 국채 Treasury Bond, TB'를 포함해서 연준 자산의 65%가 국채야. 그중에서도 MBS가 32% 정도를 차지하지. 연준은 왜 MBS를 함께 매수했을까?

이수 미 국채와 MBS의 다른 점 때문이죠. MBS의 가장 큰 특징은 이 자율이 하락하면 낮은 이자율로 다시 조달할 수 있는 권리가 개인에게 있다는 점이에요. 그래서 가장 중요한 리스크는 '조 기 청산 리스크'죠. 반면에 미 국채는 '이자율 변동 리스크'가 가장 중요한 리스크예요. 완전히 성격이 다른 채권이지만 어쨌 든 30년물이라는 장기채 시장을 구성한다는 점에서는 같아요. 그러니까 **연준이 국채만 산다면 같은 장기물 시장을 구성하는 MBS 가격만 내려간다는 거잖아요. 그러면 금융 시장에 큰 왜곡이 생기는 거고요.**

아버지 맞아, 정확히 이해했구나. 그럼 양적긴축의 문제점도 설명해봐. 양적완화를 되감는 게 양적긴축이라고 했잖아? 힌트를 줄게. 국채와 MBS는 만기가 너무 많이 다르지?

이수 국채는 하루짜리부터 30년짜리까지 있고, 요즘에는 7년물, 15년물도 생겼죠. 그런데 MBS는 일반적으로 장기채로만 구성 돼 있어요. 집을 사는 데 한 달짜리를 살 수는 없잖아요. 30년, 15년짜리도 있지만 그 이하로는 그리 흔하지 않죠. 국채라면 짧은 만기를 가진 국채들 위주로 열심히 만기가 돌아오겠지만, MBS는 한참 기다려야겠네요.

아버지 제대로 봤어. 현재 연준의 보유 자산은 8조 9,000억 달러인데, 그중에서 1조 1,000억 달러의 국채가 2022년 안에 만기가 돌 아오거든. 이것을 되사지만 않아도 충분히 양적긴축을 이룰 수 있어. 하지만 MBS는 기본적으로 만기가 30년이나 되다 보니까 무작정 만기를 기다리는 전략은 쓸 수가 없지. 결국 보유 자산을 적극적으로 팔아야만 자산 축소가 가능하단 말이야. 그러면 MBS 가격이 하락하고 금리는 오르겠지?

꼭 그런 이유가 아니더라도 금리가 오르는 시기에는 장기채를 팔 거야. 금리 상승 시기에는 '단기채 매수, 장기채 매도'라고 배우잖아? 또 특히 MBS는 볼록성convexity*이 큰 초장기채니까 금리가 올라가는 시기에는 가장 불리할 수밖에 없지. 아무튼 양적긴축이 시작되면 MBS는 이래저래 매도 압력에 시달릴 거고, 모기지 금리는 빠르게 상승할 수밖에 없다는 말이야.

문제는 앞서 이야기했듯이, 양적긴축은 과거에 단 한 차례만 시행했기 때문에 양적긴축이 진행될 경우 미국의 모기지 금리가 오를 거라는 컨센서스가 형성돼 있지 않다는 거야. 그럼 가정을 한번 해보자. 이수가 지금 미국에 살고 있다고 하고, 집을 사려는데 금리가 갑자기 올랐어. 그런 상황이라면 집을 사겠어, 아니면 기다리겠어?

이수   꼭 필요하다면 살 것 같아요. 어차피 금리가 오르면 어느 정도 시간을 두고 계속 오르니까요. 이후 금리가 하락한다고 하더라도 집을 매수한 개인한테는 낮아진 금리로 리파이낸싱 refinancing**할 권리가 있으니 딱히 걱정할 게 없지 않나요?

● 채권에 따라서 금리가 1%가 올라갈 때 가격이 많이 하락하는 것이 있고 비교적 덜 하락하는 것이 있는데, 이를 측정한 것을 볼록성이라고 한다. '볼록성이 큰 장기채'는 '금리에 민감하게 반응하는 장기채'라는 뜻이다.
●● 기존 채무를 갚기 위해 신규 대출을 받거나 기존 채무의 상환일을 연장하는 것

아버지 하지만 일반 사람이라면 그런 것까지 생각하지 않아. '지난달까지만 해도 금리가 얼마였는데, 지금은 너무 높네. 조금 기다려보자'라고 생각하지. 그래서 **양적긴축이 본격적으로 시작되면 미국의 부동산 경기는 주춤할 가능성이 있어.** 거래량이 먼저 감소하고, 급매물이 나오면서 부동산 가격이 살짝 밀릴 가능성이 있다는 말이지.

💲 양적긴축은 악재일까, 호재일까?

이수 계속해서 2022년 3월에 열린 FOMC 회의에 대해서 얘기해보려고 해요. 이 회의는 어느 때보다도 주목을 받았는데요. 40년 만에 최고치를 기록했다는 CPI를 제어하기 위해서 연준의 행동이 필요하다는 공감대가 형성돼 있었어요. 게다가 추가적인 물가 상승을 야기할 수 있는 우크라이나 사태까지 겹쳤죠. 아버지가 양적긴축에 대해서는 기간을 굳이 정하지 않고 장단기 금리 스프레드를 보자고 하셨는데, 그 부분이 파월의 발언에서 드러났어요.

우리는 다음 회의에서 재무상태표 축소 개시에 대해 발표할 것으로 기대하고 있다. 금리와 재무상태표 관련 결정을 내릴 때 시장과 경제의 폭넓은 맥락을 유의하고 있다. 금융 시장과 거시경제 안정을 지원하기 위해서 우리의 도구를 사용할 것이다. 인플레이션이 물가 목표 범위인 2%로 돌아가는 데 이전 예상보다 더 오래 걸릴 것으로 보인다.

아버지 나는 3월 회의에서 금리는 별로 관심을 두지 않았어. 금리 인상이야 뭐, 거의 기정사실이었으니까. 내 관심은 양적긴축을 과연 언제 시작할 것인가였거든.

이수 대부분 투자자는 이 양적긴축을 추가 긴축으로 간주한 것 같아요. '금리 인상도 부족해서 긴축을 추가해야 할 정도로 물가 상승이 심각하구나'라고 생각하는 분위기였거든요. 그렇더라도 저는 금리 인상의 보폭을 줄일 수 있다는 점에서 악재가 아닐 수도 있지 않을까 생각했는데, 실제로 주가가 올라서 정말 다행이죠.

아버지 맞아. 양적긴축에 대해서는 시장의 기대치가 별로 없었기 때문에 발표되자마자 1% 이상 상승하던 주가가 돌연 마이너스로 처박히기도 했지. 그걸 보면 시장에서는 양적긴축을 잠시 악재로 생각했던 게 분명해. 그런데 양적긴축이 왜 악재가 아닐까?

이수 사람들은 금리 스프레드가 역전되면 그것을 경기 침체 신호로 인식한다고 했죠?

오랜 경험 때문에 금리 역전이 생기면 소비를 줄이고 긴축을 서두르려는 움직임이 생기고, 그런 움직임 때문에 실질적인 침체가 올 수도 있어요. **연준은 그런 나쁜 생각이 시장에 깃들**

지 않게 하자는 취지로 양적긴축을 서둘러야 했던 거예요.

아버지 지난 70년 동안 2년물과 10년물의 역전이 발생하고 나서 반드시 침체가 온 것은 아니지만, 경기 침체 직전 약 12개월 전후로 반드시 2년물과 10년물의 역전 현상이 있었어. 그러니 경제 주체들은 금리 역전이 생기면 큰일이 난다고 생각할 수밖에 없었을 거야.

💲 전쟁 중의 금리 인상은 악재일까, 호재일까?

이수 파월이 우크라이나 사태에 대해서도 한마디 했어요. 물론 한 주 만에 또 말을 바꾸기는 했지만, 아무튼 당시 회의 직후에는 다음과 같이 언급했어요.

미국 경제에 미치는 영향이 매우 불확실하다. 다만 내년 경기 침체가 올 가능성이 특별히 커지지는 않았다. 모든 징후는 미국의 경제 성장이 여전히 강하다는 것을 보여준다.

이 말은 '불확실성은 있지만 우크라이나 전쟁이 아직은 미국 경기에 특별한 영향을 주지는 않는다'라고 해석해도 되겠죠?

아버지 응. 하지만 방금 말했듯이 일주일 뒤에는 말을 바꿨는데, 그만큼 전황이 전혀 예기치 못한 방향으로 흘러가고 있다고 보면 돼.

이제 다른 측면을 보자. 이수야, 수컷 곰과 암컷 곰이 싸우면 누가 이길까?

이수 수컷이 덩치가 더 크니까 수컷이 이기겠죠.

아버지 맞아. 하지만 암컷이 이길 때가 있어. 주변에 새끼가 있을 때야. 덩치가 훨씬 큰 수컷을 암컷이 이길 수 있는 건 지켜야 할 것을 위해 죽을 각오를 했기 때문이지. 지금 우크라이나가 그런 것 같아. 사실 누구도 '1:10 이상'의 싸움을 이렇게 오래 끌 것으로 예측하지 못했거든. 우크라이나 국민들은 지금 죽기를 각오하고 싸우니, 도저히 재래식 무기로는 그들을 이길 수 없어. **문제는 우크라이나가 파종 시기라는 거야. 전쟁이 곧 끝날 것으로 알았는데, 안 끝나잖아. 파종을 못 하면 곡물가 급등을 막을 수 없어.** 게다가 러시아는 세계 비료의 5분의 1을 생산하거든. 곡물은 국제 소비자물가에서 14% 정도를 차지하고 말이야.

이수 파월이 일주일 만에 생각을 바꾼 이유가 곡물가격 때문이군요?

아버지 에너지 가격이 CPI에서 차지하는 비중은 고작 3.7% 내외인데, 그마저도 미국은 에너지가 풍부한 나라니까 지금까지는 그다지 신경 안 써도 될 정도였겠지. 하지만 곡물은 CPI에서 무려 14%나 차지해. 그런 곡물 시장에 영향을 줄 수 있는 파종 시기를 전쟁이 지연되면서 놓쳐버릴 상황이 닥치니 파월이 생각을 바꾼 것 같아. 파월은 **"이런 식의 광범위한 원자재 가격 폭등을 근간에 보지 못했다"**라면서 1월의 '꾸준히steadily'라는 수식어에서 '신속하게

expeditiously'**로 바꿨어.** 이건 2022년 5월에는 50bp 금리 인상도 할 수 있다는 신호야.

이수 전쟁발 악재가 앞으로 시장에 더 심각한 영향을 미칠 수 있다는 말인데……, 참 여러모로 안타까워요.

아버지 물가 문제가 아니라면 우크라이나와 관련된 악재는 대부분 나왔다는 생각이야. 블라디미르 푸틴Vladimir Putin 대통령이 화학무기나 핵무기를 동원하지 않는다면 말이야. 이라크 전쟁 때도 그렇고 심지어 제2차 세계대전 때도 주가는 상승했으니까, 오로지 주가 때문이라면 크게 걱정하지 않아도 돼.

이수 그런데 아버지가 2022년 3월 전후로 지수 저점 가능성이 크다고 하셨잖아요? 그 근거로 금리 인상의 개시 시점을 들었는데, 그 이유가 궁금해요.

아버지 '페타 콤플리fait accompli'라는 말 알지? 앙드레 코스톨라니 AndréKostolany가 남긴 증시 격언인데, **'이미 일어난 사실로 간주하고 있던 일은 실제로 일어나봤자 가격에 크게 영향을 미치지 않는다'**라는 뜻이잖아. 악재가 있다고 해보자. 딱 그 악재가 보도되는 날까지 주가가 안 내리고 기다려줄까, 아니면 미리 반영돼서 먼저 내릴까? 당연히 먼저 내려.

연준에서 2022년에 7회 정도 금리를 올릴 수 있다는 것을 이제 시장이 모두 알고 있어. 남아 있는 회차마다 금리를 올린다는 얘기지.

그렇다면 주가는 친절하게도 매번 금리 인상 시기까지 내리지 않고 고고하게 기다리다가 금리가 올라가야 내려갈까?

이수 미리 하락하겠죠. 어? 그럼 앞으로의 7회 금리 인상분이 이미 모두 반영됐다는 말씀인 건가요?

아버지 그렇지. 지금까지 모든 금리 인상 사이클에서 비슷한 일이 벌어졌어. 금리를 올린다고 하면 그날까지는 주가가 조정을 보였지. 하지만 막상 금리 인상이 시작되면, 모든 악재가 선반영됐기에 주가가 상승한 적이 훨씬 더 많아. 1965년 이후, 미국이 금리를 올리기 시작하고 나서 1년이 지난 시점에는 주가가 평균 8% 높게 형성돼 있었어. 처음 금리 상승이 시작되고 나서 주가가 고점을 찍기까지는 평균 3~5년 정도가 걸렸어.

이수 그러면 3~5년 후에는 주가가 하락했다는 건가요?

아버지 딱 3~5년이라고 하는 건 아냐. 금리가 역전된 이후에 금리를 올렸을 때는 단지 몇 개월 안에 주가 고점이 온 적도 있으니까. 역사적 평균이 그렇다는 거야. 아무튼, **일반적인 상황에서 연준은 중립 금리까지만 금리를 올리고 싶어 해.** 중립 금리는 경기 완화도 아니고 긴축도 아닌, 중립적 금리를 말하지? 좀 더 간단하게 **기업들이나 경제 주체가 힘들어하지 않는 금리 수준** 정도라고 봐도 무방해.

경기가 계속 과열되면 중립 금리를 넘겨서라도 그 과열을 식힐 필요가 있거든. 금리가 중립 금리를 넘어서면 기업을 비롯해 대부분 경기 주체에게 부담이 가기 때문이야. 예를 들어 영업이익률이 5%인 회사라면 5%가 넘는 금리하에서는 사업을 지속할 수 없겠지? 그래서 금리가 한계 금리에 다다르면 영업이익률이 낮은 회사들부터 조정이 시작되는 거야.

가파른 금리 인상, 과거와 다른 점은?

이수 마지막으로 한 가지만 더 질문할게요. 2022년 3월 회의 때, 미국 연준 내에서 대표적 매파로 불리는 제임스 불러드James Bullard● 세인트루이스 연방준비은행 총재가 연준이 물가 안정 의지를 보여주기 위해서는 올해 기준금리를 열두 차례 올린 것과 다름없게 인상해야 한다고 강력하게 주장했어요.

2022년 FOMC 회의가 여섯 번 남았는데 그때마다 통상적 수준인 0.25%p의 2배, 즉 0.5%p씩 올려야 한다는 말이잖아요. 그렇다면 빅스텝big step●●을 취해서라도 물가를 잡아야 한다는 얘기인가요?

아버지 그럴 수도 있지. 미래를 미리 알 수 있는 사람은 없어. 앞서도 말했듯이 파월은 처음 발언 이후 일주일이 지나서 좀 더 확실하게 50bp 인상을 암시했으니까, 아마도 5월이나 6월까지도 50bp 이상 인상 가능성이 있을 것 같아. 하지만 양쪽으로 너무

● 2023년 7월 퇴임했다.
●● 기준금리를 0.5%p(50bp) 인상하는 것. 0.25%p씩 조정했던 앨런 그린스펀의 베이비스텝baby step에 대비되는 표현이다.

극단적인, 그러니까 너무 비둘기파적이거나 너무 매파적인 생각을 가진 사람은 빼고 생각하는 게 좋아. 점도표는 중요성이 많이 떨어지기 때문에 아버지는 안 보는 편인데, 연준 전체 위원들은 2022년 말 예상 기준금리를 1.9%로 보고 있어. 그러니까 2022년 3월 금리 인상을 포함해서 '7회 인상'이 전반적인 컨센서스야.

이수 1994년에 금리를 빠르게 인상시켜서 물가를 잡았잖아요. 그래서 불러드는 이번에도 그래야 한다, 비용 상승을 견딜 수 없는 사람들을 위해서라도 물가는 반드시 잡아야 한다고 얘기했어요.

아버지 아버지가 감히 불러드의 생각에 토를 다는 것은 좀 시건방져 보일 수도 있어서 더는 말 안 하려 했는데, 그의 주장에는 결함도 일부 있어. 일단 내가 찬성하는 부분은 가파른 물가 상승 때문에 실질금리가 오히려 낮아지고 있다는 주장이야. 실질금리 공식이 어떻게 되지?

이수 명목금리에서 기대인플레를 뺀 것, 그러니까 '명목금리-기대인플레'죠.

아버지 그래, 기대인플레가 1% 올랐다고 해보자. 연준이 명목금리를 0.5% 올려봐야 실질금리는 −0.5%가 되잖아? 물가가 오르는 것보다 더 빨리 명목금리를 올려야 실질금리를 올릴 수 있고 긴축 효과를 볼 수 있다는 주장이지. 하지만 그가 틀린 점도 있어. **1994년 당시에는 물가 급등이 경기의 빠른 팽창과 더불어 일**

어났어. 매출이 10%만 늘어나도 1% 정도의 금리 인상은 충분히 커버할 수 있기 때문에 금리의 과격한 인상을 견뎌낼 수 있었던 말이지.

이수 지금과는 경기 사이클이 달랐다는 말이네요?

아버지 맞아. 특히 2022년 2월부터 실질 임금이 꺾이기 시작했거든. 물가 상승분을 급여 상승분이 따라가지 못한다는 말인데, 그러면 결국에는 소비가 감소하고 경기가 위축될 수 있어. 게다가 우크라이나 문제도 어디로 튈지 모르고. **이런 시기에 그의 주장대로 금리를 올렸다가는 스태그플레이션**stagflation ***에 빠질 가능성이 크지. 무작정 금리를 빠르게 올리는 것보다는 양적긴축을 병행해서 금리 인상의 속도를 조절하는 것이 낫지 않을까 싶어.** 대략 800억 달러씩 양적긴축을 시작하면 2022년 말까지 6,400억 달러를 줄일 수 있고, 이는 대략 32bp를 인상한 만큼의 효과가 있거든.

이수 금리가 너무 빠르게 오르면 현재 경제 체력상 견디기 어려우니까, 양적긴축과 잘 병행한다면 금리 인상을 적어도 한두 차례는 줄일 수 있다는 말씀이신 것 같은데요. 32bp로 충분할까요? 연준의 컨센서스를 보면 2023년 말까지 대략 2.5%**까지 인상시킬 것 같던데요.

● '침체stagnation'와 '물가 인상inflation'의 합성어로, 경기 침체와 인플레이션이 동시에 발생하는 현상을 말한다.
●● 2022년 3월 당시 연준의 금리 컨센서스는 2.5%였으나 실제 2023년 말에는 5.50%로 큰 차이가 있다.

아버지 2022년까지만 그렇다는 것이고 2023년까지 한다면 모두 1조 6,000억 달러가 되고 80bp 이상의 효과를 가져온다고 봐. 그러니까 세 차례 정도는 50bp 올릴 것을 25bp로 막을 수 있다는 말이지. 이번 회의에서 점도표를 보니까 대략 터미널 금리를 2.8%로 상정한 것 같아. 터미널 금리는 금리 인상 사이클에서 최종 단계의 금리 수준을 말하지? 금리를 계속 올릴 수는 없고, 계속 올리다가 결국 마지막이 있을 거 아냐? 그 마지막 금리 상승 때의 고점 금리를 말해.

아무튼 점도표를 기준으로 10년물이 3%라고 가정해도 미국 기업들이 느끼는 실질 조달 비용은 5% 전후야. 그 정도로 미국 경제가 무너지지는 않아. **그냥 중립 금리보다 아래에서는 흔들릴 때마다 매수한다, 이 원칙만 지키면 돼.**

이수 이번 회의에서 금리는 25bp로 결정됐어요. 회의 때마다 금리를 25bp씩 올리는 것이 시장의 컨센서스지만, 마음 바꾼 파월의 발언 이후로 빅스텝, 그러니까 50bp 인상 가능성도 열렸죠. 하지만 악재가 거의 반영됐다고 했으니까, 주가는 지금이 거의 바닥이라고 생각해도 될까요?

아버지 엄청 극단적인걸? '거의 바닥'이라는 표현을 '금리 관련 악재는 90% 이상 반영됐다'로 바꿔줄래? 이수야, 이 세상에 바닥을 알 수 있는 사람은 없어. 그걸 아는 사람이라면 푸틴이 언제쯤 우크라이나에서 철수할지를 먼저 알려줘야겠지? 그러니까 '또 다른 추가 악재가 없다고 가정한다면'이라는 전제가 필요해. 이제부터는 3월 금리 인상이 시작됐으니까, 조금씩 매수해도 되는 지점이라고 생각한다는 거지.

 핵심 요약

- 시장 참여자들이 가장 신경 써서 듣는 것이 바로 연준 의장의 말이다. 연준 의장의 한마디에 시장이 요동치기 때문이다. 연준 의장 역시 이를 모르는 바가 아니지만, 파월 의장은 2022년 1월과 2월에 무려 세 번이나 말을 바꿨다. 달리 말하면, 그만큼 시장이 예상치 못하게 흘러갔다는 뜻이다.
- 연준 의장이 강한 금리 인상 의지를 밝힌 만큼, 양적긴축을 시행하는 시기가 언제일지 파악할 수 있다면 여러모로 기회가 생길 수 있다. 장단기 금리 차이가 좁혀지는, 적어도 2년물과 10년물의 차이가 30bp 이하로 좁혀지는 모습을 보인다면 양적긴축이 임박했다고 판단하는 편이 좋을 듯하다.
- 금리 인상의 보폭을 줄여주고, 금리 역전 현상을 막아주는 역할을 할 수 있다는 점에서 양적긴축을 무조건 악재로만 해석할 필요는 없다.

연준이 가장
두려워하는 것

2022년 8월 26일, 와이오밍주 잭슨홀에서 제롬 파월이 연설한 내용 중 일부를 소개합니다.

우리는 인플레이션을 완화하기 위해서 강력한 조치를 할 것이다. 중립 금리 수준까지 인상했음에도 아직은 금리 인상을 멈출 지점이 아니다. 더 높은 금리, 더 느린 성장, 덜 빡빡한 노동 시장이 인플레이션을 끌어내리겠지만 가계와 기업에 약간의 고통을 줄 것이다. 이것들은 불행한 비용들이지만 물가가 안정되지 못하면 훨씬 더 큰 고통을 겪게 될 것이다. 연준의 초점은 한두 달 치 데이터보다 더 광범위하다. 인플레이션이 목표치인 2%에 근접할 때까지 긴축 정책을 계속 추진할 것이다.

8분 남짓한 연설에서 연준이 가장 두려워하는 것이 무엇인지 고스란히 드러났습니다. '경기 침체가 오더라도 그에 따른 고통이 수반될지언정 물가 통제에 전념하겠다, 긴축을 지속하겠다'라는 뜻을 강력히 전달했죠.

시장의 나쁜 반응이 예상되는데도 연준은 왜 이토록 물가 통제에 사활을 거는 걸까요?

💲 가장 무서운 건 물가 통제 실패

이수 파월의 잭슨홀 발언을 보면 무시무시할 정도인데요. 왜 이렇게까지 말한 걸까요? **특히 물가는 정점을 찍고 하락할 조짐을 보이고 있고, 연준에서 가장 중요하게 참조하는 지표인 '개인소비지출** Personal Consumption Expenditure, PCE **가격지수' 역시 전년 동월 대비 6.3%로 발표됐잖아요.** 6.8%를 기록한 6월의 상승률보다 0.5%p나 하락했고, 전월 대비로는 0.1%p 감소였어요. 그런데도 기대물가가 2%대까지 하락하는 것을 볼 때까지는 금리 인상을 멈추지 않겠다면서 완강한 태도를 보이는 게 이해가 안 가요.

아버지 그렇게 생각하는 사람이 많은 듯하더라. 미국에서도 학계와 정계 할 것 없이 비판의 목소리가 커지고 있어. 본격적인 얘기를 시작하기 전에, 파월이 말한 세 가지 교훈을 먼저 살펴보자. 파월은 40년 전 연준 의장이었던 폴 볼커를 소환해서 40년 전의 인플레이션이 현재 연준에 여러 교훈을 준다고 말했어.

40년 전 인플레이션은 연준에 세 가지 교훈을 준다. 첫 번째 교훈은 중앙은행이 낮고 안정적인 인플레이션을 관리할 책임을 져야 하며, 실제로 이를 달성할 수 있다는 것이다. 현재 미국의 인플레이션에는 수요와 공급 요인이 동시에 작용하고 있으며, 연준의 역할은 수요를 억제하여 공급에 맞춰지게 하는 것이다.

두 번째 교훈은 인플레이션에 대한 대중의 기대가 앞으로 인플레이션 경로를 설정하는 데 매우 중요한 역할을 한다는 것이다. 대중이 인플레이션이 안정적일 것으로 예상하면 실제로 그렇게 될 가능성이 크고, 반대로 1970년대처럼 물가 상승세가 가속화되면서 그 흐름이 영구적일 거라는 전망이 지배적일 때는 경제 주체들이 이를 중요하게 의사결정에 반영한다. 물가가 충분히 안정적이어야 경제 주체들이 이를 별로 신경 쓰지 않고 의사결정에 왜곡이 가해지지 않는다.

세 번째 교훈은 연준의 물가 안정 미션이 완결될 때까지 계속 기조를 유지해야 한다는 것이다. 방관할수록 인플레이션이 경제 주체의 의사결정에 미치는 영향이 커지므로, 뒤에 가서 인플레이션을 억제해야 하는 비용 역시 커질 것이기 때문이다. 몇 번의 인플레 억제 노력이 실패한 이후 폴 볼커 시대에 상당히 긴축적인 통화정책 기조를 오랜 기간 유지하면서 1980년대 들어 물가 상승률 둔화에 성공했다. 연준은 지금 당장 행동함으로써 인플레이션 장기화와 악순환을 피해 가려는 것이다.

파월이 말한 이 세 가지 교훈에 이번 잭슨홀 미팅의 핵심이 몽땅 들어 있어. **일단 경제를 희생하더라도 물가는 잡겠다는 거지. 경제를 희생시키면 고통이 따르겠지만, 그 고통을 피하고 물가 상승을 방치한다면 더 큰 고통을 겪게 되리라고 강조하면서 말이야.**

이수   사실 물가가 오르면 더 크게 고통받는 사람들은 사회적 약자잖아요. 얼마 전까지 1만 원 하던 게 갑자기 2만 원으로 오르면 얼마나 부담되겠어요?

아버지   그렇지. 파월은 두 번째 교훈에서 기대인플레가 핵심이기 때문에 이걸 때려잡아야 한다고 역설했어. 이 발언도 핵심 중의 핵심이라고 할 수 있는데, 이수의 처음 질문에 대한 답이 될 수도 있겠지? 모두가 물가 상승에 대한 기대치를 가지고 있다면 정말로 물가가 오르기 때문에 아예 그런 마음이 생기지 않도록 연준이 험악한 표정을 내세운 것 같아. 짧고 군더더기 없는 간결한 문장을 통해서 청자들이 다른 생각을 가질 만한 여지를 차단하자는 거지. 연준의 생각은 이만큼이나 단호하니까 딴생각에 빠지지 말란 소리야.

마지막으로 세 번째 교훈에서는 폴 볼커 시대의 교훈을 따르겠다고 했는데, 75bp 인상 등 이례적인 도구를 거듭 사용하는 것도 마다하지 않겠다는 것을 의미해.

이수   그런데 기대 물가를 꺾기 위해서 폴 볼커 시대의 교훈을 따르겠다고 하는 게 맞는지 잘 모르겠어요. 40년 전과는 상황이 많이 다르니까요. 당시에는 돈을 너무 많이 찍어내서 달러 가치가 속락하던 시기이고, 반대로 지금은 달러가 초강세를 보이잖아요.
금리는 화폐의 보유 가치인데 이렇게 달러가 강하게 치솟는 상
황에서 금리를 급하게 올리는 것이 과연 적절한 건가요?

영국 통화정책위원회의 전 외부 위원 출신인 데이비드 블랜치
플라워David Blanchflower 교수는 파월의 발언을 두고 '어처구니가
없다'면서 굉장히 비판적인 반응을 보였어요. "역사는 인플레
이션이 발생하면 사람들이 고가 상품 구매를 중단하고, 가격이
하락한다는 것을 보여줬다"라고 주장했죠. 그러니까 '인플레이
션의 충격이 곧 사라질 텐데 왜 그렇게 매파적 입장을 취하는
거냐, 우려스럽다'라는 입장인 거죠.

아버지 경제학에도 좌파와 우파가 있는 거 아니? 케인스학파가 좌파적
시각을 가졌다면, 화폐론자는 우파적 시각을 가졌거든. 그분은
경제학에서도 우파적 시각을 가진 분이야. 케인스학파는 재량
적 재정정책을 선호하지만, 화폐론자는 시장은 자유 의지에 맡
겨야 하고 되도록 개입을 하지 말아야 한다는 쪽이지. 너무 한
쪽으로만 치우쳐서 생각할 필요는 없어.

〈⑤〉 과격한 발언 속에 숨은 의도를 파악하라

이수 어쨌든 금리를 너무 급하게 올리니까 지금 모두 힘들어하고 있
다는 건 팩트잖아요. 블랜치플라워 교수는 "실업률이 1%p 상

승하면 인플레이션이 1%p 상승할 때보다 10~13배 더 큰 고통을 초래한다"라는 연구 결과를 발표하기도 했어요. 연준이 가장 중요하게 생각하는 목표가 '고용과 물가' 이 두 가지라고 알고 있는데요.

아버지　그래, 그 점을 짚어볼까? 이수야, 예를 들어 국가가 부도 나게 생겼다고 해보자. 세금을 더 거둬야 한다면, 부자와 가난한 사람 중에서 누가 더 부담하는 게 좋겠니?

이수　음, 공정하게 거둬야죠. 공평하게 말고.

아버지　지금 물가는 두 자릿수를 오갈 정도로 급하게 오르고 있어. 반면 실업률은 매우 안정적이지. 만약 둘 중 하나가 좀 양보해야한다면 실업률이 양보하는 게 맞지 않을까?

이수　아무튼 파월은 물가가 잡히는 것을 숫자로 확인할 때까지 금리를 올리겠다는 거죠? 그러면 진짜 심각한 침체에 빠지는 게 아닌가 걱정돼요. 앞으로 시장을 어떤 관점에서 바라봐야 할까요? 지금이라도 주식을 내다 팔아야 하는 게 아닌지 정말 고민이에요.

아버지　파월의 속마음을 알 방법은 없어. 물론 네 말대로 파월이 끝까지 금리를 올리겠다면 시장 위험은 커지겠지만, 아직 속단할때는 아닌 것 같아. 그날 파월의 과격한 발언은 그 목적이 기대 물가를 낮추자는 데 있다는 생각이거든. 네가 놀이공원 가자고 했는데 내가 "이수야, 우리 나중에 가자"라고 말하는 것과 "안돼!"라고 말하는 것은 다르잖아. 파월은 어느 정도 협박성으로 들리기를 원했을 거야.

명백한 증거가 있어. 채권과 주식이 다른 방향을 말할 때는 채권 시장의 신호를 따라가. 그날 연준 의장의 8분 연설 직후 미 증시만 3% 전후의 낙폭을 보였을 뿐, 미 국채 금리는 2년물을 볼 때 기준 1.06bp 상승했고 달러 역시 0.3% 상승하는 데 그쳤어. 이 정도는 아주 미미한 변화라고 볼 수 있지.

2022년 9월 기준 시장에서는 2023년 기준금리 고점을 여전히 3.78%로 예상하는데, 만약 시장의 생각처럼 연준이 5% 이상으로 올릴 것 같다면 이미 2년물 금리에 반영돼 움직였을 거야. 즉, 주식 시장만 좀 과격하게 움직였고 채권 시장에는 큰 변화가 없었다는 말이지.

 핵심 요약

- 연준 의장의 단호한 발언에는 시장에 대한 걱정이 담겨 있었다. 물가 상승을 야기하는 '기대인플레이션'을 막기 위해 엄격한 모습을 보였을 뿐 시장은 예상보다 고요했고, 다행히 우려했던 침체의 모습은 나타나지 않았다.

- 채권과 주식 시장이 다른 방향을 보이며 헷갈리게 할 때는 채권 시장을 살펴라. 침체가 온다면 채권 시장에는 흔적이 남기 마련이다. 요동치는 주가에 동요하기 전에 채권 시장을 먼저 주목하길!

고용과 물가가
모든 걸 결정한다

연준 의장 제롬 파월이 통화정책을 위해서 주시하는 지표는 '고용'과 '물가'입니다. 물가가 빠르게 오르는 현재 상황에서는, 두 지표 모두 낮게 나와야 연준이 금리 인상 폭을 줄일 수 있기 때문이죠.

물가는 2022년 11월 CPI 기준 7.7%로 나타났고, 2022년 12월 둘째 주엔 신규 고용이 시장 예상치였던 20만 명을 훌쩍 넘어선 26만 3,000명이나 된다는 노동부의 발표가 있었습니다.

원칙적으로 고용 시장이 활발하다는 것은 매우 강력한 호재이지만, 지금은 좀 다르게 작용하고 있습니다. 2022년 11월 30일 파월은 연설에서 "미국 인구 증가세에 비추어 적절한 고용 증가 폭은 월간 10만 개 정도로 추정되는데, 지금은 너무 강하다"라고 말했죠. 따라서 고용지표의 호재는 역으로 연준의 매파적 행동을 유인할 최대 악재가 될 수 있습니다. 연준은 물가를 잡기 위해서 시장 침체를 원하지만 '고용 시장이 좋다'는 건 금리 인상의 원인이 될 수 있고, 이는 곧 현 시장에는 좋지 않은 영향을 줄 수밖에 없다는 얘기입니다.

고용 동향이 발표된 직후 글로벌 회계 자문 그룹 KPMG의 다이앤 스윙크Diane Swonk 수석이코노미스트는 "연준이 이번 고용지표 발표 이후, 다시 75bp 인상을 논의할지도 모르겠다. 임금 오름세 때문에 연준이 곤란할 것이다. 75bp 인상이 실현되는 건 가장 두려운 일이다. 연준의 매파 위원들을 달래기 위해서라도 터미널 금리 수준은 더 올라야 하며 5.5%를 예상한다"라고 밝혔습니다. 그 때문에 당연히 주가는 급락, 달러는 급등, 채권 금리는 상승했습니다.

하지만 이변이 일어납니다. 고용지표 공개 뒤 하락했던 증시가 금세 안정을 되찾은 겁니다. 주가가 낙폭을 대부분 줄였고, 채권 금리는 10년물 기준 3.5% 수준까지 내려왔습니다. 이를 두고 시장에서는 고용지표의 질적인 면, 세부 내용이 좋지 않았기 때문이라는 주장이 많았는데, 뜻밖에 미 증시는 곧바로 다시 대폭 하락했습니다.

분명 발표된 고용지표가 예상치를 넘어서 주가가 내려간 것 같은데, 왜 또 금세 안정을 찾았고, 왜 또다시 크게 하락한 걸까요? 도대체 어떤 움직임을 좀 더 신뢰할 수 있는 신호로 받아들여야 할까요?

⑤ 고용지표, 좋아도 문제

이수 2022년 12월 둘째주 고용지표가 발표되던 날 급락 출발했던 증시가 다시 낙폭을 줄이고 보합권에서 마감됐잖아요. 알고 보니 고용지표의 내용이 사실 별로 좋지 않았기 때문이라는 얘기가 많았어요. 일부 레저·접객 부문을 제외하면 나머지는 다 별로였다는 거죠. 그래서 낙폭도 줄어든 것이고요.

아버지 이수야, 우선 **지금처럼 고금리 때문에 금리가 시장을 좌우할 때는 호재가 악재가 되고 악재가 호재가 된다는 점**부터 딱 기억하고 따라와야 해.

고용 시장에 대한 시장의 일반적인 분석과 내 생각은 전혀 달라. 오히려 서브 지표들도 좋았다고 생각해. 'U6'라고 들어봤어? '광의의 실업률'이라고 하는 건데, 우리가 보는 일반적인 실업률은 'U3'고 좀 더 넓은 의미의 실업률을 U6라고 해. U3에서는 '적극적 구직 행위'가 없으면 실업률 산정에서 아예 빼버리기도 하지. 그 외에 일시적으로 발생하는 마찰적 실업자나 노동 시장의 구조적 수급 불균형으로 발생한 구조적 실업자들도 제외되기 때문에 진짜 실업률이라고 볼 수 없어. 하지만 U6에서는 구직 포기자까지도 모두 포함해서 실업률을 산정하니까 현실을 더 정확히 반영하지.

이수 예를 들어 U3에서는 제가 직업을 적극적으로 구하지 않아도 아르바이트를 하고 있으면 실업률에서 제외한다는 거죠? 아르바이트를 하니까 실업이 아니라고 보고 직장이 있는 걸로 치고요. U6는 제가 아르바이트를 하더라도 취직을 못 해서 어쩔 수 없이 하는 것이므로, 실업자나 다름이 없다고 본다는 거죠?

아버지 그렇지. 이번에 발표된 내용을 구체적으로 보면 시간제 실업률은 높아졌지만 풀타임 근로자 수는 증가했어. 광의의 실업률인 U6가 6.7%까지 하락했지. 사람들은 주가가 하락하면 모든 재료를 악재로 해석하고, 주가가 오르면 호재로 해석하려는 경향이 있지? 그것을 '확증 편향'이라고 해. 결과를 보고 결과에 맞춰서 전부 해석해버린다는 뜻이야. 털어서 먼지 안 나는 사람 없듯이, 아무리 좋게 발표된 지표라도 나쁜 점을 찾으려 들면 얼마든지 찾을 수 있어. 하지만 광의의 실업률까지 하락했는데 질적으로 나빴다고 해석할 수는 없지 않겠니?

이수 임금 상승률도 5% 수준으로 다시 돌아갔죠? 임금이 올랐다는 건 여전히 노동력이 부족하다는 것을 의미하는데, 일부 업종에 국한된 문제로만 치부하기엔 좀 모자라는 분석 같다고 생각했거든요. 그런데 더 이해가 안 가는 건 연준이 고용지표를 매우 중요하게 생각하고, 이 지표가 시장 예상치를 넘어서는 수준이었다면 분명 증시는 하락하는 게 맞는데……. 발표 당일 증시가 안정을 되찾은 이유가 따로 있는 건가요?

아버지 닉 티미라오스Nick Timiraos라는 사람에 대해서 들어본 적 있니? 굉장히 중요한 사람인데, 기자로서 활동하고 있지만 사실상 연준의 비공식 대변인이나 마찬가지거든. 연준의 생각이 바뀔 때마다 시장과 바로바로 소통하기가 어렵기 때문에 연준은 티미라오스라는 전달자를 활용하고 있어. 그런 그가 **"강한 고용 시장에도 불구하고 2022년 12월 50bp의 인상이 지지된다"**라고 말했어. 결국 사람들이 두려워한 것은 75bp 인상도 가능할 정도로 고용 시장이 좋았다는 거잖아? 그런데 티미라오스가 50bp가 지지된다고 했으니 주가가 상승할 수밖에 없었던 거지.

이수 하지만 현지 시각으로 2022년 12월 5일 이후 미 증시는 거의 추락 수준으로 하락했어요. 그 이유는 또 뭔가요?

아버지 두 가지 이유가 있어. **첫 번째는, 또 티미라오스가 문제였어. 그는 그동안 연준 위원들의 발언을 종합해볼 때 "내년 2월에도 금리를 50bp 올릴 수 있다"라고 말했거든.**

이수 병 주고 약 주네요. 시장에서는 이번에 50bp 인상한 후, 25bp씩 두 차례 정도 인상되면 중기적으로 금리 인상은 멈출 것으로 생각했는데 완전히 새로운 악재가 나타난 셈이잖아요. 하지만 파월이 너무 강한 긴축으로 시장이 파괴되는 것을 원치 않는다고도 했고 금리 정책의 지연 효과도 있다고 했으니, 시장 컨센서스만 벗어나지 않는다면 큰 문제 없지 않을까요?

아버지 그렇기는 하지. 하지만 **투심이 너무 위축돼 있다는 게 주가 하락의 두 번째 이유야.** 2023년 증시에 대해 대부분 하우스가 침체를 전망했지? 가장 유명한 JP모건, 모건스탠리, 뱅크오브아메리카, 골드만삭스 전부 다 말이야. 특히 지난 1960년 이후 3개월물과 10년물의 금리 역전이 나타나면 거의 예외 없이 침체였기 때문에 더욱 그렇게 보는 것 같아.

매수와 매도의 균형이 잘 잡혀 있는 증시에서는 일시적 두려움이 생겨도 곧장 대기 매수세가 들어와 커버되지만, 모두가 침체로 보는 상황에서는 약간의 두려움만 생겨도 즉각 매수 공백이 생겨. 매도하자는 사람만 있고, 매수하자는 사람은 없는 거지. 대기 매수세가 없으니까 이런 상황에서는 약간의 매물만 나와도 생각보다 크게 하락하는 거야.

💲 물가지표, 재고관리가 변수

이수 말씀을 듣고 보니 투심이 안정되는 것이 가장 중요한 것 같아요. 특히 2022년 12월 CPI 발표가 고비가 될 것 같은데요?

아버지 맞아. 특히 연준은 데이터 의존적data dependent이라는 말을 백 번도 더 했어. 금리가 연준이 미리 정해놓은 경로에 따라 정해진 것이 아니고, 시장이 보여주는 숫자에 따라 연준의 생각이 수시로 바뀔 수 있다는 얘기지. 연준이 두 가지 지표, 즉 고용과 물가를 중요하게 본다고 했는데 이미 고용지표는 예상치를 크게 웃돌았어. '여기서 만약 CPI마저 생각보다 높게 나온다면 어쩌지?'라는 불안감도 주가 하락에 한몫했을 거야.

이수 저도 그런 걱정이 돼요. 이번 CPI도 고용지표처럼 시장 예상치를 넘어서 너무 높게 발표되면 어쩌죠?

아버지 만약 그런 일이 벌어진다면 주가는 한 차례 더 하락하겠지. 하지만 **나는 CPI가 시장 예상치를 넘어설 가능성은 그다지 크지 않다고 봐. 이유는 2022년 11월 말에 있었던 블랙 프라이데이 시즌의 '기업 재고떨이' 때문이지.** 현재 모두 입을 모아 경기 침체를 이야기하기 때문에, 블랙 프라이데이 때 기업들은 생산을 줄이고 보유 재고를 털어버리려고 했어.

기업들은 재고가 많으면 재고를 줄이려고 하고, 반대로 재고가 부족하면 장부상으로 문제가 생기기 때문에 다시 적정한 재고를 만들기 위해서 노력하거든. 재고 부족으로 장부상 문제가 생기는 것을 '라이포 청산LIFO Liquidation'이라고 해. LIFO는 'Last in First Out(후입선출법)'의 줄임말로, 가장 마지막에 입고된 재고를 가장 먼저 내보낸 것으로 장부에 쓴다는 말이야. 그러다 보면 장부상에는 수십 년 전에 아주 쌌던 원가의 재고가 그대로 남아 있겠지? 재고가 최근 것부터 점점 팔려서 적정 수준 아래로 줄어들면 아주 옛날의 재고도 결국은 팔릴 테고, 원가가 매우 싼 재고가 출하되는 것으로 기장되기 때문에 기업의 장부상 이익이 급증하지.

이익이 늘어난다고 하니까 좋은 거라고 생각할 수 있는데, 아니야. 옛날부터 가지고 있던 재고의 원가가 싸든 비싸든 물가는 그동안 지속적으로 올랐으니까, 실질적으로는 좋을 게 하나도 없는 거지. 진짜 현금이 더 많이 들어온 것도 아니고, 단지 장부상의 이익일 뿐이잖아. 과거에 싼값으로 들여온 재고가 원가가 되어 이익이 급히 늘어나고, 그 이익에 맞춰서 세금을 더 많이 내야만 하는 거야. 당연히 기업 입장에서는 라이포 청산이 생기지 않도록 항상 각별히 신경을 써야 하지. 쉽게 말해서 재고가 적정 수준 아래로 내려간다면 다시 재고를 적정 수준으로 늘려야 한다는 말이야. 미국에서는 전략에 실패한 CEO는 용서할 수 있어도, 재고관리에 실패한 CEO는 용서할 수 없다는 말까지 있을 정도거든.

아무튼 11월 블랙 프라이데이에 시장의 예상대로 소비가 줄어들었다면, 기업들은 예상만큼의 재고만 털어내게 되고 시장은 아무 일도 일어나지 않게 되는 거였지. 그리고 시장의 예상보다 소비가 왕성했다면, 기업들의 재고가 적정 수준 아래로 내려갈 테니 라이포 청산을 피하기 위해 재고를 확충해야 했지. 그러면 증시는 중기적으로 바닥을 만들 수도 있었을 거야. 그런데 결과는 어땠니?

이수 시장이 예상했던 정도의 소비로 그쳤어요. 라이포 청산과 재고 확충 수요 역시 없었고, 앞으로도 당분간은 없을 듯하고요. 하지만 어쨌거나 기업들은 쌓여 있는 재고를 어느 정도 털어내야만 하니까 대규모 세일 행사는 내내 지속됐죠.

아버지 바로 그거야. 그런 대규모 세일을 했다는 사실 말이야. 일반적으로 추수감사절부터 시작하지만 2022년에는 업체들이 좀 더 서두르는 바람에 11월 내내 세일 행사를 했다고. 재고를 털어버리려면 결국은 가격을 낮춰야 하잖아. 그래야 매수 심리를 유인할 수 있을 테니까. **기업들이 가격을 대폭 할인해서 판매한다면 물가를 낮추는 요인이 될 수 있는 거고, 그러니 11월 물가지표가 높을 이유는 없다고 봐.**

이수 그래서 이번 회의 때는 50bp 인상 확률이 높다는 얘기인 것 같은데요. 하지만 차기 금리 인상이 50bp가 될 수도 있기 때문에 새롭게 부여된 악재에 대해서는 약간의 추가 반영이 필요하고, 이런 불안감은 CPI 발표 전후로 소멸할 가능성이 크다는 말씀이죠?

아버지 내 생각은 그래.

 핵심 요약

- 심리적으로 매우 위축돼 있는 시기에 2023년 2월 다시 50bp 금리 인상이 예상되면서 시장이 생각하지 못했던 악재가 돌출된 것을 주가 하락의 이유로 분석할 수 있다.

- 연준이 가장 중요하게 생각하는 것은 고용과 물가이며, 의사결정에도 이 두 지표를 가장 많이 참고한다. 고용지표 중에선 매월 첫째 주말에 발표하는 고용 동향을, 물가지표 중에선 소비자물가지수CPI보다 개인소비지출PCE을 더욱 신뢰한다. 그러므로 투자자들 역시 이 두 지표를 면밀히 살펴야 한다. 만약 고용지표가 시장 예상치를 크게 넘어섰다면, 다음에 발표될 물가지표를 집중해서 관찰하라. 데이터 의존적임을 수차례 강조한 연준의 행보를 짚어볼 수 있음은 물론이고, 불안한 시장 상황에서 투자 결정을 내리는 데 참고할 만한 근거가 된다.

연준의 또 다른 이름 '인플레이션 파이터'

연준에는 두 가지 목표가 있습니다. '물가 안정'과 '고용 시장 안정'이죠. 다행히 두 가지가 동시에 위기에 빠지는 경우는 흔하지 않습니다. 경기가 과열되면 일자리 수가 많아지고 물가가 오릅니다. 일자리가 많아지면 그 부분은 걱정할 필요가 없으니 금리를 올려서 물가만 구하면 되죠. 반대로 경기가 위축되면 일자리 수가 줄어들고 물가가 하락합니다. 그러면 금리를 내려 위기에 빠진 고용 시장을 구하면 되죠.

하지만 만약 물가와 고용 시장이 모두 위기에 빠졌다면 연준은 어떤 선택을 할까요? 물가가 오르는 상황에 경기가 침체에 빠져 일자리가 빠르게 줄어든다면 고용 안정을 위해서 금리를 내려야 할까요? 아니면 물가를 잡기 위해서 금리를 올려야 할까요?

흔한 일은 아니지만, 이런 상황이 발생했을 때 **연준의 최우선 목표는 물가 안정입니다.** 물가가 가파르게 상승했던 2022년부터 2023년 내내 물가를 잡기 위해 연준이 금리를 가파르게 인상시킨 것을 떠올리면 쉽게 이해할 수 있을 겁니다.

달러를 향한 지독한 사랑

이유가 뭘까요? 1971년 이전에 달러는 금이라는 실물자산을 담보로 깔고 있었습니다. 그러니까 달러는 금이라는 기축통화에 대한 보조적 수단에 불과했던 거죠. 달러가 곧 '금 보관증'이었다는 말입니다. 그러니 달러 가치가 하락하든 상승하든 큰 문제가 되지 않았죠. 하지만 1971년, 리처드 닉슨Richard Nixon 대통령 때 금과 달러의 태환이 금지됐고, 이후 달러는 금이라는 실물자산과 분리됐습니다.

예를 들어 누군가에게 돈을 빌려줬다고 해볼까요? 집을 담보로 잡고 있다면 돈을 빌려 간 사람이 잠시 연락이 되지 않아도 걱정할 일이 없습니다. 하지만 담보가 없다면 불안해질 수밖에 없죠. 단도직입적으로 달러는 금이라는 담보가 사라졌으므로 순식간에 믿음이 깨질 수 있습니다. 담보가 없으므로 유사시에는 아무것도 건질 수 없는 약속어음에 불과하다는 것을 세상 사람들이 인지하게 해서는 안 되겠죠. **시장에서 달러의 권위를 의심하는 순간 달러는 진짜 종이 쪼가리에 불과해집니다. 그렇기에 연준은 달러의 가치가 급격하게 하락하는 과도한 인플레이션을 막아야만 하는 거죠.**

경기가 위축되어 실업자가 속출하고 동시에 물가가 속등하는 상황에서 하나만 선택하라면, 연준은 고용 시장을 포기하고 금리를 올려 돈 가치의 안정을 구해야 합니다. 그래서 연준을 '인플레이션 파이터inflation fighter'라고 하는 거죠.

연준도 몰랐던
경기 침체의 구원자

2022년부터 줄곧 이어진 금리 상승은 여전히 시장의 골칫거리입니다. 2023년 2월 중순, 금리 인상의 가능성이 또 커졌는데 바로 고용지표 때문입니다. 상상 초월 수준의 수치를 기록한 최근 고용지표는 물론 1년 기대인플레이션마저 높아진 것으로 드러나면서 시장이 믿고 있던 터미널 금리 수준이 또 높아지려 하고 있습니다.

연방기금금리Federal Funds Rate, FFR 선물 시장에서는 금리가 6%까지 오를 것이란 가능성마저 반영되기 시작했는데, 이후 주식 시장은 물론 채권 시장도 조정 국면에 접어든 모습을 보였습니다.

고용 동향은 시장에 어떤 영향을 미칠까요?

🄢 고용지표, 정말 좋았던 거 맞아?

이수   2023년 1월 고용지표는 무척 놀라운 수준이었어요. 일단 비농업 신규 고용이 무려 51만 7,000개나 증가했어요. 시장 전망치가 대략 18만 7,000개 증가였는데 예상보다 세 배 가까이죠. 그리고 실업률은 3.4%로 나타났는데, 이런 수치는 1969년 5월 이후로 거의 54년 만에 가장 낮다고 해요.

물론 수치만 놀라운 건 아니었고, 시장의 반응도 굉장히 뜨거웠는데요. 고용지표 발표 후에 페드워치Fedwatch●에는 연준이 2023년 5월에도 25bp를 인상할 거라는 확률이 71%까지 올라갔고, 2023년 11월 금리 인하 기대감은 증발했어요. 이걸 어떻게 받아들여야 할까요?

아버지   내가 볼 때는 시장이 호들갑을 떠는 것 같아. 내가 항상 **헤드라인 지표에만 집중하지 말고, 서브 지표들을 유심히 살피라고 했잖아.** 우선 잘못된 것부터 바로잡고 가자. 2022년 12월의 신규 고용은 22만 3,000개였어. 방금 이수가 2023년 1월 신규 고용이 51만 7,000개였다고 했으니까 2배 이상 급증한 거지? 한 달 사이에 아마존 같은 큰 회사가 고용을 왕창 늘린 것도 아닐 테고, 신규 고용지표가 2배 이상 급증했다는 건 지극히 비정상적

● 시카고상품거래소CME에서 제공하는, 미국의 기준금리 예측 상황을 실시간으로 알아볼 수 있는 도구(www.cmegroup.com/markets/interest-rates/cme-fedwatch-tool.html)

이야. 그러면 그 이유부터 찾아내는 게 순서겠지?

우선, 정부 고용 부분에서 문제가 좀 있었어. **2022년 11월부터 캘리포니아주 10개 대학에서 5만여 명의 교직원이 파업에 들어갔다가 2023년 1월 초에 복귀했거든.** 그러면 2023년 1월에 증가한 7만 4,000개의 정부 일자리 수 중에서 5만 개는 일단 제외해야 맞겠지? 또한 2022년 12월에 미국 북부 지역은 북극 소용돌이 탓에 영하 50℃까지 떨어졌어. 영하 50℃에 무슨 취업을 하겠니? **민간 고용이 2023년 1월에 급격하게 증가한 것은 2022년 12월 한파로 인한 이연 효과를 고려해야만 해.**

이수 일회성 요인들이 많다고 해도 상당히 높은 수치 아닌가요? 미스터 마켓Mr. Market(시장)이 항상 옳다는 가정하에 상황을 두루 짚어보자면요. 미국에서 2년물 금리가 한 주 동안 20bp나 상승했죠. 이건 채권 가격이 급락했다는 말이고요. 연방기금금리 선물 시장 참여자들은 연준이 2023년 3월 FOMC 정례 회의에서 금리를 4.75~5.00%까지 인상할 확률을 97.4%까지 반영하고 있어요. 그런데 이보다 더 주목할 것은 2023년 5월 전망이에요. 연준이 5월 기준금리를 5.25%까지는 올릴 거라는 데 갑자기 무게가 쏠리기 시작했거든요. 그것도 53.3%의 높은 확률로 말이죠.

아버지 그렇게 숫자로 또박또박 제시하는 습관, 보기 좋아! 특히 초보 때는 미스터 마켓을 신처럼 떠받드는 자세도 좋아. 다만, 지나친 맹신은 위험을 초래할 수 있어. 시장이 확률적으로 정답일 가능성이 크다는 것이지, 언제나 정확한 답을 제시한다는 얘긴 아니거든. 2022년 이맘때 어떤 시장 지표도 지금과 같은 금리 수준을 예측해준 적은 없었으니까.

앙드레 코스톨라니의 '산책하는 개' 이론이라고 알아? 목줄을 매고 산책하는 개를 주식 시장에, 주인을 경제에 비유했어. 개는 산책할 때 주인보다 앞으로 갔다가 뒤로 갔다가 하잖아. 그 이론처럼 시장은 심리적으로 치우치기 일쑤야. 그렇지만 늘 마지막에는 주인에게 돌아오지.

이수 파월이 늘 "임금 인플레로 인한 물가 상승이 중요하다", "최악의 인플레이션을 잡기 위해서는 노동 시장이 진정되어야 한다"라고 말해왔잖아요? 그런데 아니나 다를까, 1월 임금 소득이 또 전월 대비 약 1.5%나 증가했어요.

아버지 그렇기는 한데, 그것도 서브 지표를 좀 뜯어볼 필요가 있어. 1.5% 증가했다고 하지만, 세분해서 보면 고용자 수의 기여도가 0.3%였고 근로 시간 기여도가 0.9%였어. 결국 임금 상승 때문에 1.5% 증가했다고 하기보다는 노동 총량의 증가가 대부분을 차지했다는 것을 알 수 있지. 그러니까 노동자가 받는 임금이 올라서 노동자들의 임금 소득이 늘어난 게 아니라는 말이야. **전체 노동 시장에 투입된 개개인의 임금이 모두 오른 게 아니라 고용자 수도 늘었고, 또 오버타임 근무를 통해서 얻은 수입 때문에 임금 소득이 늘어난 것처럼 보인 거지. 한마디로 시간당 급여 상승이 임금 소득을 전적으로 올렸다고 볼 수 없다는 뜻이야.**

이수 하지만 임금 상승률도 4.4%로 나타났거든요. 그러면 임금도 올랐다는 말 아닌가요?

아버지 이렇게나 물가가 치솟고 있는데 임금이 그 정도도 오르지 않는다면 그게 더 이상한 것 아니겠니? **노동자들에게는 물가 상승을 고려한 실질 임금 상승률이 중요한데, 2023년 2월 고용지표에서 실질 임금 상승률은 오히려 낮아졌거든.**

💲 금리 인상의 구세주, 이민자들의 귀환

이수 이번엔 구인율과 관련한 질문이에요. 2022년 12월 구인율이 6.7%로 전월 대비 0.3%p나 증가했어요. 구인 건수는 모두 11만 건을 넘어섰고요. **일반적으로 구인율은 실업률보다 5~6개월 정도 선행하죠. 그 점을 고려할 때, 일할 사람을 구하지 못해 구인율이 진정되지 않는다면, 고용 시장에서 노동력 수요가 공급보다 높아진 상황이 하반기까지 유지될 수밖에 없지 않을까요?**

아버지 시장을 깊이 관찰하지 않았다면 할 수 없는 매우 높은 수준의 질문이네. 그 질문에 답하기 위해서는 '타이틀 42Title 42'를 언급해야 하는데, 이게 뭔지 알고 있니?

이수 타이틀 42는 중남미 이민자들을 멕시코로 즉각 추방하는 내용의 법안이고, 전임 대통령인 트럼프가 만들었어요. 이것 때문에 매년 40만 명 이상의 노동자가 강제 추방됐고, 그러다 보니 레저·식음 등 서비스업 분야에서 일할 저임금 노동자가 절대적으로 부족해졌어요. 덩달아 급여 수준 역시 높아졌고요.

아버지 그게 이유야. 노동 시장도 결국 수요와 공급의 변수잖아. 그런데 국경을 틀어막았고 이미 있는 노동자들마저 추방해버렸으니 노동 시장의 공급은 크게 감소할 수밖에 없지. 그래서 구인 수요가 급증한 거야.

강력한 증거를 보여줄까? 네가 아까 임금 상승률이 4.4%라고 했지? 상승률 자체만 보면 2022년 12월보다 낮아졌어. 하지만 신규 고용은 무려 51만 7,000개가 증가했잖아. 그 이유는 레저나 식음 등 저급여 분야에서 일자리가 크게 증가했기 때문이야. 남부 지역 일부에서는 타이틀 42가 실행되기 전에 주례로 이민자들을 받아들이기 시작했거든.

이수 그러면 2023년 2월 고용지표가 놀라울 정도로 개선된 이유를 세 가지 정도로 추려볼 수 있겠네요.

- **첫 번째, 12월 한파로 인한 이연 효과**
- **두 번째, 교사 파업과 복귀로 인한 일시적 증가**
- **세 번째, 남부 지역의 저임금 노동자 개입 증가**

이렇게 정리할 수 있겠죠?

그러면 진짜 마지막으로, 2023년 2월 미 증시의 조정은 어떻게 받아들여야 할까요?

아버지 허깨비지 뭐. 이런 조정은 그냥 "고맙습니다!" 하고 받으면 되는 거야.

한 가지만 더 말해줄게. **노동 시장은 앞으로 아주 중요한 변곡점에 도달하게 될 거야. 노동 시장을 왜곡했던 타이틀 42가 5월 11일에는 종료하기로 되어 있거든. 그러면 공급이 절대적으로 부족했던 서비스 분야는 이민자들이 복귀하면서 임금도 정상 수준으로 복귀할 수 있어. 파월이 그토록 걱정하는 임금발 인플레 압력도 빠르게 둔화할 테고 말이야.**

이수 지금까지 파월이 금리를 마구 올리는 이유로 고용 시장이 뜨겁다는 걸 내세웠는데, 이민자들이 복귀해서 임금이 정상 수준으로 돌아간다면 결국엔 실업률도 다시 원래 수치로 올라가는 거 아닌가요?

아버지 실업률도 정상화될 거라고 생각해. 또한 실업률이 상승하면서 연준의 터미널 금리 수준도 우리가 처음에 예상했던 5.5%를 넘어서지는 못하리라고 봐. 그런 이유들로 인플레는 늦어도 6월 이후에는 현저하게 꺾일 것으로 생각해. 그러면 장기 금리는 단기적으로는 인플레 보상심리로 오를 수도 있겠지만 매우 장기적으로 서서히 내려갈 테고, 조정을 받던 채권도 다시 상승할 것으로 생각해. 이번 공부의 결론은 이거야. **채권 시장과 주식 시장이 조정받는 이유가 고용지표 때문이라면 두려워할 것 없다!**

핵심 요약

- 경제 지표가 발표될 때는 당시 경제 상황의 맥락을 함께 살펴봐야 한다. 그러지 않으면 지표가 보여주는 수치를 오해하기 쉽다. 상상을 초월할 만큼의 수치를 기록한 2023년 1월 고용지표 역시 지금껏 닫혀 있던 남쪽 국경이 열리고, 매서운 한파에 맥이 끊겼다가 다시 살아난 구직 수요 등 일회성 요인들이 대거 반영된 결과였다.

- 돌아온 이민자들의 행보에 주목하자. 연준이 그토록 강조했던 임금과 실업률의 정상화가 이들의 손에 달렸고, 나아가 물가 상승 압력마저 사그라들게 할 수도 있다. 어쩌면 그들이 가파른 금리 상승을 막아줄 구원자가 될 수도 있다.

연준은 이제
어떤 결정을 내릴까?

2023년 6월 기준, 연준은 2022년 3월부터 15개월 동안 기준금리를 아주 가파르게 인상해왔습니다. 그런 와중에 드디어 연준이 첫 숨 고르기에 나설 거라는 전망이 여러 곳에서 나오고 있는데요. 2023년 6월 FOMC 회의에서 금리 결정을 일단 건너뛰고, 이르면 7월 이후 추가 인상을 예고하는 이른바 '매파적 동결hawkish skip'을 할 가능성이 매우 크다고 평가하고 있습니다.

골드만삭스는 보고서에서 제롬 파월 연준 의장 등의 발언을 토대로 6월에는 금리를 동결하고, 7월에는 25bp 인상에 나설 것으로 전망했습니다. 글로벌 투자은행 BNP파리바 역시 연준의 최종 금리를 5.5%로 제시하면서 6월에는 매파적 동결, 7월에는 인상 전망을 내놨습니다. 블룸버그 이코노믹스 역시 동일한 시나리오에 무게를 두었죠.

연준의 금리 인상, 잠시 멈춤일까요? 그렇다면 그 이후에 얼마나 더 올릴 생각인 걸까요? 아니면 혹시 진짜 멈춤인 걸까요?

💲 금리 인상, 일시 정지?

이수 현재 시장의 컨센서스가 '스탑 앤 고stop & go'잖아요. 이런 흐름이 형성된 이유가 있나요?

아버지 연준은 항상 불같이 논의하더라도 결국은 대부분 만장일치로 결정해왔어. 하지만 2023년 하반기 들어 연준 내에서 시장에 대한 의견이 두 가지로 굉장히 극명하게 갈렸지?

먼저 통화 긴축을 선호하는 매파는 인플레이션이 좀처럼 잡히지 않는다는 점과 노동 시장의 과열을 우려해서 추가 인상을 이어가야 한다는 입장이었지. 반면 인상 행보를 멈추고 이제는 누적된 정책 여파를 확인할 시기가 됐다는 반대 입장도 만만치 않았어. 그 양쪽 의견 모두 무시할 수는 없으니까 타협점이 필요하겠지? 바로 그런 이유에서 2023년 6월 통화정책 결정은 건너뛰고, 파월 의장의 매파적인 기자회견 등을 통해서 다음 달 인상 여지를 열어두는 방식을 택할 거라는 전망이 나오게 된 거야.

이수 양쪽 의견을 모두 무시할 순 없어서, 일단은 멈춘stop 뒤 다시 진행go하는 방식을 택했을 거란 말씀이죠? 이런 컨센서스를 바라보는 외국인 전문가들의 의견도 모아봤어요.

영국 싱크탱크인 OMFIFOfficial Monetary and Financial Institutions Forum의 마크 소벨Mark Sobel 미국 의장은 **"연준은 필요한 경우 7월 회의에서 금리를 인상할 수 있을 것이다. '건너뛰기'는 '중단'**

이 아니다"라고 말했어요. 전 연준 부의장인 로저 퍼거슨Roger Ferguson 역시 CNBC에서 **"시장은 이번에 금리가 동결되더라도 연준의 추가 인상에 대비해야 한다"**라고 주장했고요. 또 통화정책 전문가인 프레더릭 미슈킨Frederic Mishkin 컬럼비아대학교 교수는 CNBC에서 **"연준이 동결을 원하는 이유는 이해하지만 인플레이션이 여전히 높다. 인플레이션 압력을 해소하기까지 갈 길이 멀기 때문에 지금 금리를 인상하는 것이 낫다고 본다"**라면서 '스탑 앤 고'라는 중론에 힘을 실어줬어요.

최근 시카고대학교 부스경영대학원 등이 경제학자 마흔두 명을 대상으로 설문조사를 했는데, 응답자의 무려 67%가 미국의 최종 금리를 5.5~6.0%로 내다본다고 답했어요. 이 말은 곧 6월에 동결한 이후에도 최소 두 차례 이상 금리가 더 오를 것으로 전망한다는 의미죠. 이렇게 대부분 사람이 추가 인상을 생각하고 있는데, 문제는 과연 6월 동결 이후 몇 차례나 더 금리를 올릴 것이냐가 아닐까요?

아버지 그래서 투자자들은 FOMC 직후 공개되는 점도표에 관심을 쏟을 거야. 점도표에서 드러난 **연말 금리 전망치에 연준 위원들이 생각하는 추가적인 금리 폭이 드러날 수 있으니까.**

이수 CPI가 2023년 4월에 전년 동기 대비 4.9%를 기록했어요. 당연하겠지만, 2023년 5월에 발표되는 CPI가 시장에 꽤 위력적으로 작용할 수도 있겠네요? 금리 결정 직전에 막판 변수가 될 수도 있는…….

아버지 물론 그렇겠지만, **시장 예상치를 아주 심각하게 벗어나지만 않는다면 소비자물가가 시장에 미치는 영향은 제한적일 거야.** 예를 들어 소비자물가가 긍정적으로 나온다고 하더라도, 2%대의 물가를 보기 전에는 연준의 매파적 발언 수위가 낮아지지 않으리라는 것을 시장은 잘 알고 있어. 또한 다소 나쁘게 나온다고 해도 이미 시장의 컨센서스가 '매파적 동결'이기 때문에 크게 영향을 미치지는 못할 거야.

⑤ 변수는 국경 통제

이수 아무튼 대다수 전문가가 6월 동결 이후에 추가적인 금리 인상이 있을 거라고 생각하잖아요. 아버지 생각은 어떠세요?

아버지 **나는 금리 인상이 90%는 끝났다고 봐.** 대부분 전문가와 싱크탱크가 '스탑 앤 고'를 외치고 있어서 매우 조심스럽기는 한데, **터미널 금리가 5.25%라고 생각한 이유는 실업률 때문이야.** 남쪽 국경이 열린 상황에서 앞으로 실업률은 서서히 오르게 될 거라고 오래전부터 말했지? 실제로 2023년 5월 초에 타이틀 42가 해제된 직후 실업률이 0.3%p나 상승했으니까 그 부분에 대해서는 이미 입증됐다고 생각해. 여기에 더해서 임금 상승률 역시 둔화하겠지?

이수 순수하게 구직을 하는 사람들이 많아지면 실업률이 오른다고 하셨죠. 특히 남쪽 국경이 열리면서 유입되는 사람들은 목적 자체가 아주 분명한 사람들이잖아요. 취직을 하고 싶으니까 국경을 넘어서 들어오려고 하는 거죠.

아버지 그게 핵심이야. 그 사람들은 백수가 되려고 국경을 넘는 게 아니거든. **일자리를 구하러 월경하는 사람들이라는 점에서 실업률이 상승할 수 있었던 거야. 2023년 6월 구직자 통계를 보면, 16~24세, 그리고 55세 이상을 제외한 핵심 연령층을 중심으로 구직자가 증가했거든.** 돈 벌려고 국경을 넘는 사람들은 30~40대가 많기 때문에 그런 결과가 나온 거야.

이수 고용에서 숫자가 커지는 것도 결국 남쪽 국경과 관련 있는 거죠? 전월에 비해서 33만 9,000명이나 증가하면서 예상치를 크게 웃돌았는데요. 의료 서비스 부문 약 7만 5,000명, 레저·관광 부문 약 4만 8,000명이 늘어나는 등 이번에도 **저임금의 서비스업이 고용 시장의 강세를 주도**했다는 점이 분명해 보여요.

아무튼 신규 고용자의 수치가 크게 증가하면서도 실업률이 높아진 이유가 깔끔하게 설명되네요. 남쪽 국경이 열렸고 정말 많은 사람이 취업을 위해서 몰려오고 있지만, 그 사람들이 100% 취업에 성공할 수 있는 게 아니니까 실업률이 오히려 상승할 수밖에 없는 거죠.

아버지 그렇지. **이미 남쪽 국경이 열렸기 때문에 실업률이 오르고 고용자 수가 많아지는 것은 수개월을 두고 진행될 가능성이 커. 또한 저임금 노동자의 공급이 많아지면서 임금 상승률도 둔화할 거야.**

2023년 5월 고용 동향을 보면 시간당 평균 임금이 전월 대비 0.3% 상승했어. 전년 동기 대비로는 4.3% 상승했고. 이만하면 좋은 신호라고 볼 수 있어. 5월 시간당 임금 상승률은 교육이랑 의료를 제외한 대부분 업종에서 둔화했는데, 이는 결국 물가 상승률을 낮추는 요인이 될 거야.

이수 당분간 실업률은 계속해서 오를 거고, 물가 역시 안정을 찾는 흐름을 보일 거라는 말씀이죠? 연준이 계속해서 금리를 올리는 이유 중에 가장 강력한 이유로 '여전히 뜨거운 고용 시장'을 내세웠잖아요. 아버지 말씀대로 남쪽 국경이 열렸기에 실업률이 계속 오른다면, '스탑 앤 고'가 아니라 그냥 '피니시finish'가 될 수도 있겠네요.

아버지 변수는 있어. 바이든 정부가 타이틀 42를 폐기하면서 '타이틀 8Title 8'을 발표했거든. 너무 많은 사람이 국경으로 몰리다 보니 실업률이 급등할 가능성이 있었어. 그래서 입국자 수를 통제해야 했던 거지. 한 달에 3만 명 수준 정도? 물론 비공식적인 입국자도 많기 때문에 3만 명으로 한정할 수는 없겠지만, 미국이 국경 통제에 성공한다면 실업률의 가파른 상승은 좀 더 완만해지고 물가 역시 천천히 잡힐 거야. 그렇게 된다면 7월 이후 한 차례 정도 금리가 인상될 가능성이 전혀 없다고 볼 수는 없어. 관건은 남쪽 국경 통제 문제가 어떻게 풀리느냐겠지.

핵심 요약

- 연준이 금리를 더 올릴지 말지, 관건은 실업률이다. 만약 미 정부가 타이틀 8을 통해 남쪽 국경 통제에 성공함으로써 매달 유입되는 이민자, 즉 저임금 노동자의 수를 3만 명 이내로 통제할 수 있다면 금리는 7월 이후 한 차례 더 오를 수 있다. 반대로 국경 통제에 실패함으로써 구직자가 급증해 실업률이 가파르게 오르고 임금 상승률은 빠르게 하락한다면, 연준의 추가 금리 인상은 쉽지 않을 것이다.●

- 바이든 정부는 남쪽 국경 통제에 좀 더 힘을 쏟고 있다. 트럼프 행정부 때 시작했다가 중단됐던 국경 장벽 세우기도 재개하려는 움직임을 보이고 있다. 그렇다면 실업률은 더욱 천천히 상승할 것이다.

● 이후 남쪽 국경이 잘 통제돼 실업률이 매우 천천히 상승했기 때문에 금리가 추가로 인상됐다.

3강

지정학을 알면
세계 경제가 보인다

장기적 투자를 위한 필수 지식 알기

HOW TO BE RICH

이수야, 혹시 눈치챘니? 우리는 지금 증시에 영향을 주는 시간의 길이에 따라 스터디를 하고 있단다. **가장 먼저 살펴본 금리, 환율, 유가는 증시의 단기적 흐름을 좌우해. 그리고 연준의 의사결정은 중기적 흐름에 영향을 주지. 그렇다면 장기적 흐름과 관련이 있는 건 뭘까? 바로 지정학이야.**

예를 들어볼게. 전쟁에서 패망한 일본이 어떻게 해서 제2의 경제 대국이 될 수 있었다고 생각하니? 물론 그 나라 민족의 성실성도 큰 몫을 했겠지만 일본이라는 나라가 가진 지정학적 위치가 주요했어. 미국이 일본을 패망시킨 이후 방치했다면 오늘날의 일본은 없을지도 몰라. 미국 입장에서는 달러 세상을 확장하는 일이 절실했고, 팽창하는 공산주의를 방어하는 차원에서도 그들 앞마당인 일본이 필요했던 거야. 그런데 나중에는 일본이 너무 커지면서 미국의 패권을 위협하기도 했어. 그래서 미국은 패권을 유지하기 위해서 일본의 성장을 중단시킬 필요가 있었고, 그 대신 커진 나라가 타이완과 한국이었어. 만약 일본이 미국에 대적할 만큼 커지지 않았더라면 타이완과 한국으로의 분산은 필요하지 않았을지도 모르지. 실제로 1985년 플라자 합의 이후 일본의 전체 반도체 산업 중에서 타이완이 파운드리를, 한국이 메모리 산업을 가져가 빠른 속도로 발전했잖아.

그렇다면 지금은 어떨까?

역시 같은 이유로 중국이 너무 비대해져서 성장을 늦출 필요가 생겼고, 중국이 해온 역할을 분담할 필요가 생겨났어. 매우 장기적으로 봤을 때, 중국 내의 아주 다양한 산업이 이동할 수 있는 멕시코와 인도 시장의 성장을 기대해볼 수 있겠지? 이런 흐름을 읽어내고 장기적으로 총구를 어디로 겨냥해야 할지를 살필 수 있는 공부가 바로 지정학 공부란다.

러-우 전쟁에 이득을 본 나라가 있다?

2022년 12월 16일, 전 국무장관인 헨리 키신저는 영국의 주간지 〈스펙테이터〉에 기고한 '또 다른 세계대전을 피하는 방법'이라는 에세이에서 "러시아가 우크라이나 전쟁으로 망해서는 안 된다"라고 했습니다. 러시아가 패배해서는 안 된다는 말인 것 같은데, 그렇다면 키신저는 우크라이나의 패배를 바라는 걸까요?

이런 와중에 미국은 오히려 전쟁으로 이득을 보고 있다는 얘기가 들립니다. 과연 미국은 이 잔인한 전쟁을 통해 어떤 방법으로 이득을 취하는 걸까요? 이런 말들이 나오는 이유와 배경을 알아보겠습니다.

유럽을 미국의 품으로

이수   전쟁으로 이득을 본다는 건 참 잔인한 말인데요. 사람들이 그렇게 생각할 수밖에 없는 이유가 있겠죠?

아버지 미국은 트럼프의 시대를 거치면서 매우 위태로운 상황을 겪었어. '핑크 타이드pink tide'가 뭔지 아니?

이수 '분홍색 물결'이라는 뜻이죠. 좌파 정권이 완전히 이기는, 특히 중남미 지역에서 좌파 정권이 압승하는 현상을 말해요. 사회주의를 상징하는 빨간색인데, 그보다는 옅다는 뜻에서 '분홍색'이라고 한 거고요.

2018년 멕시코 선거를 시작으로 2019년 아르헨티나, 2020년 볼리비아, 2021년 페루·칠레·온두라스, 2022년 콜롬비아에 모두 좌파 정권이 들어섰죠. 이어서 브라질도 룰라 다 시우바Lula da Silva가 대통령이 되면서 남미 대부분 지역에 좌파 정권이 들어섰는데, 이걸 보고 핑크 타이드가 다시 시작됐다고 한 거예요.

아버지 정확히 아는구나. 방금 네가 나열한 나라들이 있는 남미는 미국의 앞마당이나 다름없는 지역이잖아. 가뜩이나 미국의 일방주의에 대한 반감이 큰 동네인데, 트럼프는 이걸 추스르려 하지 않고 오히려 문을 닫아버렸거든. 그런 상황에서 남미 대부분 지역을 좌파 정권이 석권했다면 미국은 남미와는 담쌓고 살아야 한다는 말이겠지?

하지만 기축통화를 가진 나라는 그래선 안 돼. 물건을 받고 달러를 주면 달러의 유통량이 많아지고 미국은 부흥할 수 있지만, 서로 문을 닫아걸면 달러 유통량이 적어지고 결국 기축통화권에서 멀어질 수도 있거든. 그래서 바이든은 대통령이 되자마자 트럼프가 망쳐놓은 남미와의 관계를 어떻게든 돌려놓고자 한 거야. 2022년 6월, 미국은 1994년 이후 28년 만에 처음으로 첫 미주 정상회의를 개최했어. 그런데 멕시코 대통령은 보이콧을 선언했고, 과테말라·온두라스·엘살바도르 등에서는 국가 정상이 참여하지 않고 총리 등을 보냈어. **이때를 틈타서 중국과 러시아는 브릭스BRICS●의 외형을 확대하는 이른바 '브릭스 플러스BRICS plus'를 추진하려고 했지.** 중동의 이란과 남미의 아르헨티나까지 아우르는 반미 연대를 구축하려고 한 거야.

이수 중동의 석유 수입도 위안화로 대체하겠다는 말이 나오는 마당에 브릭스까지 커지면 미국은 굉장히 난감해지겠네요.

아버지 극단적인 생각을 가진 트럼프 때문에 남미는 물론이고 전통적인 우방들이 많은 유럽에서조차 수십 년 동안 공들여온 외교적 관계가 거의 단절되는 지경에 이르렀어. 트럼프가 유럽 정상들 만나러 갔다가 단체 사진도 찍지 않고 되돌아온 일화는 유명하지?

이수 바이든이 대통령이 되고 나서 'America is back', 즉 '미국이 돌아왔다!'라고 외친 이유가 그거였네요. 바이든이 유럽이나 한국 같은 우방부터 추스르려 했던 이유도 그렇고요.

아버지 하지만 한번 삐친 유럽은 쉽게 돌아서지 않았어. 미국을 멀리

● 브라질·러시아·인도·중국·남아프리카공화국 등 신흥경제 5개국을 가리킨다.

하고 러시아와 중국에 줄을 서려 했지. 그러다가 우크라이나 전쟁이 터진 거야. 유럽인들에게 우크라이나 전쟁은 러시아나 중국의 위험성을 일깨워주는 역할을 했어.

이번 사태 이후로 영세 중립국이라는 지위가 거의 사라졌잖아? 스웨덴이랑 핀란드는 북유럽의 아주 오랜 중립국인데 전쟁이 터진 후 북대서양조약기구North Atlantic Treaty Organization, NATO에 가입했고, 덴마크 같은 나라도 무려 30년 만에 EU 공동 방위 정책에 참여하겠다는 의지를 밝혔으니까. 실제로 굉장히 많은 변화가 있었던 거야. 이게 다가 아니야. 유럽 주요 국가들은 물론이고 제2차 세계대전 패전국인 독일과 일본마저 국방비 증액과 무기 도입 확대를 천명했어.

대부분 GDP의 2% 수준까지 방위비를 끌어올리겠다는 건데, 이 세상에서 무기를 만드는 나라가 몇 안 되잖아. 그러면 당연히 미국에 유리하지 않겠니? 미국이 각종 전쟁 이후에 경제 규모뿐 아니라 세계적으로 영향력을 더 키울 수 있었다는 것은 명백한 사실이니까 말이야.

승자도, 패자도 없어야 산다

이수 우크라이나 전쟁이 미국에 전적으로 유리하다고 했던 이유는, 러시아와 중국에 붙으려던 유럽을 미국 품으로 되돌려놓았다는 점 때문인 거네요. 하지만 아무리 미국에 유리하다고 해도 전쟁은 이제 끝났으면 좋겠어요. 주요 선진국들은 이 전쟁이 어떻게 끝나길 바라나요?

아버지 우크라이나가 패전해서는 안 되지. 크림반도를 꿀꺽 집어삼킨 러시아가 우크라이나까지 삼켜버린다면, 또 다른 침략의 빌미를 주는 모습으로 비칠 수도 있으니까. 그렇다고 우크라이나가 승리하는 것도 문제를 만들 수 있어. 앞서 소개했듯이, 키신저는 러시아가 망해서는 안 된다는 발언을 한 적이 있어. 이 발언은 맥락을 살펴봐야 하는데, 우선 마셜 플랜Marshall Plan부터 이야기해줄게.

마셜 플랜의 명목상 취지는 1947년 7월부터 4년간 전쟁으로 황폐해진 유럽을 구한다는 것이었어. 그러니까 미국이 유럽을 도와서 재건을 하자는 뜻이었지. 하지만 국제 정세에서 이익이 배제된 의리란 있을 수 없어. 뭔가 호의가 있다면 반드시 그에 상응하는 대가가 따르기 마련이지.

마셜 플랜의 진짜 의도는 유럽에 달러를 전파하는 것이었어. 실제 다양한 방식으로 유럽 땅에 달러가 뿌려졌고, 달러 유통량이 급격하게 증가했지. 미국은 이런 방식을 그 후로도 자주 써먹었는데 중국도 예외는 아니었지.

이수 하지만 중국은 결이 좀 다르지 않아요? 유럽이나 한국은 같은 자본주의니까 그런 방법이 통할 수도 있겠지만, 중국은 베트남 전쟁 이후로 미국식 자본주의를 타도하자고 외쳐온 나라잖아요.

아버지 맞아. 공산주의와 자본주의는 결이 많이 다르지. 그런데 **중국에 매우 큰 두 가지 사건이 생기면서 미국의 제안을 거절할 수 없게 됐단다.**

첫 번째는 구소련과의 국경 분쟁이었어. 1969년에 와서는 중국과 구소련 사이의 국경 분쟁이 더욱 심화됐고, 소련이 무려 100만 대군을 국경에 배치하면서 중국의 운명은 그야말로 풍전등화가 되어버렸어. 이런 상황에서 키신저가 중국에 접근했지. 1971년 7월 키신저가 중국으로 건너가 저우언라이周恩來를 만났고, 이듬해인 1972년 2월 리처드 닉슨 대통령이 베이징을 방문했어. 중국과 미국은 이때부터 절친이 됐지.

당시 중국은 미국에 적대적이었는데, 키신저가 중국을 도운 것은 균형을 위해서였어. 소련이 중국을 집어삼킨다고 상상해봐. 그러면 좌의 세력이 너무 커지고 자칫하면 통제 불능의 상태로 치달을 수도 있잖아.

두 번째 사건은 구소련의 붕괴와 관련이 있어. 당시에는 자본주의와 공산주의가 완전히 갈려 있었어. 중국은 대부분의 수출입을 소련과 했지. 그런데 소련이 무너지면서 수출입 길이 모두 막히자 중국마저 연쇄 부도를 걱정해야 하는 지경이 됐어. 이때 미국이 달러를 안겨줬지. **미국은 중국이 소련에 먹힐 수도 있는 상황에서 군사적으로 도왔을 뿐 아니라 소련과 더불어 망해가던 중국에 달러를 투입해서 되살린 거야.** 구소련이 붕괴했는데 중국마저 부도가 나면, 이 세상에서 공산주의는 씨가 마르는 거잖아. 유대인 입장에서 볼 때, 그건 결코 방관해서는 안 될 일이었지. 그들은 '균형'이라는 가치를 정말 중시하거든.

키신저가 '지금 러시아가 망하면 안 된다'고 말한 것도 결국은 비슷한 이유야. 러시아가 붕괴하면 중국이 더 커질 수 있기 때문이지.

🪙 한국처럼 종전 대신 휴전으로

이수 저는 단순히 핵을 가진 나라가 전쟁에서 패배하면 무질서가 찾아올까 봐 두려워서 그런 말을 한 거라고 생각했어요. 그런데 훨씬 더 복잡한 지정학적 미래를 내다본 거군요.

아버지 물론 '러시아의 붕괴 위험'도 가능성이 전혀 없는 건 아니라고 생각해. 과거 베트남 전쟁 때를 보면 전쟁을 지지부진 끌다가 미국이 망할 뻔했잖아. 러-우 전쟁에서도 마찬가지야. 우방이 우크라이나를 계속 돕고 우크라이나인들 또한 싸울 의지가 있다면, 결국 러시아가 붕괴할 수도 있지 않겠니? 그러면 경제적으로도 치명적인 일들이 터지지. 러시아가 망하면 루블화는 당장 휴지가 될 테니 말이야. 그곳에 달러가 투입될 수 있다면 러시아의 붕괴가 크게 문제 되지 않겠지. 하지만 그런 일은 일어나기 어려워. **내 생각에는 러시아가 붕괴한다면 중국의 위안화가 대체 통화로서 나설 가능성이 몇 배 커질 것 같거든. 중국이 만약**

러시아 경제권마저 장악한다면, 이미 구매력 기준 미국의 GDP를 넘어섰다는 중국이 기축통화권에 한 발짝 더 다가서게 될 거야.

그러니까 러시아가 망해서는 안 된다는 키신저의 발언은, 러시아를 좋게 봐서가 아니야. 과거 러시아가 커지는 것을 경계했듯이, 지금은 중국이 커지는 것을 경계하는 거지. 그래서인지 전쟁 전문가들은 휴전 가능성을 타진하고 있는 것 같아.

이수 〈파이낸셜타임스〉에 올라온 기디언 래크먼Gideon Rachman 외교 부문 수석의 칼럼이 있는데요. 그는 휴전 가능성이 크다면서, 그 근거로 러시아와 우크라이나 중 누구도 완전한 승리를 거둘 수 있는 처지가 못 된다는 점을 지적했어요. 푸틴은 자신이 승리하고 있다고 주장하지만, 이미 사상자가 10만 명에 달하기 때문에 전쟁을 계속하기 어렵다는 거죠. 우크라이나 역시 키이우·하르키우·헤르손 등에서 일부 승리했지만 많은 전사자가 나왔고, 전력 시설이 폭격당하는 바람에 추운 겨울을 전기 없이 지내야 한다는 점을 이유로 들었어요. 게다가 피난 간 사람들은 전쟁이 너무 오래 지속되면 피난처에서 정착하는 쪽을 선택하기 쉬운데, 전쟁이 끝나도 피난민들이 되돌아오지 않는다면 우크라이나는 더 심각한 위기에 빠질 수도 있다는 거예요. 그는 우크라이나가 시간에 쫓기고 있다고 말했어요.

아버지 먼저 푸틴 입장부터 말해보자면 당장 전쟁을 끝내고 싶지 않을까 싶어. 자존심만 상하지 않는 선에서 말이야. 전쟁을 수행할 군인이 부족하니까 심지어 범죄자들까지 사면해주면서 전쟁

터에 투입했지만 성과가 없었잖아. 군인을 보충할 길이 없으니 폭탄만 매일 퍼붓고 있지. 반면 우크라이나는 사기가 충천하다는 점에서 러시아에 비해 단기적으로는 분명 유리해 보여. 하지만 전쟁이 너무 오랫동안 이어지면서 국민들도 지쳐가고 있거든.

이수 하지만 우크라이나의 볼로디미르 젤렌스키Volodymyr Zelensky 대통령은 돈바스는 물론이고 크림반도까지 되찾아야만 전쟁을 끝낼 거라는 입장이잖아요.

아버지 어느 나라의 대통령이 국토를 일부 내주고 전쟁을 끝내겠다고 하겠니? 현실은 좀 더 고민이 필요한데, 돈바스나 크림반도에는 러시아인들이 훨씬 더 많이 살고 있어. 어찌어찌 수복에 성공한다고 해도 게릴라들에게 끊임없이 시달릴 거야. 우크라이나 전쟁 이전부터 이 지역은 러시아에 복속시켜달라는 요구가 끊이지 않았거든. 나라면 큰 희생을 치러야만 하는 무모한 수복을 시도하진 않을 것 같아.

이수 이런 상황이라면 종전보다는 휴전이 양측 모두에게 최선이 아닐까 싶은데요. 그러려면 젤렌스키도 설득해야 하고 푸틴도 설득해야 하는데, 그게 가능할까요?

아버지 푸틴을 설득하는 건 상대적으로 어렵지 않다고 봐. 휴전을 통해서 크림과 돈바스에 대한 일시적 지배권을 주는 방법이 있지. 체면을 세울 수 있고 차기 대선에서도 좋은 점수를 받을 수 있을 거야.

문제는 우크라이나를 설득하는 건데……. 전폭적인 경제 지원이라면 가능할지도 몰라. 과거 마셜 플랜처럼 미국이 주도해서 새로운 나라를 만들어주겠다고 약속하는 거지. 미국의 달러가 우크라이나에 대거 투입되고 우크라이나를 번영시키는 청사진을 제시하는 거야. 마치 우리나라와 일본, 중국 등에 했던 것처럼 말이야. 우크라이나의 GDP 규모가 커지면 동유럽의 큰 나라 중 하나가 미국 달러권이 되는 거지.

이수 그렇게 된다면 또 미국이 손해 보는 장사는 절대 아닌 거네요.

아버지 이에 대해선 〈파이낸셜타임스〉도 비슷한 이야기를 했어. 한국도 전쟁 직후 완전히 파괴됐지만 지금은 번영을 누리며 선진국이 됐다는 점을 강조하면서 국제사회가 양측에 휴전을 권할 수 있다고 말이야.

⑤ 미국 대신 욕먹게 된 러시아

이수 마지막으로 궁금한 게 있어요. 지금은 전쟁 중이기 때문에 안전자산인 달러 가치가 상승하는 건 이해할 수 있어요. 자원 부국인 브라질의 헤알화가 상승하는 것도 상품 통화니까 이해할 수 있고요. 그런데 이런 상황에서 위안화는 왜 오르는 걸까요?

아버지 뭔가가 오른다면 당연히 수요 때문이겠지? 이미 신냉전을 준비 중인 러시아의 중앙은행과 국부 펀드가 달러를 위안으로 바꾸기 시작했어. 현재 러시아 중앙은행이 800억 달러, 국부 펀드가 600억 달러의 중국 위안화 채권을 매입했다고 해.

이수 우크라이나 사태를 통해서 미국이 얻는 것이 있다고 했잖아요? 특히 유럽에 대한 영향력이 확장되리라고 얘기해주셨는데, 실제로 그렇게 되고 있어요. 에스토니아·라트비아·리투아니아를 '발트 3국'이라고 하는데, 이쪽은 매우 초조해하는 것 같아요.

아버지 당연하지. 중립을 선언했던 우크라이나를 침공했으니까 이들도 당연히 불안하지. 에드가르스 링케비치Edgars Rinkēvičs 라트비아 외무부 장관●은 미국의 토니 블링컨Tony Blinken 국무장관과 회동한 뒤 공동 기자회견에서 라트비아에 미국 병력의 영구 주둔을 촉구하기도 했어. 이 정도면 미국의 유럽 영향력 확대 측면에서는 매우 성과가 크다고 봐야지.

하지만 미국의 진짜 이익은 따로 있어. 이수는 이 세상에서 가장 채무가 많은 곳이 어디라고 생각해?

이수 당연히 미국 연방 정부 아닐까요? 기축통화를 가지고 있으니까 부도 위험 없이 마음대로 갖다 쓸 수도 있잖아요.

아버지 그렇다면, 물가가 오르면 누구에게 유리하지?

이수 채무자에게 유리하죠. 어? 그럼 미국 연방 정부에는 유리하다는 말씀인 건가요?

아버지 그렇지. 물가가 올라도 그냥 오르면 미국은 욕을 먹을 수 있어.

● 2023년 6월 대통령으로 취임했다.

달러를 너무 많이 발행해서 물가가 올랐다고 할 테니까. **하지만 이제 러시아의 푸틴 때문에 물가가 오른다고 믿을 테니 미국은 정말 큰 이익인 거야. 게다가 실질적인 부채 탕감의 이익도 커.** 지난 40년 동안 미국 정부의 미지불 부채 규모는 GDP 대비 57%였지만, 코로나19 팬데믹에 대처하면서 GDP 대비 100% 이상으로 증가했잖아. 극심한 인플레로 2022년 한 해에만 미국 전체 GDP 규모의 3.3%에 달하는 부채 탕감을 이룬 셈이야.

 핵심 요약

- 러시아–우크라이나 전쟁은 미국에 뜻밖의 선물을 안겼다. 미국에 등을 돌렸던 유럽을 다시 미국 품으로 돌려놓은 것이다. 여기에 물가 상승에 대한 원망의 화살을 러시아에 돌리면서 실질적으로 엄청난 부채 탕감 효과까지 거뒀다.

- 질질 끄는 전쟁을 어떻게 끝내야 할지도 매우 중요한 부분이다. 러시아의 패배는 상대적으로 중국 세력이 비대해질 위험이 있고, 우크라이나의 패배는 구미 선진국 모두가 경계하는 만큼 어느 쪽도 지지 않는 휴전 가능성이 점쳐지는 것도 이 때문이다. 앞서도 언급했듯이, 증시에는 '페타 콤플리'라는 말이 있다. 이미 알려진 악재는 더 이상 악재가 아니다. 이미 전쟁이 벌어지고 있는 상황에서는 전쟁 관련주에 더는 관심을 가지지 않는 것이 좋겠다.

러시아에서 시작돼 한국까지 온 나비 효과

미국이 G7 등과 함께 러시아에 가장 강력한 제재인 SWIFTSociety for Worldwide Interbank Financial Telecommunication(국제통신협회결제망) 퇴출을 결정했습니다. 수출입을 할 때 현금을 들고 다닐 수 없기에 SWIFT를 이용해서 결제를 하는데, **이를 통제한다는 것은 러시아의 루블화를 폭락시키고 물가를 속등시킬 수 있다는 말이 됩니다. 거의 금융 사형선고에 가까운, 가장 높은 수준의 제재죠.** 미국뿐만 아니라 유럽에서도 러시아에 대한 상당한 제재를 결의했는데, 영세 중립국인 스위스마저 러시아 제재에 동참한다고 천명했습니다.

하지만 수출 중심 산업국인 우리나라는 러시아 제재에 대한 선언이 다소 늦었고, 결국 미국의 기술이 적용된 상품을 수출할 때 미국 상무부의 허가를 받아야 하는 상황에 처하고 말았습니다. 앞서 러시아 제재에 동참하겠다고 선언한 나라들은 모두 면제해줬는데 말이죠.

이른바 FDPRForeign Direct Product Rule, 즉 미 상무부가 2022년 2월

24일 발표한 러시아 수출 통제에 따르면 반도체·정보통신·센서·레이저·해양·항공우주 등 7개 분야 57개 기술에 대해서 비록 제3국에서 생산된 제품이라도 미국 기술과 소프트웨어를 사용했다면 미 상무부의 허가를 받아야 러시아로 수출할 수 있게 됐습니다. 설상가상으로 러시아 역시 SWIFT 퇴출에 대항해 모든 해외 송금을 동결한다고 발표했으니, 그나마 수출 대금도 못 받게 생긴 겁니다.

러시아 금융 제재와 관련해 타격을 받는 국내 업종에는 어떤 것들이 있을까요?

💲 석유·화학

이수   2021년 기준 한국 수출에서 러시아와 우크라이나가 차지하는 비중은 각각 1.5%, 0.1%예요. 수입 역시 러시아 2.8%, 우크라이나 0.1%에 불과해요. 수출입이 막힌다면 물론 불편하긴 하겠지만, 이 정도라면 숨이 막힐 정도는 아니잖나요? 이게 정말 큰 문제일까요?

아버지   그렇기는 한데……. 칼이나 총 같은 험악한 무기로만 절명시킬 수 있는 것은 아니야. 바늘 하나로도 생명을 앗을 수 있지. 산업 전반에 걸쳐 그 정도 문제라면 아무렇지 않을 수도 있어. 하지만 극소수의 업종에 집중돼 있다는 점이 문제야. 마치 바늘로 찌르듯이, 그 1.5%가 산업 전반에 큰 영향을 줄 수도 있다는 말이지.

바늘 효과가 가장 두드러질 수 있는 분야는 석유·화학이야. 만약 석유·화학에서 충격이 시작된다면, 산업 전반으로 확산될 가능성이 크다는 거지. 우선 러시아의 정제 설비 총규모는 6억 7,400만 배럴로 글로벌 전체 설비의 약 6.6%를 차지하거든? 미국이 17.8%, 중국 16.4%에 이어 세 번째로 큰 규모이기 때문에 러시아에서의 결손은 결코 작은 문제가 아니야.

이수 걱정이기는 한데 2022년 3월 초를 기준으로 석유 부문에 대한 제재는 공식적으로 선언되지 않았잖아요.

아버지 그렇기는 해. 제재라는 게 상대방만 아파야지 나도 아프거나 내가 더 아파지는 결과를 초래한다면 의미가 없거든. 그래서 아직 석유에 대한 제재는 하지 않았어. 하지만 푸틴이 핵 카드를 꺼내고 나서 미국이 러시아의 원유 또는 석유 제품 판매와 관련된 제재도 테이블에 올렸다고 하면서 고민이 커지고 있어. 만약 러시아의 석유가 제재 대상에 오른다면 글로벌 정제 설비의 최대 8% 수준에서 생산 차질이 생길 거야.

이수 러시아로부터는 특히 나프타Naphtha 수입이 굉장히 많다고 알고 있는데요. 그러면 에틸렌ethylene을 주로 만드는 우리나라의 NCCNaphtha Cracking Center(나프타 분해 시설)도 타격이 크지 않을까요?

아버지 원유 수출국이니 당연히 나프타 수출국이지. 미국은 에탄을 분해해서 에틸렌을 생산하는 설비가 많지만, 우리나라는 나프타를 분해해서 에틸렌을 만드는 곳이 압도적으로 많아. 에틸렌은 대부분 화학제품의 원재료에 속하기 때문에 '산업의 쌀'이라고도 해. **러시아산 나프타는 우리나라 수입에서 24%를 차지해. 물론 다른 곳으로 대체할 수는 있겠지만, 추가 비용이 들어갈 수 있지.** 이는 결국 국내 나프타 가격이 오를 수 있다는 말이 되겠지? 그러면 당연히 우리나라의 NCC사들에는 악재가 될 수 있어.

2022년 2월 마지막 주 기준으로 나프타 가격은 톤당 933달러였어. 2014년 이래 최고치였는데, 아무래도 유가에 연동될 수밖에 없거든. **나프타가 오르면 에틸렌이 오르고 덩달아서 모든 화학제품이 오를 텐데, 그렇다면 전반적 물가 상승의 실마리가 될 수도 있겠지.**

💲 자동차와 반도체

이수 만약 러시아 석유가 제재 대상에 오르지 않는다고 가정해보면, 그래도 걱정되는 업종이 있나요?

아버지 있지. **가장 큰 문제는 자동차야.** 2021년 러시아 수출에서 자동차와 자동차 부품은 각각 26.5%, 15.1%를 차지하거든. 그냥 러시아 하면 우리나라가 자동차를 많이 수출한다고 보면 돼. 러시아 대상 전체 수출에서 자동차 관련 품목이 40%를 넘으니까. 대한무역투자진흥공사KOTRA 분석에 따르면, 우리나라 전체 자동차 수출 중에서 러시아 딱 한 나라가 4.5%를 차지해.

이수 그동안 바이러스 쇼크로 인한 공급망 충격에 가장 취약했던 업종이 자동차죠. 이제 좀 가려나 했더니만 또다시 발목을 잡히는 것 같은데요, 그래서인지 전쟁 시작 이후로 현대차 차트는 지하실을 뚫고 하락 중이라고 해요. 회사별로 피해 상황을 조금 더 구체적으로 얘기해주세요.

아버지 현대차보다는 기아가 좀 더 영향을 받을 거야. 현대차는 글로벌 판매 대수의 4%가 러시아 대상인데, 기아는 5.6%나 되거든. 그리고 현대글로비스는 주로 자동차나 자동차 부품의 운송이 주업이잖아. 특히 CKDComplete-Knock-Down 납품이 발생하는 해외 공장 중에서 러시아가 차지하는 비중이 10%가 넘어.

이수 CKD는 우리가 아는 일반적인 자동차 형태로 수출하는 것이 아니라 완전 해체 상태로 수출한 뒤 그 나라에서 조립하는 반조립 형태의 수출을 말하죠? 완전체로 수출하면 그 나라 사람들이 할 일이 없겠지만, 부품 형태로 수출하면 조립 공정에 현지 인력을 투입할 수 있어서 그 나라 GDP에 도움이 되죠. 그래서 이머징 국가들은 완전체로 받기보다는 CKD로 받기를 원하고, 이런 형태로 수입할 때 상당한 세금 혜택을 받아요.

아버지 현대모비스는 주로 현대차와 기아의 부품을 생산하잖아? 러시아 비중은 3.6% 정도로 알려져 있어. 그 외에는 러시아 수출로 발생하는 매출 규모가 미미하기 때문에 대략 이 정도 회사들에 대해서만 조심하면 될 거야.

이수   우리나라는 산업 구조가 대부분 가공 무역의 형태잖아요. 어찌
보면 세상사 굴곡을 다 겪어야 한다는 게 참 아쉬워요. 원자재
를 사 와서 중간재를 공급하는 형태이다 보니까 글로벌 공급망
충격 때도 가장 힘들어했잖아요. 기사 내용을 보니 반도체도
꽤 걱정이라고 하더라고요.

아버지   그렇지. **반도체 중에서 공정용 특수 가스에 대한 의존도가 매우
높아. 크세논과 크립톤이 50% 가까운 의존도를 보이고, 네온 역
시 30% 가까운 의존도를 보이거든.**

이수   예전 크림반도 병합 때도 네온 가격이 10배나 뛰었다고 해요.
그래서 나름대로 공정용 가스를 아끼는 방법도 터득했다고 하
는데, 그래도 가격이 이렇게나 많이 오르면 대책이 없겠죠? 그
것 때문인지 삼성전자는 물론이고 키옥시아 사태● 이후 잘 가
던 SK하이닉스마저 시무룩해 보여요.

아버지   **원자재 가격이 오른다고 무조건 손해는 아냐. 그만큼 소비자에
게 전가할 수 있다면 오히려 매출과 이익이 증가하면서 주가도
오르거든. 하지만 반도체는 상대방이 완전 초대형 소비자거든.
애플이나 구글처럼 슈퍼갑이다 보니까 가격을 전가하기가 쉽지
않아.**

●   낸드플래시 3위 업체인 일본의 키옥시아 반도체 팹(공장)에서 원재료 오염과 지진 등 악재가
생기면서 키옥시아 투자사인 SK하이닉스의 투자금 회수가 지연될 것으로 전망됐다.

💲 조선과 식량

아버지   머리 위에서 폭탄이 떨어지는 곳을 두고 수혜주를 거론하다
니……, 아버지 직업이 참 서글퍼지기도 하네. 어쨌든 **2021년부
터 네온 가스 등을 생산하기 시작한 포스코는 아주 드물게 수혜주
가 될 수도 있을 것 같아.**

조선주는 좋다는 주장도 있고 나쁘다는 주장도 있는데, 파이
프라인이 통제된다면 당연히 부족분은 선박을 통해 운송하겠
지. 그러니 **조선주는 기본적으로 좋다고 보면 돼.** 다만 러시아로
부터 가장 많은 수주를 받은 삼성중공업은 살짝 걱정거리가 될
수도 있어. 물론 러시아가 SWIFT에서 추방됐다고 해서 배를
만들어주고 돈을 못 받는 것은 아냐. 계약 이행이 안 되면 다른
곳에 팔 수 있으니까. 다만 그 과정에서 우리 측도 손실을 볼
수밖에 없겠지.

이수   저는 사실 식량 쪽이 가장 걱정돼요. 우선 밀은 러시아와 우크
라이나 합쳐서 25%를 차지한다고 하니까 빵값이 오를 게 뻔하
고, 옥수수는 오로지 우크라이나 하나에서만 13% 비중을 차지
하니 대략 5%의 비중을 갖고 있는 러시아와 합치면 18% 정도
가 되네요.

아버지   어디 그뿐이겠니? 비료의 원료인 질산알루미늄은 러시아가 거
의 독점적으로 만들기 때문에 식료품 가격이 상승할 수 있어.
그러면 전반적인 인플레를 자극할 수도 있고 말이야.

핵심 요약

- 러시아에 대한 경제 제재는 결론적으로 대한민국에도 매우 치명적이다. 특히 석유가 제재 대상에 오르면 석유·화학 분야부터 자동차, 반도체, 조선, 식량까지 우리에게도 큰 피해가 초래될 수 있다.

- 다른 나라들 역시 상황은 비슷하다. 유럽의 지도자들은 이미 높아질 대로 높아진 화석 연료의 의존도를 낮추고, 재생에너지 분야의 발전을 꾀하고 있는 듯하다.

- 러시아의 우크라이나 침공은 유럽 국가의 자주국방 의지를 높이는 계기가 됐다. 특히 독일은 올라프 숄츠Olaf Scholz 총리가 군대 현대화를 위해 1,000억 유로(약 135조 원)의 기금을 투자하고, 매년 국방비 지출을 GDP의 2% 이상 수준으로 늘리겠다고 선언했을 정도다. 전쟁은 어떤 식으로든 이미 세계를 변화시키고 있다.

중국 경제의 침체가
세계 경제의 침체로 이어질까?

중국 경제가 점점 침체되고 있습니다. 2023년 8월, 〈뉴욕타임스〉는 최근 중국 수출이 3개월 연속, 수입은 5개월 연속 감소한 데 이어서 부동산 위기, 물가 하락 소식까지 겹치며 전 세계가 중국의 정체된 경제에 주목하고 있다고 보도했습니다.

중국의 경기 침체 조짐은 지난 25년간 세계 경제를 이끌어온 성장 엔진이 제대로 작동하지 못하게 된다는 의미로, 매우 우려스러운 위험 요인입니다. 캐나다 금융 리서치 업체 BCA리서치의 분석에 따르면 지난 10년간 중국은 전 세계 경제 성장의 무려 약 40%를 담당했는데, 이는 미국(22%)이나 유로존 20개국(9%)보다 훨씬 더 높은 기여도입니다.

이런 중국의 역할이 끝난다면 세계 경제는 어떤 영향을 받을까요?

💲 중국 경제가 시한폭탄이 된 까닭은?

이수 아버지, 중국의 경제가 악화돼 세계 경제가 긴장하고 있다는 언론 보도가 있어요.

아버지 맞아. 중국 경제가 악화되면 일부 국가나 산업 부문에 악영향을 줄 수 있어. 이를테면 프랑스나 이탈리아의 명품들도 소비가 감소할 것이고. 와인 소비도 줄어들 거야. 나아가 석유·구리 같은 광물 소비에 이르기까지 전반적인 수요가 줄어들지. 이것이 곧 세계 경제를 압박하게 될 거라는 얘기가 많아. 오죽하면 미국의 조 바이든 대통령은 최근 중국의 경제 문제를 언급하면서 '시한폭탄time bomb'이라는 표현까지 사용했겠니.

이수 그만큼 중국과 세계 경제가 아주 유기적으로 연결돼 있다는 말이죠? 중국이 침체로 가고 있는 원인에 대해서 미국 피터슨국제경제연구소PIIE 애덤 포즌Adam Posen 소장은 '중국 경제 기적의 종말'이라는 칼럼을 통해 이렇게 설명했어요.

중국 경제의 회복이 얼마나 미약한지 목격하는 것은 매우 충격적이다. 중국 당국의 무리한 봉쇄 등 제로 코로나 정책으로 중국 소비자들이 지갑을 여는 것을 꺼리고 있다. 이전까지 중국 지도자들은 정치적인 부분이 아니라면 사람들을 어느 정도 자유롭게 하는 정책을 펼쳤는데 제로 코로나 정책만큼은 이전과 너무나 동떨어진 방식이어서 중국 소비자와 소기업들이 겁에 질리게 됐다. 중국에서 가계 저축률이 계속 올라가고 있는데, 이는 사람들이 더 유동적인 자산에 쏠리고 있다는 것이고 미래에 대한 두려움 때문에 스스로 보험을 들어놓으려는 것이다.

중국이 침체에 다가서고 있는 이유가 코로나19에서부터 시작된 내부적인 문제라는 얘기인 것 같죠?

아버지 그런 의미로 말한 것처럼 보이는데……, 내 생각과는 완전히 다르네. 이걸 설명하기 위해서는 조금 더 과거로 돌아가야 하는데, 간략하게 얘기해줄게.

중국은 거대한 제조업 공장이었어. 덩샤오핑鄧小平 이후로 그렇게 진화되어왔지. 제조업 공장이라는 건 물건을 만들고 수출을 해서 달러를 받는 구조라는 뜻이잖아? 그렇게 받은 달러로는 미국의 국채를 매입하기로 했거든. 중동에서 석유를 팔고 받은 달러로 미국 국채를 매입해온 것처럼 말이야. 하지만 **2010년대에 들어서면서 중국은 미국 국채의 매입 규모를 더는 늘리지 않고 유지만 하겠다면서 첫 번째 반역을 했어.**

그리고 두 번째 반역은 2015년에 시작됐는데, 이른바 '메이드 인 차이나 2025' 이니셔티브야. 이 구상의 명시적인 목적은 중국을 세계의 공장, 그러니까 **낮은 인건비와 공급망이라는 장점을 활용해 싸고 질이 낮은 상품을 대량 생산하는 것에서 벗어나 고부가가치 제품과 서비스 혁신의 주도적 생산으로 옮기는 것**이었지. 이 이니셔티브의 공식 발표 문서인 '메이드 인 차이나

2025 발행에 관한 국무원 고시'를 보면 '혁신 주도적'이라는 중심 접근법을 명시하고, 국가가 세 단계를 통해서 제조 강국이 되는 전략적 목표를 달성하기 위해 노력해야 한다고 언급돼 있어. 그 첫 단계가 2025년까지였거든. 그때까지 중국은 제조업의 전반적인 품질이라든지, 혁신 역량 그리고 전 직원의 노동 생산성 등을 크게 향상시키면서 산업화와 정보화의 통합을 새로운 수준으로 끌어올려야 한다고 했어.

이 정책에서 강조한 산업을 조금 더 구체적으로 살펴보면 차세대 정보 기술, 고급 디지털 제어 공작 기계 및 로봇 공학, 항공 우주 및 항공 장비, 해양 공학 장비 및 첨단 기술 운송, 첨단 철도 운송 장비, 에너지 효율적이고 새로운 에너지 자동차, 전력 장비, 농업 기계 및 장비, 신소재, 바이오 제약 및 고성능 의료 장비 등이야. 이 10개 핵심 산업을 대상으로 하는 매우 포괄적인 선언이었는데, 아무리 거창하고 대단한 목표라고 할지라도 목표는 누구나 세울 수 있어. 문제는 그 목표들을 이루기 위한 도구가 편법적이었다는 거야.

이수 지식재산권 탈취 같은 걸 말씀하시는 거죠? 다른 나라 기업의 지식재산권을 훔치거나 기술력을 따라잡기 위해 정부 보조금을 사용하는 등의 일들이 국가가 주도해서 이뤄졌죠. 그래서 미국은 물론이고 유럽에서도 굉장히 위협적으로 보기 시작했어요.

아버지 맞아. 그래서 2018년 3월에 트럼프 행정부에서 조사를 시작했어. 결국 1974년 무역법 301조에 따라 '메이드 인 차이나 2025' 계획을 포함해서 광범위한 무역 정책에 걸친 중국의 조치가 비합리적이고 차별적이라고 하면서, 대중국 무역 전쟁의 명분으로 사용한 거야. 그럼 이수야, 이런 상황에서 미국은 어떤 행동을 할 수 있었을까?

이수 중국에서 해왔던 일들을 대신 해줄 새로운 국가를 찾지 않을까요? 이른바 디리스킹de-risking ●을 통해 중국의 팽창을 늦추려 했을 거고, 그게 바로 2018년 미·중 경제·무역 전쟁의 서막이었던 거죠. 아버지랑 얘기하다 보면 조각조각 알고 있던 것들이 퍼즐처럼 전체가 맞춰지는 느낌이 들어요.

아버지 하지만 말이다. 성질 급한 트럼프가 외면에 내세우면서 시작한 것처럼 보인 것일 뿐이야. 온쇼어링on-shoring은 그보다 먼저 오바마 때부터 시작됐고, 그게 트럼프의 시대에 와서 니어쇼어링nearshoring으로 발전한 거지. 그리고 지금 바이든의 시대에 와서는 프렌드쇼어링friend-shoring으로 형태가 살짝 바뀐 거야.

이수 그러면 중국이랑 사이가 멀어진 게 트럼프 때가 아니네요? 외국의 기업들을 미국으로 되돌아오게 유도한 첫걸음, 그러니까 온쇼어링은 오바마가 시작했고, 지리적으로 인접한 국가로 생산 시설 등을 이동시킨 이른바 니어쇼어링을 시작한 것은 트

● 냉전 시절에는 적대적으로 관계를 끊는 디커플링de-coupling 전략을 사용했으나, 그와 달리 관계를 어느 정도 유지하면서 위험 요소를 점차 줄여나가는 전략을 말한다.

럼프, 그리고 현재 바이든은 동맹국이나 우방국끼리 서로 공급 망을 구축하게 하는 프렌드쇼어링을 하고 있는 거네요. 아무튼 아버지 말씀은 **중국이 침체에 다가서고 있는 원인은 중국 내부의 문제라기보다는 아주 오랫동안 이어진 중국과 미국 간 무역 전쟁의 결과물이라고 볼 수 있다는 거고요.**

💲 중국이 아니어도 세계 경제는 돈다

이수 그러면 다시 본론으로 돌아가서, '중국의 성장이 멈추는 날 세계 경제도 멈춘다!'라고 수많은 경제연구소에서 얘기하는데요. 아버지 생각은 어떠세요?

아버지 경제연구소에서 그리 말하는 것은 급격한 변화에 대한 두려움을 표현한 것 같아. 어느 날 한순간에 중국과 단절한다면 당연히 그럴 수 있지 않겠니?

하지만 지금까지 우리가 이야기했듯이, 미국은 중국이 해온 역할을 아주 천천히 분산해왔어. 앞으로도 그럴 것이고. 중국이 오롯이 혼자 해온 역할 딱 그 부분을 온쇼어링, 니어쇼어링, 프렌드쇼어링을 통해 다수의 나라로 분담하려는 거야. 다만 비밀스럽게 진행되어야 했던 것들인데 트럼프의 시대에 와서 미국의 패를 죄다 보여주는 바람에 미·중 패권 전쟁이 2018년부터 시작된 것으로 알려졌을 뿐이지. 중국에 대한 압박은 이미 오바마 시대부터 시작됐어. 중국이 어느 날 갑자기 주요 공급 망에서 제거되는 것은 엄청난 부작용을 초래할 수 있기 때문에 아주 오랜 시간에 걸쳐 중국에 대한 디리스킹을 진행해온 거야.

이수 가장 중요한 건 디리스킹으로 중국 경제가 서서히 위축된다면, 빠르게든 천천히든 세계 경제도 덩달아 위축되지 않겠느냐 하는 부분인 것 같아요.

아버지 난 그렇게 생각하지 않아. 이수야, '풍선 효과'라는 말 들어봤니?

이수 풍선의 한쪽을 누르면 다른 쪽이 불룩 튀어나오는 현상을 얘기한 거잖아요. 어떤 부분의 문제를 해결하면 다른 부분에서 문제가 다시 발생하는 현상을 가리키는 것으로 알고 있어요.

아버지 맞아. 하지만 그 전에, 풍선의 한쪽을 누르는 것 자체가 문제를 해결하는 행동이 될 수도 있고 또 다른 문제를 일으키는 행동이 될 수도 있어. 어딘가 압박을 받는 부분이 있으면 반드시 어딘가는 부풀어 오르기 마련이지. 중국이 생산해온 수많은 것들은 앞으로 멕시코와 인도, 일본, 한국, 타이완 등으로 분산돼서 생산될 거야. 그러면 당연히 중국의 경제는 위축되고 구매력은 감소하겠지?

이수 중국이 압박을 받는 만큼 어딘가에서 수혜가 된다는 말이네요?

아버지 그렇지. **수혜가 된다는 것은, 결국 소득 수준을 높이고 그에 걸맞게 소비가 증가한다는 말이야. 지구촌 전체로 본다면 중국의 구매력이 감소하는 만큼 구매력이 증가하는 곳이 반드시 존재한다는**

말이지. 그래서 오히려 디리스킹 초기에는 세계 경제가 더 많이 성장하는 모습을 보이게 돼. 기존에 있던 공장을 두고 새로운 공장을 더 지어야만 하기 때문이지. 오래전 플라자 협약이 있었던 1985년 이후에 일본이 서서히 침체에 빠졌을 때, 세계 경제가 불황을 겪었니? 엄청난 호황기였어.

내가 처음으로 주식 투자를 시작한 시기가 그때인데, 아버지가 여러 번 말했잖아. 당시 나는 내가 완전 고수인 줄 알았다니까? 완전 생초보가 그런 착각에 빠질 정도로 증시도, 경제도 좋던 때였어. 2000년 IT 버블이 터지기 전까지 무려 15년 동안이나 장기 호황이 이어졌거든.

같은 논리로, **중국이 침체에 빠진다고 해서 세계 경제가 덩달아 무너진다는 것은 억측이라는 생각이야.** 물론 아주 먼 훗날에는 공급이 초과하는 시장이 될 수도 있겠지. 중국에서만 만들던 것을 유럽이나 미국에서도 만들어낼 테니까. 그래서 디플레이션의 시대는 반드시 다시 오게 돼 있어. 다만, 인플레의 시대가 우리가 생각했던 것보다 길게 연장될 뿐이야.

아버지가 전에 중국에 대한 디리스킹이 진행되는 동안 상당한 수준의 진통이 있을 거라는 얘기를 한 적이 있지? 그 진통의 여파가 바로 우리가 현재 겪고 있는 고물가야. 하지만 다행히 그 고물가는 지금 적절히 통제되고 있고 이미 극복 중이기 때문에 시장을 더는 강하게 억누르진 못할 것으로 보여.

💲 남은 선택은 하나, 미국

이수 하지만 중국이 이런 모든 상황을 당연히 예상하고 있으리라고 생각되거든요. 어떻게든 소외되지 않기 위해서 발버둥 칠 텐데, 어떤 행동을 할까요?

아버지 만약 과거의 중국이라면, 그러니까 집단 통치 체제에서라면 현명한 선택을 했을 거야. 하지만 지금은 시진핑 독주 체제이기 때문에 그러기는 어렵다고 봐. 지금의 중국은 시진핑 혼자 결단을 내리면 그것이 곧 법이 되고 누구도 반대하지 못하는 곳이잖아.

이수 그래도 현명한 선택을 한다는 가정하에, 중국에는 어떤 선택지가 있을까요?

아버지 가장 좋은 방법은 일본이 그랬던 것처럼 내수 위주의 시장으로 빠르게 변신하는 건데……. 그러려면 일단 천문학적인 비용이 들어가지. 게다가 중국의 GDP 대비 총부채 비율은 282%에 달하기 때문에 쉽지 않은 일일 거야.

두 번째 현명한 판단은 외지에서 여전히 매수해주기를 기대하는 것인데, 이걸 위해서는 미국과 적절한 수준에서 타협하는 것이 유일한 해법이라고 생각해.

중국 속담에 '과하지욕跨下之辱'이라는 게 있어. 한신이 대장군이 되기 전에 저잣거리에서 건달들의 가랑이 사이로 기어가는 치욕을 견뎠다는 말이거든. 만약 한신이 자존심을 세우고 대항

했더라면 대장군에 오르지 못했겠지? 지금 중국은 경제가 천천히 위축되는 것을 감수해야 해. 자존심은 상하겠지만 현재의 G2 지위를 유지하는 것이 그들에게는 나은 선택 아닐까?

 핵심 요약

- 중국 침체의 원인은 아주 오랫동안 이어진 중국과 미국 간 무역 전쟁이다. 따라서 미국과 적절히 타협할 방법을 찾는다면 중국의 침체는 언제든 회복될 가능성이 남아 있다. 하지만 자존심 강한 중국이 어떤 선택을 할지는 미지수다.
- 불행 중 다행으로, 중국의 침체가 세계 경제의 위축으로 이어질 위험은 크지 않다. 오히려 1985년 플라자 합의 이후의 세상처럼 중국을 대체하는 다른 여러 국가에 자본재 투자가 활발해진다면 이와 관련된 기회가 생겨날 것이다.

미국과 중국이 타이완을 두고 싸우는 진짜 이유

세계 1위 국가 미국, 그리고 이 자리를 호시탐탐 노리는 중국. 두 나라는 경제, 군사, 외교 등 거의 모든 분야에서 갈등을 빚고 있습니다. 이 영향으로 여러 국가의 경제 질서도 재편되고 있습니다. 따라서 미국과 중국의 움직임에 전 세계가 주목할 수밖에 없는데, 이 중에서도 가장 중요한 이벤트를 꼽으라면 바로 미·중 정상회담일 것입니다.

2022년 11월 15일 새벽, 미국과 중국이 정상회담을 가졌습니다. 바이든 대통령과 시진핑 주석은 시 주석이 부주석일 때부터 왕래를 해왔어요. 그런데 2022년 8월 미 하원 의장 낸시 펠로시Nancy Pelosi가 타이완을 방문하고 난 뒤, 중국은 미국과의 대화를 전면 중단했습니다. 이처럼 양국의 대화 채널이 거의 막힌 와중에 인도네시아에서 개최된 G20 회담을 계기로 정상회담이 극적으로 성사된 겁니다.

양국 정상의 만남은 2017년 이후 5년 만의 일이죠. 하지만 5년이란 시간이 무색하게 양국은 이견을 전혀 좁히지 못했습니다. 불필요한 충돌이 없어야 한다는 일반론만 협의했을 뿐, 정작 중요한 양국의 핵심 이익인 '레드 라인red line(한계선)'에 대해선 여전히 평행선을 달렸죠.

양측이 제시한 레드 라인은 무엇일까요? 그리고 회담에서는 이를 두고 어떤 이야기가 오갔을까요?

💲 5년의 기다림, 달라진 건 없었다

아버지 원래 정상회담에서는 서로 간에 해도 되는 말과 결코 해서는 안 될 말을 미리 정해놓는 것이 기본이야. 양쪽의 참모진이 사전에 만나서 열심히 머리를 맞대고 합의 볼 것은 보고 안 될 것은 덮어두기로 결정해두지. 정상들은 합의된 것만 가지고 도장 찍고 포옹하고 사진 찍는 게 전부야. 하지만 방금 이수가 이벤트 소개하면서 언급한 것처럼, 낸시 펠로시가 타이완을 방문한 이후 양쪽의 대화 채널이 거의 막혔잖아. 그러다 보니 이번 회담은 참모진이 사전에 조율한 게 아니라 서로 어떤 이야기를 하자고 공공연하게 밝히고 만난 자리였어.

이수 백악관 대변인 카린 장-피에르Karine Jean Pierre가 정상회담을 4일 앞둔 2022년 11월 10일 성명에서 이렇게 말했어요.

두 정상은 양국 간 대화 채널을 유지하고 심화하는 한편, 경쟁을 책임 있게 관리하고 국제사회에 영향을 주는 초국가적 이슈를 비롯해 이익이 일치하는 부분에서의 협력을 위해 논의할 예정이다.

사전에 참모들 간 소통이 없었던 만큼 '우리 같이 초국가적 이 슈를 다루자'라고 이런 식으로 발표한 거죠. "경쟁을 책임 있게 관리하고"는 아무래도 지식재산권 침해를 방치하지 말라는 말 인 것 같고요. 또 "초국가적 이슈"는 우크라이나나 북한, 기후 문제나 인권 문제 같은 것들을 가리키겠죠? 하지만 그렇다고 해서 서로 민감하게 여기는 레드 라인 항목을 논외로 하자는 건 아니었고요.

아버지 그렇지. 바이든은 같은 날 기자회견에서 "시 주석과의 회담에 서 미국과 중국의 레드 라인이 무엇인지 허심탄회하게 논의하 고, 이것들이 서로 부딪히는지 따져보겠다"라고 밝혔어. 서로 의 핵심 이익과 관련해서는 경계를 분명하게 하고, 그 외 초국 가적 이슈들에 대해서는 허심탄회하게 대화해서 공통 분모를 찾자는 취지로 보여.

이수 **다들 예상했듯이, 중국에서 레드 라인으로 제시한 게 타이완이 었죠?**

아버지 맞아. 시진핑 주석에게는 대안이 없어. 3기 집권에는 성공했지 만 마오쩌둥처럼 중국을 통일한 것도 아니고, 덩샤오핑처럼 경 제를 괄목할 정도로 발전시킨 것도 아니니까. 영구 집권을 위 해서 가장 필요한 스펙이 타이완 통일일 거야.

정상회담장에서 시진핑은 다음과 같이 아주 단호하게 말했어.

타이완은 중국의 핵심 이익 중에서 핵심이자, 중·미 관계에서 넘어선 안 되는 첫 번째 레드 라인이다. 타이완을 중국에서 분리하려는 사람은 중국의 근본적인 이익을 침해하는 것이다. 중국과 타이완의 평화 및 안정과 타이완 독립은 물과 불처럼 양립할 수 없다.

이수 시진핑의 레드 라인에 대해서 바이든은 이렇게 답변했어요.

하나의 중국이라는 원칙에는 뜻을 같이하겠지만, 한 당사자에 의한 일방적인 현상 변경은 반대한다. 타이완을 향한 중국의 강압적이고 점점 더 강화되는 공격적 행위에 반대한다. 이 같은 행동은 타이완해협과 더 광범위한 지역의 평화와 안정을 훼손하고 세계 번영을 위태롭게 한다.

아버지 맞아. 여기에서 "한 당사자"는 중국을 의미하고, "현상 변경"은 무력으로 타이완을 중국에 통일시키는 걸 의미하지. 한마디로, 하나의 중국에 대해서는 동의하지만 일방적인 무력 침공은 반대한다는 거야.

💲 중국이 타이완을 침공한다면

이수 도둑도 도망갈 곳을 터주고 몰라는 말이 있잖아요. 중국에 대한 미국의 압박이 너무 강해서 어째 좀 불안불안하다는 느낌이 들어요. 중국에 대한 압박 수위가 계속해서 높아지니까 혹시라도 시진핑이 잘못된 생각을 하면 어쩌나 싶기도 해요.

2022년 9월에 인도-태평양 경제 프레임워크Indo-Pacific Economic Framework, IPEF가 개최됐을 당시에도 기존 무역협정에서 볼 수 있는 관세 문제는 거론조차 하지 않은 채로 진행됐는데요. 그 때문에 IPEF 기사가 나가자마자 중국이 관영 언론 등을 통해서 굉장히 원색적인 비난을 하기도 했어요. 중국 관영지 〈환구시보〉의 영문판 〈글로벌타임스〉는 "IPEF는 경제 협력으로 위장한 중국 견제 목적의 정치적 틀이다. 미국이 참가국들을 경제적 속국으로 만들려는 시도다"라고 말했죠.

지금까지의 100년이 석유였다면, 앞으로의 100년은 데이터를 누가 거머쥐느냐가 핵심이라고 하잖아요. 그런데 미국이 다른 나라들과 협심해서 수출을 막아버린다면 중국이 건설하려던 10여 개의 대형 데이터센터도 좌절될 수 있는 상황이에요. 제가 만약 시진핑이라면 '그냥 타이완을 확 침공해버릴까?'라고 생각하지 않을까 싶어요.

지금까지 중국은 늘 '하나의 중국'을 강조해왔고, 시진핑은 타이완과의 통일을 위해서 무력을 사용할 수도 있다고 직접 말했을 만큼 타이완 국경을 넘는 것을 진지하게 고민하는 것 같아요. 게다가 앞으로 절대 양보할 수 없는 패권에 데이터가 매우 중요한 역할을 하게 되리라고 말했는데요. 중국이 지금 상황에서 부족한 것은 데이터센터를 굴려줄 AIArtificial Intelligence(인공지능) 반도체잖아요. 마침 그것을 만들 수 있는 게 타이완의 반도체 기업 TSMC고요. 장기 집권을 위한 명분과 실리를 모두 챙기기 위해 TSMC를 확 집어삼킬 수도 있지 않을까요? 물론 천하의 시진핑이라도 걸리는 게 있긴 하겠지만요.

아버지 걸리는 것? 예를 들면?

이수 미국이요. 펠로시 의원이 타이완을 방문하기도 했고, 그 외 정치인들도 많이 다녀갔잖아요. 또 프랑스의 정치인들까지도 타이완을 방문했기 때문에, 아무리 고려해야 할 옵션에 타이완 침공이 있다고 하더라도 쉽게 나서지는 못할 것으로 보여요.

아버지 그건 큰 문제가 아니야. 국제 정세에서는 의리 같은 건 중요한 고려 사항이 아니거든.

이수 중국이 타이완을 침공한다고 하면 미국이 가만있지 않을 텐데요?

아버지 가만있지는 않겠지. 하지만 그런 일이 생긴다고 해도 미국에 그다지 불리한 사건은 아냐. 네가 말한 IPEF는 미국이 주도하고 우리나라를 비롯해서 일본·호주·뉴질랜드·베트남·브루나이·인도·인도네시아·말레이시아 등 총 14개국이 참여했어. 이 나라들의 공통점이 뭔지 아니?

몇몇을 제외하고는 중국과 국경 분쟁을 겪고 있는 나라들이라는 거야. 중국이 군사 대국이니까, 남중국해에서 멋대로 선 긋고 자기네 땅이라고 우겨도 아무 말 못 했던 나라들이 대부분이지. 그러면 만약에 중국이 타이완을 꿀꺽 삼키면, 과연 이 나라들에는 어떤 문제가 생길까?

이수 미국에 딱 달라붙지 않을까요? 우크라이나 사태 이후 유럽이 그런 것처럼요.

아버지 맞아. NATO 회원국들은 러시아라는 빌런이 우크라이나 국경을 넘기 전에는 GDP의 2%를 방산에 쓰자는 조약을 대부분 무시했어. 트럼프가 G7 회의에 갔다가 의자 걷어차고 나온 것도 안보 무임승차론 때문이었잖아. 하지만 지금은 모두 동의하지? 특히 독일은 특별 예산까지 합쳐서 국방 예산을 GDP의 2.5%까지 증액하기로 했으니까. 미국을 살짝 등한시하던 유럽 국가들이 우크라이나 사태 이후 미국에 좀 더 가까이 다가갔어.

마찬가지로 만약 중국이 타이완 국경을 넘는다면, **우리나라나 일본은 물론이고 남중국해 대부분 나라의 정계에서는 미국 편향이 엄청나게 강해질 거야.** 그러니 미국 입장에서만 본다면, 중국이 타이완을 찝쩍거리고 심지어 국경을 한 번쯤 넘어선다고 해도 손해 볼 일은 없어.

이수 그러면 TSMC는요? TSMC를 손에 넣으면 중국이 당장 데이터 분야에서 앞서갈 수 있지 않나요?

아버지 걱정할 것 없어. 이미 미국으로 다 옮겨놨거든. 사실 굳이 반도체를 콕 집어서 미국 내에 두려고 했던 것도 그만큼 타이완이 완벽하게 안전하지 않다고 판단했기 때문일 거야.

이수 그렇게 따지면 우리나라 반도체도 미국으로 옮기고 있는데, 우리나라도 전쟁이 날 수 있어서 그러는 건가요?

아버지 그것 때문이라고는 말할 수 없지만, 우리나라는 휴전국이기 때문에 가능성은 언제나 있지. 하지만 타이완과 우리가 다른 점이 하나 있어. 자주국방의 의지야. 지금도 생각나네. 고등학교 교련 시간에 고무총 들고 군사 훈련 하고 승진 훈련장에서 88 전차 명명식에 참가했던 거. 진흙탕에 들어가면 무한궤도가 홀러덩 벗겨지는 매우 열악한 수준의 탱크였거든? 하지만 그게 우리나라 자주국방의 시작이었어. 지금은 폴란드에 전차를 수출까지 하는 나라가 됐잖아.

하지만 타이완은 그런 게 없어. 미국에 철저히 의존하지. 그러니 국민이 선택할 수 있는 것도 제한적이야. 미국 무기로 무장하고 중국에 맞서느냐 아니면 중국에 붙느냐, 이것밖에 없다는 거지.

💲 미·중 싸움에 등 터진 한국

이수 제한적이기는 해도 어찌 됐건 타이완의 운명은 타이완 사람들이 결정할 수밖에 없다는 말씀이시죠? 궁지에 몰린 중국이 정말 타이완을 침공하면 어쩌나 하는 걱정에 이야기가 샜네요. 다시 본줄기로 돌아갈게요. 미국 측에서는 남중국해에서의 항행의 자유, 그리고 우크라이나 영토 주권 보장을 첫 번째 레드라인으로 제시했어요.

아버지 그런데 말이야. 미국과 중국 간에 무슨 말이 오갔는지보다 훨씬 더 중요한 것이 있었어. 특히 우리나라와 관련해서 말이야. 앞에서도 말했지만 이번 회담에서는 양측이 서로 만나서 조율한 게 거의 없어. 그래서 '공식적으로는 이런 말을 할 것이다'라고 공개했다고 했잖아. 제이크 설리번Jake Sullivan이 브리핑에서 한 말에서 실마리를 얻을 수 있어.

이수 우선 제이크 설리번이라면 정말 중요한 인물이죠. 백악관 국가 안보 보좌관인데요. 현지 시각으로 2022년 11월 11일에 캄보디아로 향하는 에어포스원 기내에서 가진 브리핑에서 이렇게 말했어요.

바이든 대통령은 시 주석에게 북한이 미국이나 한국, 일본뿐만 아니라 지역 전체의 평화와 안정에 위협이라는 입장을 말할 것이다. 북한이 계속 이런 길을 걸으면 지역에 미국의 군사 및 안보 조치를 더 강화할 수밖에 없다는 점을 전할 것이다.

아버지 이건 정말 엄청난 제안이었어. 쉽게 말해서 **'북한의 핵실험을 분명하게 막아달라. 만약 그들을 제어할 능력이 없다면 어쩔 수 없이 한반도의 균형을 위해서 더 무게감 있는 전략 자산을 배치할 테니까 알아서 선택해라'**라는 얘기야.

무게감 있는 전략 자산이라면 전술핵이나 죽음의 백조(전략 폭격기) 같은 것들을 말해. 북한은 물론이고 중국도 매우 두려워하는 전략적 무기지. 물론 이에 대해서 시진핑은 답변도 없어. 이번 회담과 관련해서도 꽤 오랜 시간 대화했지만 중국 측의 발표 자료에는 일단 없었어.

이수 계속 궁금한 부분인데요, 중국이 자꾸 북한 편을 드는 특별한 이유가 있나요?

아버지 북한이라는 존재가 필요하기 때문이지. 우리 뇌의 언어 수용체는 대략 여섯 살이 되기 전에 모두 사라지거든? 어머니의 흥얼거리는 자장가 속에서 잠드는 아이들은 자연스레 어머니의 말을 모국어로 받아들이지. 그런데 중국의 동북 3성에는 우리말을 하는 우리 민족이 아직도 거주하고 있어. 동북 3성은 북한이랑 바로 붙어 있는 땅이야. 그런데 만약 북한이 망한다면 어찌 되겠니. 북아일랜드랑 비슷해지지 않겠어? 북아일랜드는 영국 땅이지만 영국 땅이 아니잖아. 그러니까 북한이 망하면 동북 3성은 중국 땅이지만 중국 땅이 아니게 될 거고, 그 지역에는 우리나라가 영향을 끼치게 될 거야. 지금 당장 북한이 없다면 동북 3성은 우리나라의 실효 지배권에 들어갈 수밖에 없거든. 그것을 잘 알고 있는 후진타오_{胡錦濤}가 동북공정을 시작했지만, 시간이 좀 걸리다 보니까 그 시간을 벌어줄 북한 편을 드는 거지. 그들이 망하지 않도록 말이야.

이수 동북 3성에 관한 이야기는 처음 알았어요. 아무튼 제이크 설리번이 중국에 분명하게 선택하라는 메시지를 전한 거네요. 북한을 제재하려는 미국을 방해하지 말든가, 아니면 북한의 핵실험을 확실하게 통제해주든가. 만약 북한이 핵실험을 통해서 소형 핵무기 개발에라도 성공한다면 한반도의 균형을 위해서 전략 자산을 배치할 수 있으니까 너희가 알아서 선택해라, 이런 말 인 거죠?

아버지 맞아. 그리고 재미있는 제안이 하나 더 있었어. 설리번한테 한·미·일 정상회담에서 어떤 성과를 기대하느냐고 물었더니 이렇게 대답했어.

우리가 정말 보고 싶은 것은 한·미·일 함께하는 3자 안보 협력 강화다. 3자 안보 협력의 대상은 3국이 모두 직면한 북한이라는 공통된 위협과 도전뿐만 아니라 역내 전반적인 평화와 안정을 강화하기 위해 3국이 협력하는 역량까지 더 넓게 포함한다.

이수 우리나라에 선택을 강요하는 말로 들리는데요? "우리가 정말 보고 싶은 것은"이라는 부분이 특히요.

아버지 단것만 삼키고 쓴 것을 뱉을 순 없으니, 적극적으로 미국에 붙든가 아니면 중국에 붙든가를 결정하라는 취지로 보여.

이수 우리나라도 꽤 복잡한 상황에 놓였네요. 이와 관련해서는 투자자 입장에서 어떤 생각을 해야 할까요?

아버지 현재 정권은 보수 정권이잖아. 미국 측의 요구를 수용할 가능성이 커. 그러면 사드 때처럼 또 중국의 보복이 있을 수 있으니 투자할 때 우리나라 종목 중 사드 보복 때 많이 하락했던 종목

숫자를 몰라도 내 주식은 오른다

은 피하는 것이 좋겠지? 그때 화장품 분야도 많이 하락했고, 또 면세점 쪽도 많이 하락했지.*

핵심 요약

- 5년 만에 성사된 미·중 정상회담은 타이완을 둘러싼 양국의 좁혀지지 않는 이해관계를 확인하는 시간이었다. 미국은 중국의 타이완 침공을 우려하지만, 만약 그런 일이 생기더라도 미국으로선 오히려 우방들이 미국의 군사력에 대한 의존도가 높아질 수 있다는 이점이 있다. 한편 중국 관점에서 보면, 시진핑이 장기 집권을 위해 '하나의 중국'을 명분 삼아 언제라도 타이완 국경을 넘을 가능성이 있다. 따라서 양국의 이해관계만 따지고 본다면 중국의 타이완 침공 가능성은 결코 작지 않다.
- 지정학적 관점에서 미국이 3자 연합의 중요성을 강조한 만큼, 중국과 관련한 매출 비중이 높은 종목에 대해선 경계심을 가질 필요가 있어 보인다.

- 하지만 이후 정반대의 상황이 전개됐다. 중국은 사드 보복 이후 6년 이상 금지해온 단체 관광을 다시 허가했다. 이에 2023년 9월 말 기준, 사드 보복 이전의 60% 수준까지 관광객 수가 회복됐다. 한국에 단체 관광객이 올 수 있도록 금지령을 해제한 중국의 의도를 정확하게 알 수는 없지만, 중국과 친하게 지내면 유리한 점이 많다는 것을 보여주기 위한 전략적 포석이 아닐까 추측된다.

민심, 미국, 돈까지 잃은 이란

2022년 10월, 이란의 히잡 반대 시위가 세계를 떠들썩하게 했습니다. 히잡을 느슨하게 썼다는 이유로 경찰에 체포돼 조사를 받던 중에 마흐사 아미니Mahsa Amini라는 여성이 의문사했기 때문이죠. CNN에서는 이란 정부의 전복 가능성마저 전망했고, 이란에서는 미국의 음모로 몰아붙이면서 무력 진압을 시작했습니다.

10월 12일 수요일 새벽을 기준으로 사망자만 200명 이상, 체포 구금된 숫자만 몇천 명에 달하는 것으로 알려졌는데 비공식적인 사망자는 더 늘어나고 있습니다.

이란의 히잡 반대 시위가 국제사회에 어떤 영향을 미치는지 알아보겠습니다.

공포정치의 시작

이수 이란 정부가 아미니라는 여성을 죽게 했고, 그 사건으로 이란의 젊은이들이 거리로 나오면서 히잡 시위가 일어난 거잖아요. 이란 정부가 정말 아미니를 죽인 걸까요? 만약 그렇다면 왜 죽였을까요?

아버지 이란 얘기를 하기 전에 이웃 나라 시리아 얘기를 먼저 해보자. 그래야 그 사건을 더 잘 이해할 수 있어. 시리아 내전이 어떻게 시작됐지?

이수 2011년 3월, 시리아의 '다라Daraa'라는 마을에 사는 10대 아이들이 장난으로 학교 담벼락에 낙서를 한 데서 시작됐어요. 정권의 퇴진을 원한다는 내용이었는데요. 당시 흔히 쓰이던 민주화 구호였음에도 정부에서는 아이들을 잡아다가 고문했어요. 정부에서는 어떤 반란의 씨앗도 강경하게 진압하겠다는 모습을 보여주려 한 것이었지만, 오히려 그 강경함이 큰 화를 불렀죠.

아버지 세상은 끊임없이 둘로 갈라선다고 말했지? 세포 분열도 그렇고 남과 여, 여와 야, 심지어 종교도 마찬가지야. 기독교계에서도 교회와 성당으로 갈리잖아. 교회가 주로 우파 성향이라면 성당은 좌파 성향에 속해. 마찬가지로 이슬람도 수니가 우파라면 시아는 좌파적인 성향이야. 그중에서도 이번 공부에서 얘기할 **이란은 시아파의 종주국으로, 시리아의 아사드 정권을 지원하지. 시아파는 수니파에 비해서 아무래도 살짝 세속적이고, 수니파는 와하비즘을 통한 원리주의와 보수주의 색채가 강하다**는 차이점이 있어. 이수야, 이슬람 국가별로 어느 쪽이 더 보수적인지 알아내는 방법이 뭔지 아니?

이수 그 나라 여성들의 옷차림만 봐도 알 수 있죠. 차도르나 니캅, 부르카는 모두 여성들의 온몸을 감싸게 돼 있지만 차이가 좀 있어요. 이란에서 많이 볼 수 있는 차도르는 얼굴만 내민 채 온몸을 가리는 거고, 사우디나 파키스탄에서 자주 쓰는 니캅은 눈만 보이게 하는 거예요. 마지막으로 아프가니스탄에서 주로 쓰는 부르카는 머리부터 발끝까지, 그리고 눈마저 까만 얇은 천으로 다 가리는 거예요. 예전에 외국의 어떤 공항에서 부르카를 쓰고 계신 분들을 보고 찾아본 적이 있어요.

아버지 보수는 진보를 이해 못 해. 진보 역시 보수의 생각을 이해하지 못하고 말이야. 시리아는 인구 네 명 중 세 명이 수니파 무슬림이야. 전체 인구 중에서 13%가 범시아파인데, 알라위파와 그 외 소수 종파인 드루즈파 무슬림까지 포함돼 있어. 수니무슬림은 와하비즘 이후에 원리주의 색채가 강하다고 했잖아. 세속주의를 매우 불경하게 생각하는데, 알라위파는 범시아파 중에서도 세속주의 색채가 가장 강한 종파야. 당연히 인구가 가장 많은 수니파로부터 가장 강력한 핍박을 받아왔지. 원리주의자들은 자신들과 다른 이단은 몽둥이로 다스려야 한다고 주장하니까.

이수 다른 나라로 도망가지, 왜 박해를 받고 살았을까요?

아버지 당연히 도망을 갔지. 알라위파는 모진 박해와 차별을 피해서 라타키아 산악 지역을 중심으로 숨어 들어갔어. 그곳에서 살면서 아이들은 교육조차 받지 못하는 험악한 시절을 보내야 했지.

이수 현재 시리아의 알아사드 정권이 시아파 아닌가요? 그래서 이란 이랑 러시아의 지원을 받았던 거고요. 그렇게나 핍박받던 시아파가 어떻게 정권을 잡은 거예요?

아버지 세상은 돌고 돌게 되어 있어. 마치 뫼비우스의 띠처럼 말이야. 시작과 끝도 없고, 길게 봐서는 위와 아래도 없어. 프랑스가 식민 통치로 이 지역을 점령하고 있을 때 인구 대부분을 차지하던 수니파를 견제하기 위해서 소수의 알라위파를 군대에 등용하기 시작했지. 또 배운 것 없고 가진 것 없던 알라위파의 젊은이들이 신분 차별이 적은 군인에 자원했어. 프랑스는 이 젊은이들의 입대를 환영했고, 그렇게 하나둘 군대로 들어온 알라위파의 젊은이들이 결국 군부를 장악한 거야.

당시 국방부 장관이었던 하페즈 알아사드Hafiz al-Assad가 쿠데타를 일으켜서 정권을 잡는데, 그게 1971년도의 일이야. 푸틴도 그랬듯이, 정권 초기에는 아주 잘했지. 하페즈는 집권하자마자 소수 종파의 차별부터 없앴거든. 드루즈파나 기독교는 물론이고 극소수의 유대교인이나 심지어 그동안 자신들을 핍박하고 억압했던 수니파도 차별하지 않았어.

하지만 세월이 흐르고 2000년대가 되자 시리아의 정치색이 바뀌기 시작한 거야. 정권을 이어받은 하페즈의 아들 바샤르Bashar al-Assad는 작은 불만 세력이라도 싹이 자라기 전에 박멸하려는 의도로 사복 경찰을 운용했는데, 이때부터 시리아에는 공포정치가 시작됐고 아까 이수가 말한 사건이 일어난 거야. 아이들을 잡아다가 고문한 사건 말이야.

ⓢ '중동의 봄'이 두려운 이란

아버지 **현재 이란의 상황은 공포정치를 감행했던 시리아 사태 때와 똑같다고 생각해.** 내 생각이지만 아마도 중도 성향의 하산 로하니 Hassan Rouhani(제11~12대 이란 대통령) 정부였더라면 아미니를 죽음에 이르게까지 하지는 않았을 거야. 이란이 좌파 성향이 강한 시아파 종주국이라고는 하지만, 그 안에서도 끊임없이 둘로 갈라진다고 했잖아? 문제는 에브라힘 라이시 Ebrahim Raisi(제13대 이란 대통령) 정부가 너무 완고한 강경 보수파, 극우 성향이기 때문이었어. 아버지가 라이시에 대해 좀 찾아보라고 했지?

이수 의외로 라이시가 신학자 출신이더라고요? 그리고 굉장히 특이한 경력도 있는데, 이슬람 사법부 경력이 있어요. 이슬람 사법부는 이슬람 율법을 책임지는 곳인데요. 대통령 취임과 동시에 강경한 이슬람 율법주의를 강조했고, 제일 먼저 시작한 것이 여성들의 복식 단속이었어요. 여성들의 머리카락 노출을 단 한 오라기도 허용할 수 없다면서 2022년 7월에 히잡과 순결 칙령까지 반포했어요.

아버지 이수야, '사탕 뺏기 원칙'이라는 말 들어봤니? 아이 앞에서 사탕을 들고 흔들면 아이는 찡찡거리다가도 사탕 먹으려고 '예쁜

짓'을 하잖아? 그래서 사탕을 주면 아이는 행복해하지만, 그 사탕을 다시 빼앗으면 2배, 3배로 운다는 원칙이야. 오바마 행정부 때 이란은 악의 축Axis of Evil이라는 굴레에서 벗어나 자유와 풍요를 잠시 만끽했지만, 트럼프 행정부가 원점으로 되돌리고 말았지. 그것만으로도 아주 속상한데, 라이시가 매우 강한 율법주의로 진보의 심장에 불을 붙인 거야.

이수 약간 풀어줘서 드디어 좀 행복했는데 갑자기 또 봉쇄 조치가 발동돼 원점으로 돌아갔고, 여기에 추가로 강한 율법주의까지 강제되다 보니까 반발 심리가 일어난 거군요?

아버지 맞아. 라이시 정권이 시민들의 자유를 너무 억압하니까 이란의 여성 중에 일부가 히잡을 거부했어. 라이시가 이슬람 사법부 출신이라고 했잖아. 이슬람 국가들에는 종교경찰이라는 게 있는데, 진짜 너무 무서워. 몽둥이로 사람을 사정없이 패기도 해. 일반 경찰보다 더 무서운 것이 종교경찰인데, 라이시 정부의 시범 케이스로 걸린 거라고 볼 수 있지. 물론 경찰 쪽은 조사를 받던 중 심장마비로 죽었다고 하는데, 책상을 탁! 치니 억! 하고 죽었단 소리랑 다를 바가 없겠지? 아무 무기도 없고 위협적이지도 않은 여자를 때려죽였다는 것이 중론이고, 또 실제로 목격자가 굉장히 많다고 해.

이수 이란의 종교이자 문화라곤 하지만……. 지금 시대가 어느 땐데, 너무 잔인하고 야만적이라는 생각이 들어요.

아버지 이란이? 그렇지는 않아. 성경에 보면 예수님의 탄생에 동방박사가 찾아왔다고 쓰여 있어. 아버지가 초등학교 때 교회 성탄절 행사에서 수염 붙이고 동방박사 역할을 한 적이 있는데, 거기에서 나오는 그 동방박사가 조로아스터교도거든. 교회가 나타나기 전, 그러니까 대략 3,750년 전부터 종교로서 인정받고 있었으니까 조로아스터교는 세계 최초의 종교라고 볼 수 있어. 실제로 기독교 이전의 종교는 조로아스터교가 전부였어. 그들이 직접 선물을 건네고 아기 예수의 탄생을 축하함으로써 기독교 시대에 대한 정통성을 부여하고자 했던 거지. 그게 바로 과거 페르시아, 그러니까 이란의 종교였어. 그만큼 이란은 세계 문화의 중심이었다는 말이야. 그러니 야만적이라는 말은 좀 안 어울리지 않을까? 아리안족은 중동에서도 매우 뛰어난 민족 중 하나야. 단지 호메이니 이후 반미 정권이 들어서면서 악의 축이 된 거지.

이수 하지만 현재 야만적인 행동을 하는 것과는 다른 얘기잖아요. 지금 정부는 국민에 대한 태도가 너무 고압적이에요

아버지 그렇긴 하지. 2010년 일어났던 '중동의 봄(아랍의 봄)' 알지?

이수 네, 튀니지에서 시작됐죠? 길에서 행상을 하던 젊은 청년이 있었는데 정부가 무허가 영업이라는 이유로 과일과 트럭을 모두 압수했고, 돌려달라는 간절한 호소에도 벌금을 내라며 조롱만 했죠. 모든 걸 빼앗긴 청년은 몸에 인화성 물질을 뿌리고 분신을 했어요. 그래서 중동의 봄이 촉발됐어요.

아버지 중동의 철권 정치인들이 중동의 봄에 속절없이 무너졌다는 점

을 이란 정부도 잘 알고 있어. 당연히 이란 정부는 어떻게 해서든 현재 위기에서 벗어나고 싶겠지? 처음에는 미국 배후 조종설을 유포했는데, 나중에는 쿠르드족 분리 독립 세력이 배후에 있다고 주장했어.

이수 안 그래도 아미니가 쿠르드족 출신이라고 하더라고요. 시위도 쿠르드족이 많이 살고 있는 서부 지역에서 시작됐다고 해요.

아버지 2022년 9월 28일에는 이란 혁명수비대가 심지어 탄도미사일까지 동원해서 이란의 서부 지역과 접한 이라크 동부 술라이마니야주와 아르빌주 내 쿠르드족 자치 지역을 공격했어. 이 공격으로 민간인 열세 명이 사망했지.

이수 이 문제가 절대 쉽게 끝날 것 같진 않아요. 시장에도 분명히 영향이 미칠 것 같은데, 앞으로 시장은 어떻게 될까요?

아버지 음, 우선 이란과 미국의 핵 협상은 물 건너간 것 같아. 이란이 성난 군중을 진정시키기 위해서 미국 배후설 프레임을 씌우기 시작했거든. 그러니 **이란의 석유가 세상 밖으로 나오기는 어렵게 됐어. 유가가 쉽게 하락하지는 않을 것 같아.**

두 번째로 **조금 진정되던 물가에 대한 두려움도 다시 살아날 가능성이 커.** 그러면 연준의 피벗pivot(금리 인하 전환) 시기도 더 늦춰질 수 있고, 주가의 저점 역시 좀 더 지연될 가능성이 있어.

마지막으로, 이란의 미래가 바뀔 가능성도 기대해볼 수 있을 것 같아. 과거 민주화 운동가였던 김주열 열사의 사망으로 우리가 바뀌었듯이 말이야.

이수 물론 이란 때문에 국제적으로 문제가 커지고 있는 건 맞지
만……. 솔직히 유가가 조금 더 오르고 주가 반등이 다소 지연
되더라도 이란이, 더 나아가 중동의 민주화가 이루어졌으면 좋
겠어요. 이렇게 생각하는 사람이 저만은 아니겠죠?

 핵심 요약

- 이슬람 세계를 뜨겁게 달구고 있는 이란의 히잡 반대 시위는 국민을 대하
는 정부의 오만함에서 시작됐다. 시리아 사태라는 과거의 유사한 사건에
서도 교훈을 얻지 못하고 무리하게 공포정치를 감행한 이란 정부는 무고
한 사람을 죽음에 이르게 했다. 그러고도 이를 미국이나 쿠르드족이 관여
했다는 음모설 등으로 대충 넘어가려다가 결국 온 국민의 분노를 샀다.

- 결과적으로 이란의 오만함은 세계 경제에도 악영향을 끼쳤다. 미국과의
핵 협상이 틀어지고 이란 석유가 유통되지 못하게 된다면, 유가가 오를 뿐
아니라 연준의 금리 인하 전환(피벗) 시기에도 영향을 줄 것이기 때문이다.

플러스 스터디

이란은 어쩌다가 세계의 악당이 됐을까?

그들을 둘러싼 석유와 달러

조지 W. 부시George W. Bush 전 대통령 시절 미국은 이란을 '악의 축'이
라고 표현하며 경제를 봉쇄했습니다. 산유국인 이란의 석유 수출을 어
렵게 하기 위해서 국제결제 시스템인 SWIFT조차 이용하지 못하게 했
죠. 그 이후로 이란은 계속해서 중동의 악한으로 지내왔습니다. 아마도
대부분 사람은 '이란이 불법적으로 핵 개발을 하니까 밉보였겠지'라는
정도로 생각하겠지만, 정작 이란 외에도 핵을 보유한 나라는 적지 않
습니다. 같은 이슬람 국가 중 파키스탄도 핵을 가지고 있지만, 그들을
악의 축으로 묘사하지는 않죠. 너무 혹독해 보이는 율법 때문이라면?
사우디아라비아보다 더할까요. 사우디아라비아는 지금도 도둑질하다
가 잡히면 대낮에 거리에서 손을 잘리는 벌을 받을 수도 있습니다. 그
러니까 우리가 알고 있는 이유만으로 이란이 악의 축이 된 것은 아니
라는 말이죠.

달러가 최강 화폐가 된 이유

진짜 이유는 석유와 달러였습니다. 미국은 세계인들에게 모두 통용되는 공통의 돈인 '기축통화'를 가지고 있습니다. 달러가 기축통화가 된 건 1944년, 브레턴우즈라는 곳에 세계열강들이 모여서 내린 결정 덕분입니다. 당시 영국 출신의 경제학자 존 메이너드 케인스John Maynard Keynes 가 결사반대했지만, 미국은 케인스를 미국으로 데려와 출세시켰죠. 또한 달러를 써주는 우방들을 막강한 해군력으로 보호하겠다는 명분을 내세워 달러는 기축통화가 됩니다.

처음에 달러는 실물 화폐로 출발했습니다. 달러를 가지고 은행에 가면 금으로 교환할 수 있었죠. 그러다가 1971년 이후에는 금과의 관계가 단절됩니다. 그래서 1971년 이전의 달러를 실물 화폐라고 하고, 그 이후의 달러를 명목 화폐라고 하죠. 명목 화폐라는 건 약속에 불과할 뿐 달러를 가지고 가도 금으로 바꿔주지 않는다는 것을 의미합니다. 이때부터 비로소 미국은 달러를 마구 찍어내서 가치를 무제한으로 만들어낼 수 있는 절대 권력을 갖게 됐죠. 돈을 물 쓰듯 써도 돈이 바닥나면 그냥 인쇄기를 돌려서 찍어내면 그만이니까, 그야말로 황금알을 낳는 거위라고 볼 수 있는 겁니다.

나아가 미국은 달러를 전 세계가 사용하는 기축통화로 만들기 위해서 헨리 키신저라는 천재를 동원합니다. 그는 달러의 운명을 바꿀 기발한 전략 하나를 고안하는데, 사우디아라비아와 같은 산유국들을 방문해서 오로지 달러만 받고 석유를 팔라고 꼬드긴 겁니다. 키신저는 당시에 급격히 부상하던 석유의 미래가치를 본 것입니다.

1908년 포드사에서 세계 최초의 양산형 차 '모델T'를 발표했고, 1930년대에 들어서는 최초의 여객기까지 등장하면서 석탄의 시대는 가고 바야흐로 석유의 시대로 진입했습니다. 게다가 전쟁 물자로서 석유의 중요성이 나날이 커지기도 했죠. 당시 군사력을 좌우하는 것은 공군력이었는데, 비행기를 띄우기 위해 무거운 석탄 대신 석유가 꼭 필요했습니다. 키신저는 '이런 석유를 오로지 달러로만 사게 한다면 진정한 기축통화가 될 수 있지 않을까?'라고 생각했죠.

이스라엘과 중동의 전쟁이 한창이던 시절, 그는 주요 산유국들과 매우 배타적이면서 독점적인 계약을 체결합니다. 오로지 달러로만 석유를 판매하겠다는 계약이죠. 미국이 끌고 온 함대가 자신들이 살고 있는 궁전만큼이나 큰 것을 보고 산유국들은 미국의 요구를 들어주지 않을 수 없었습니다. 결국 중동에서 석유를 달러로만 받겠다고 하니, 각국은 석유를 사려면 자국의 화폐를 달러로 바꿔서 사러 가야만 했죠. 이처럼 초창기에 중동 국가들은 미국의 요구를 잘 들어줬습니다. 이라크도 그랬고, 이란 역시 팔레비 국왕 때까지만 해도 미국의 말을 고분고분 잘 들었어요.

반기 들었다가 버려진 이란

석유라는 실물 자원을 미국에 내주면서 그들은 '달러'라고 하는 정교하게 인쇄된 종이만을 받고도 좋아했습니다. 미국이 그들의 왕정을 보호했을 뿐 아니라 그 달러로 람보르기니 같은 차도 구매할 수 있었기 때문입니다.

하지만 시간이 지나면서 중동의 국가들도 바뀌기 시작합니다.

이란에서 갑자기 미국 대사관에 불을 지르더니, 2002년에는 이란 대통령 마무드 아마디네자드Mahmoud Ahmadinejad가 본격적으로 달러에 반기를 들었어요. 급기야 '석유 대부분이 중동에서 나는데, 왜 중동에 석유 시장이 없냐'며 석유를 거래할 수 있는 시장을 이란에 건설하겠다고 선언하기에 이르렀습니다. 그뿐만이 아니라 이란으로 석유를 사러 오는 사람들에게 달러가 아닌 유로화나 엔화도 받겠다고 했어요. 미국으로서는 속이 뒤집힐 수밖에 없는 상황이죠. 미국도 처음에는 어르고 달래면서 이란을 설득하려고 애를 썼지만 먹히지 않았어요. 우여곡절 끝에 2008년 이란에 석유 시장이 열리고, 달러가 아니라 리얄Riyal 등의 통화로 결제가 이뤄지면서 본격적으로 선을 넘게 됩니다.

미국은 자신들의 밥그릇을 걷어찬 이란을 때려주기 위해서 무언가 근사한 명분이 필요했습니다. 그래서 나온 게 '악의 축'입니다. 어떤 통화라도 환영하겠다는 그들이 해외에 석유를 팔지 못하도록, 세계적으로 '깡패 나라'라는 낙인을 찍어버리고 빗장을 채운 거죠. '이란은 불법적으로 핵을 개발해서 지구를 위협하는 깡패 나라다!'라며 마치 정의를 위해 문제를 제기한 듯 보였지만, 정작 속마음은 달러를 지키려는 조치였습니다. 사실 핵을 가지려 한 것이 문제였다면 앞서도 말했듯, 이미 무기급 핵을 보유하고 있던 파키스탄이 먼저 경제 봉쇄 조치의 대상이어야 했으니까요.

또한 같은 이유를 내세워 미국은 이란의 석유를 가장 많이 사주는 일본에도 압력을 넣었습니다. 이란산 석유 구매를 반대하고 경제를 봉쇄해야 한다는 입장을 취하면서 말이죠. 그 결과 이란 경제는 크게 위축됐고, 극심한 인플레이션 탓에 리얄의 가치도 폭락했습니다. 한때 '토만Toman'이라는 비공식 화폐가 통용되기도 했을 정도로 리얄은 이란의 국가 공식 화폐로서의 가치를 의심받게 되죠.

지금의 달러가 기축통화로 존재하기까지 가장 큰 역할을 한 것은 석유고, 그 뒤엔 중동 산유국들의 협조가 있었다는 건 변하지 않는 사실입니다. 그 덕분에 **한때는 미국과 둘도 없이 친한 사이였던 이란이지만, 달러와 석유의 공고함에 도전했다가 한순간에 전 세계 '악의 축'으로 전락해버렸죠.**

어제의 친구도 한순간에 적으로 돌려버리는 미국. 달러를 지키기 위해선 피도 눈물도 없이 행동하지만, 이런 방법들이 과연 앞으로도 효과가 있을지는 계속해서 지켜봐야겠습니다.

4강

미지의 시장,
생존을 위한 지식

시장 변동성에 대응하는 법

HOW TO BE
RICH

이수야! 싹이 트고 나면 머지않아 잎이 나고, 얼마간의 시간이 흐르면 꽃이 피지? 꽃이 핀 나무는 열매를 맺고 열매가 떨어지면 수고의 시간이 흐르지. 이 대자연의 원칙은 증시에도 고스란히 녹아 있단다. 대개는 작은 재료가 점점 커지다가 소멸하는 단계를 거치지. 물론 정상적인 시장이라면 말이야.

예를 들어 실업률이 높아진다면 일정 기간 계속해서 높아지는 경향이 있고, 낮아질 때도 점진적으로 낮아지는 편이야. 국제 공급망이 붕괴할 때나 재건될 때도 상당 기간에 걸쳐 선택적으로 강세와 약세를 보이는 종목과 업종이 있지. 금리도 일단 상승하면 등락을 거듭하는 게 아니라 일정 시간을 두고 계속해서 오르잖아? 내릴 때도 마찬가지로, 일단 하락하기 시작하면 점진적으로 하락하는 경향을 보이지.

하지만 물가 상승에 따른 급격한 금리 인상으로 지금처럼 변동성이 아주 강해진 시장이라면 이야기가 다르단다. 어느 날 갑자기 변수가 툭 튀어나와서 시장을 교란하는 돌발적인 상황이 훨씬 많아졌는데, 이를 미리 알아낼 방법은 아쉽게도 없어. ETFExchange Traded Fund(상장지수

펀드)의 출현 등으로 시장의 진폭이 매우 확대됐거든.

투자자 입장에선 말 그대로 '미지의 시장'을 맞이해야만 하는 상황이 된 거야. 그래서 더더욱 이벤트 스터디를 꾸준히 함으로써 매 순간 유연하게 대처할 수 있어야 해.

글로벌 위기에 맞설 5% 매매법

2022년 5월 5일 목요일, 미국 시장이 급락했습니다. 바로 전날 연준 의장 제롬 파월이 "75bp의 인상은 염두에 두고 있지 않다"라고 말해서 증시가 급등했는데, 바닥에 대한 기대치가 점점 커질 무렵 다시 급락하는 바람에 많은 시장 참여자가 속상해하고 있죠.

바닥에 대한 기대치가 커지기 무섭게 급락과 반등을 반복하는 롤러코스터 장세에는 어떻게 대응해야 할까요?

예견된 봉쇄, 예상 밖 악재

아버지 롤러코스터 장세에서는 정신 차리고 주가가 어떤 이유로 하락했는지부터 살펴야 해. 하락의 원인을 알아야 반등의 시점을 추정할 수 있겠지?

이수 지금 주가가 하락하는 이유로 열에 아홉은 파월을 지목하고 있어요. 파월의 우유부단한 태도가 금리만 올리고 물가는 잡지 못한다고 얘기하는 건데요. 늦은 대응에 금리마저 급하게 올리려다 보니까 기술주 위주로 하락하는 게 아닌가 하는 추측이죠. 아무래도 이익의 듀레이션이 멀리 있는, 그러니까 현재 가치를 기준으로 투자한 원금이 회수되는 데 걸리는 기간이 미래에 있는 기술주들이 금리 인상에 민감하니까요.

아버지 그건 원인이 아니야. 연준이 심심해서 금리를 올리는 것은 아니잖아. 물가 상승을 제어하기 위함이니까 진짜 원인은 물가 상승이지.

이수 우크라이나 전쟁으로 인한 물가 급등이나 그에 대한 여파는 상당 기간 지속될 수밖에 없지 않나요? 빌 게이츠Bill Gates도 우크라이나가 중장기적으로 물가에 영향을 줄 것이라고 했고요.

아버지 지금까지는 그랬지. 하지만 전쟁으로 인한 물가 상승은 이미 어느 정도는 반영이 됐어. 문제는 네 말대로 지난 5월 5일부터의 급락이야. 모두가 다 아는 기존의 악재 가지고 이렇게 강한 하락이 추가되지는 않거든. 뭔가 다른 악재가 새롭게 개입된 것으로 봐야지. 그것부터 찾아야 해.

중국 정치국 상무 회의에서 발표된 내용들을 체크해봤니? 시진핑이 칭링淸零(제로 코로나) 정책을 굉장히 강조한 발언이 있지?

중국의 제로 코로나는 매우 과학적이고 효과적인 정책으로 이미 단계적 성공을 거뒀다. 외부 유입과 내부 확산을 막는 방역 조치로 우한에서 승리했고, 상하이에서도 반드시 이길 것이다. 중국은 전체 인구뿐 아니라 노령 인구가 많은 데다 지역별 의료 자원 불균형도 심하다. 느슨하게 통제하면 대규모 감염과 중증 환자, 사망자 등이 발생하기 때문에 당국이 결정한 방역 정책을 이해하고 따라야 한다. 우리의 방역 정책을 왜곡하고 의심하거나 부정하는 일체의 언행과 단호히 싸워야 한다.

마지막 말을 생각해봐. 우리의 방역 정책을 왜곡하고 의심하거나 부정하는 일체의 언행과 단호히 싸우겠다고 했지? 이건 칭링에 대항하면 잡아 가두겠다는 것이나 다름이 없어. 지금까지 중국은 화이트 리스트 만들고 폐쇄 루프를 가동해서 국제 공급망 충격이 재발하지 않게 하겠다고 했잖아? 하지만 하루아침에 말을 바꾼 거야.

중국은 국제 공급망에서 매우 중요한 역할을 하지? 세상의 모든 부품과 완제품을 만드는 나라야. 만약 중국에서 하네스(전기 배선 시스템) 같은 작은 부품 하나만 공급을 멈춰도 세계 자동차 공장이 모두 멈출 수밖에 없어. 그런 **중국이 좀 더 완고한 칭링을 유지하겠다고 선언한 것은 국제 공급망에 매우 엄중한 위기가 다시 올 수도 있다는 것을 의미하는 거야.**

이수 왜 그런 선택을 한 걸까요? 이 방면의 최고 전문가로 꼽히는 WHO(세계보건기구) 사무총장 테워드로스 아드하놈Tedros

Adhanom도 "바이러스의 양태와 지금 우리가 미래에 대해 예상하는 것을 고려할 때 중국의 제로 코로나 정책이 지속 가능하다고 생각하지 않는다"라고 했잖아요. 이대로 계속 칭링을 고집하는 것은 중국 경제에 부담일 텐데요. 게다가 2022년 말 3기 집권을 앞둔 시진핑 입장에서도 경기 회복을 위한 정책에 오히려 박차를 가하는 게 더 맞지 않을까요?

아버지 사실 나도 그렇게 생각했어. 어떤 경제 정책이든 2개 분기 정도의 래깅 효과lagging effect(원재료 투입 시차 효과)가 있으니까. 지금부터 뭔가 드라이브를 걸어야 그의 3기 집권이 순조로울 수 있다고 생각했거든? 하지만 바이러스가 시진핑의 발목을 잡은 거지.

이수 시진핑은 지금까지 서방의 방역 체제보다 칭링이 우월하다고 항상 자부해왔죠. 하지만 돌연 제로 코로나를 포기하면, 스스로 정책 실패를 인정하는 꼴이 되는 거예요. 중국의 코로나19 치사율이 높다는 언론 보도까지 나오는 상황인데, 칭링을 포기하는 순간 사망자 수는 넘쳐날 테고 그 여파로 3기 집권에 빨간불이 켜질 가능성이 크겠죠. 그런 점에서 아버지 말씀에 공감하긴 하는데요, 그래도 여전히 많은 사람이 파월의 우유부단함이 주가 폭락의 원인이라고 생각한단 말이죠. 대표적으로 테슬라가 있겠죠?

아버지 간단하게 입증해줄게. 상하이의 테슬라 공장 기가 팩토리Gigafactory가 중단되는 바람에 테슬라의 2022년 4월 생산량은 고작 1만 757대에 불과했어. 이전 3월에 비해 무려 6분의 5나 감소한 수치야. 이게 겨우 재가동되나 싶더니만 딱 3주 만에 시진핑의 록다운 강화 조치로 다시 공장 문을 닫아야 했어. 테슬라가 급격한 조정을 받기 시작한 것도 그즈음이었잖아. 그런데 왜 테슬라 폭락을 제롬 파월 때문이라고 생각할까?

💲 폭락을 피하는 법, 5% 매매법

이수 중국 록다운 효과가 본격적으로 반영되기 시작하는 2분기 실적이 2022년 7월에 발표될 텐데요. 애플이나 테슬라 등에 납품하는 부품 업체들은 물론이고, 그 외에도 상당한 부품 및 조립 공정이 중단되는 등 영향이 있었으리라고 볼 수 있겠네요. **그러면 시장에서 생각하는 것처럼 파월 때문에 증시가 폭락한 것이 아니라, 오히려 파월 덕분에 바닥을 찾으려던 증시를 시진핑이 다시 꼬꾸라뜨린 걸로 볼 수 있을 것 같아요.**

그러면 제로 코로나로 인한 중국의 록다운은 더 오래 지속될 수도 있다고 봐야 할까요?

아버지 바이러스가 중국 땅에서 어떤 식으로 전개될지 알 수 없으니 예측은 의미가 없어. 개별 종목이 아니라 코스피200처럼 시장을 보유하고 있는 투자자라면 그냥 보유하면서 급락이 일어날 때마다 조금씩 추가로 매수하면 돼.

이수 추가 매수할 돈이 없으면요?

아버지 방법이 있지. 일명 5% 매매법이라는 건데, 폭락장에서도 비교적 평상심을 유지할 수 있어. 모든 차트에는 기술적 저항과 지지가 존재하지? 현금 없이 주식으로 100% 보유하고 있다면 일단 보유해. 그런데 언젠가 조금이라도 오를 거 아냐? 기술적 저항점*에 닿았을 때 5%만 매도하는 거야. 5%를 매도했는데 주가가 오르면, 그 상태로 내버려 둬. 그러다가 다시 하락하면 5%의 현금을 기술적 지지점**에서 재매수하는 거지. 매수한 다음에 주가가 오르면 다행이지만 다시 하락하면? 또 내버려 둬. 그러다가 또 언젠가 좀 오를 거 아냐? 그때 또다시 5%를 매도하는 거지.

이수 그러니까 **하락할 것을 대비해서 저항점에서 5%만 매도하고, 올라갈 땐 그냥 두지만 하락할 땐 지지점에서 다시 매수한다는 말씀이죠? 이런 식으로 계속 반복하면 전체 보유 물량은 그대로 유지하면서 미세 조정을 통해서 매수 단가를 낮출 수 있겠네요?** 그런데 5% 가지고 큰 도움이 될까요?

아버지 물론 큰 도움이 되지는 않아. 하지만 심리적으로 매수할 현금이 있는 것과 없는 것에는 엄청 큰 차이가 있거든. 주가가 좀 하락해도 마음을 다치지 않고 기다릴 수 있다는 것이 중요하

● 주가의 상승이 저항을 받는 지점을 나타낸다.
●● 주가의 하락이 지지를 받는 지점을 나타낸다.

니까. 일단 한번 해봐. 마음이 좀 편해질 거고, 시장을 감정적이 아니라 좀 더 이성적으로 볼 수 있을 거야.

이수 이런 롤러코스터 장세에서는 꽤 괜찮은 방법이 될 것 같은데요. 기술적 저항과 지지를 잘 모르면 어떻게 하죠?

아버지 컴퓨터 끄고 기다려야지.

이수 앞으로 진짜 얼마나 더 하락할까요?

아버지 왜? 다 팔고 저점에서 다시 사게? 정상적 경기 흐름이라도 바닥을 정확히 콕 집어낼 방법은 없어. 인류 역사상 그런 방법을 알아낸 사람도 없고. 게다가 지금은 전쟁과 록다운이라는 비정상적 요인이 개입하는 국면이야. 지금으로서는 주가의 바닥이 시진핑과 푸틴에게 달렸다는 말이지.

문제는 해외 주식인데 나도 국내 주식 현금 비중은 30%, 해외 주식은 현금 비중이 5% 내외로 적은 편이야. 해외 주식에 대해서는 이미 저항점과 지지점에서 미세 조정을 시작했어.

이수 왜 해외 주식은 현금 비중이 그렇게 낮은 거예요?

아버지 해외 주식은 환율로 헤징이 되잖아. 예를 들어 고점 대비 20% 하락했다고 해도 환율이 10% 상승하면 손실은 10%에 그치지. 하지만 국내 주식은 따로 헤징할 도구가 없어.

게다가 ETF 증폭 효과로 변동성이 커지는 시대이기 때문에 범퍼가 될 수 있는 현금이 더 많이 필요한 거지. ETF 증폭 효과란 주가가 하락하면 ETF가 매도세에 합류해서 더 크게 하락하고, 주가가 오를 때도 ETF가 매수세에 합류해서 더 크게 상승한다는 걸 말해. 그래서 더 강한 범퍼가 필요한 거지.

 핵심 요약

- 시장을 끌어내렸던 러시아–우크라이나 전쟁 관련 악재가 잠잠해지려던 찰나, 중국의 제로 코로나 강화 선언은 공급망 봉쇄 우려를 불러일으키며 또다시 시장 폭락을 초래했다. 이렇게 연속되는 악재로 시장의 흐름이 불규칙해졌을 때는 투자자들의 불안 심리가 극대화돼 투자 실패를 맛보기 쉽다.

- 시장의 폭락을 의연하게 견딜 방편으로, 미세 조정을 통해 매수 단가를 낮추는 5% 매매법을 기억하자. 전체 보유 물량을 지키면서도 평정심을 유지할 수 있는 영리한 투자법이 될 것이다.

ETF가 불러온
대혼란의 시대 대응법

2022년 1월, 시장이 엄청난 하락세를 보였습니다. 러시아-우크라이나 전쟁, 연준의 연속적인 금리 인상과 그에 따른 기업 이익 축소, 오미크론 탓에 중국이 셧다운될 가능성, 그리고 LG에너지솔루션의 수급적인 문제까지. 이런 요인들이 다시 인플레이션을 자극할 수도 있다는 점이 시장 하락의 주요 이유들로 언급됐습니다.

이처럼 시장이 하락하는 원인은 다양합니다. 여러 변수가 동시다발적으로 발생하죠. 물론 눈에 보이는 것들도 시장에 영향을 미치지만, 우리가 볼 수 없는 곳에서 생기는 위험에 더욱 주목해야 합니다.

초보 투자자들에게 매력적이고 익숙한 투자자산인 'ETF'는 현대에 들어서 시장 하락에 상당한 영향을 미치지만, 유독 지나치기 쉬운 변수 중 하나인데요. ETF는 시장 폭락에 어떻게 영향을 줄까요?

💲 ETF의 치명적인 단점

아버지   세상에 ETF라는 발명품이 나오고 나서 금융 시장이 엄청나게 발전했어. 예전에는 뮤추얼 펀드가 대세였잖아. 그런데 ETF가 나오고 나서 빠르게 대체됐지. ETF는 거래소에서 자유롭게 거래할 수 있는 펀드의 개념인데, 아주 저렴한 비용으로 각종 테마나 업종에 분산 투자를 할 수 있게 해주기 때문에 20세기 최고 발명품이라는 찬사까지 받았어.

하지만 이게 규모가 너무 커진 거야. 그러다 보니 부작용도 생겼는데, 앞서 잠깐 언급한 'ETF 증폭 효과'야. 투자자들은 주가가 하락하리라고 믿으면 당연히 매도하겠지? 그런데 ETF에 투자한 사람들이 매도하면 개별 종목의 펀더멘털fundamental●과 무관하게 그냥 기계적으로 매도가 되거든. 게다가 이게 규모가 워낙 크기 때문에 전반적으로 투심이 위축됐을 때는 펀더멘털에 비해서 훨씬 더 많이 주가를 하락시키는 거지. 한마디로, **ETF 증폭 효과는 정상적인 시장의 진폭보다 훨씬 더 크게 위아래로 움직이게 하는 걸 말해.**

문제는 배보다 배꼽이 더 커졌다는 거야. 예를 들어 설명하는 게 빠르겠다.

● 국가 또는 기업의 기초적이고 근본적인 경제 상태를 나타내는 주요 지표를 의미한다. 기업에 한정한다면 건강성과 안정성을 평가할 수 있는 재무 상태나 경영전략, 산업 동향 등을 말하며, 투자에서는 어떤 종목을 평가하기 위한 주요 지표들로 PER, PBR 등을 뜻한다.

2022년 6월 7일 매우 중요한 뉴스가 있었어. 인텔에서 '사파이어 래피즈Sapphire Rapids(인텔의 4세대 서버용 CPU)'의 출시 일정을 3분기로 또다시 미룬다고 한 거야. 내가 연말에 DDR5Double Data Rate fifth-generation(5세대 메모리 규격)를 주목하자고 방송에서 얘기한 적이 있지? 특히 서버 시장 쪽에서는 전력 소모 면에서 매우 차별적이기 때문에 이제 곧 출시된다면 이와 관련한 투자가 좋다고까지 했는데 정말 아쉽게 됐지.

어쨌든, 이게 출시가 지연돼서 투자자들이 실망해서 매도한다고 치자. 당연히 SOXX 등 미국의 반도체 관련 ETF들은 개인들의 매도세에 따라서 추종 매도를 할 수밖에 없겠지?

이수　그래서 배보다 배꼽이 크다고 하신 거군요? 작은 매물에도 ETF와 같은 패시브passive●의 추종 매도로 진폭이 커질 수 있으니까요.

⑤ ETF 환상의 짝꿍, 밈 주식

아버지　한 가지 더 말해줄게. 그런 진폭이 더 커질 수 있는 시기가 있다는 것, 알고 있어? 물론 지금도 변동성이 심하지만 그 변동성이 더 심하게 드러나는 날이 따로 있다는 말이야. 자 봐봐. **미국**

●　종목 구성을 자유롭게 변경하지 못하고, 추종하는 지수의 종목 구성과 비중에 따라 투자하는 것

은 셋째 주에 하락이 좀 심해질 수밖에 없어. 혹시 그런 거 못 느 꼈니?

이수 몰랐어요. '5월에는 주식을 팔고 떠나라' 같은 캘린더 효과는 아버지가 워낙 싫어하시기도 하고, 또 그런 건 믿지 말라고 하셔서 관심이 없었어요.

아버지 이게 다 코로나 때문이야. 코로나 이후 전 세계적으로 개인 투자자들의 비중이 늘었다고 했잖아. 그런데 MZ세대들의 취향은 얌전한 주식이 아니야. 코인 아니면 밈 주식meme stock **••**을 주요 타깃으로 하지.

이수 MZ세대는 아무래도 화끈한 걸 좋아하는 경향이 있죠. 게임스탑Gamestop이나 AMC 같은 종목에서 숏 포지션 **•••**을 취했던 회사들이 큰 손실을 떠안은 이유도 거의 개인 투자자들의 다발성 공격 때문이었고요. 2021년에 밈 주식 열풍이 정말 대단했는데요, 이 밈 주식 현상을 잠깐 설명해볼게요.

미국에는 합법적으로 공매도short selling **••••**만을 전문으로 하는 회사가 제법 많아요. 펀더멘털을 분석해서 고평가됐다고 판단되는 종목을 공매도하는데, 자신들의 계산대로 주가가 하락하면 차익을 남기죠. 개인 투자자라면 공매도 회사를 싫어할 수밖에 없겠죠? 처음 밈 현상은 이런 공매도 세력과 맞서 싸우자

•• 온라인에서 입소문을 타 개인 투자자들이 몰리는 주식

••• 투자자산의 하락에 베팅하는 포지션

•••• 특정 종목의 주가가 하락할 것으로 예상될 때 주식을 빌려 매도하는 투자 전략. 해당 주식을 보유하고 있지 않은 상태에서 매도하는 것이기에 공(空)매도라고 한다.

는 취지로 시작됐어요. 공매도 물량이 많은 회사를 하나 골라서 개인 투자자 중 한 명이 총대를 메고 집중 매수를 유도하는 거예요. 그러면 결국 주가가 오르겠죠?

공매도 회사와 개인 투자자가 싸우면 개인 투자자가 유리해요. 실제로 밈 주식에서 공매도 회사가 승리한 예는 지금까지 없었어요. 거래소에서 거래되는 주식의 수에는 한계가 있기 때문에 시장에서 거래되는 주식이 개인 투자자들에게 어느 정도 넘어가면 거래량이 씨가 마르게 되고, 그럴 때 조금만 매수해도 주가가 아주 빠른 속도로 오르기 때문이죠. 공매도 회사는 어쩔 수 없이 엄청난 손실을 보고 환매할 수밖에 없는데요. 이렇게 펀더멘털과 전혀 관계 없이 주가가 오르내리는 데 밈 현상이 큰 역할을 하죠.

🪙 옵션거래를 고민하는 당신에게

아버지 주식을 사서 주가를 올리기도 하지만, 매우 적은 돈으로도 큰 레버리지를 일으킬 수 있는 주식 옵션을 사서 올리기도 해. 개인 투자자들이 개별 주식 콜옵션call option●을 매수하면 콜옵션을 발행한 사람, 그러니까 콜옵션을 매도한 사람도 있을 거 아냐?

● 옵션거래에서 특정한 기초자산을 만기일이나 만기일 이전에 미리 정한 행사 가격으로 살 수 있는 권리다. 팔 수 있는 권리를 풋옵션이라고 한다.

이수 개인 투자자들이 옵션을 하기엔 너무 위험한 것 같은데요…….
아무튼 그러면 콜옵션을 매도한 사람들도 손해를 봤나요?

아버지 당연히 그들에겐 손실이 없어. 그들을 시장 조성자들, 그러니
까 유동성 공급자라고 하는데 투기적 거래는 전혀 안 해. 반드
시 반대 포지션으로 헤지••하거든. 개인 투자자들이 콜옵션을
매수하는 것만큼의 현물 주식을 매수해서 중립 포지션을 유지
한다는 말이지. **만기일에 현물 폭탄 매도가 나오는 이유가 바로
그 때문이야. 미국 파생상품 시장 옵션 만기일이 매월 셋째 주 금
요일인데, 이날 콜옵션이 청산되면서 주식 매수 쪽 포지션도 함께
매도 청산되기 때문에 주가가 하락하는 거야.**

이수 그런데 왜 개인 투자자들이 그렇게 위험한 옵션거래를 할까요?
옵션거래는 이익을 볼 때는 물론 엄청난 이익을 보지만, 손해
를 볼 때는 '쫄딱 망한다'는 표현이 맞을 만큼 한 번의 실수로
자산을 다 날릴 수도 있잖아요.

아버지 우선, 옵션거래에 대한 상식이 별로 없어서 그래. **만기일에는 옵
션의 가치가 제로가 된다는 것을 대부분 몰라.** 또 안다고 해도 워
낙 소액이라서 그리 문제가 되지도 않고.

그냥 SNS에서 누가 총대를 메고 분위기를 잡으면 몇만 원, 몇
십만 원짜리 푼돈 계좌 수십만, 수백만 개가 몰려들어서 옵션
가치를 끌어올리고, 결국 그 옵션에 대한 헤지 포지션이 주가

•• 가격 변동에 따라 손실이 발생할 가능성에 대비해 보유한 자산의 리스크를 줄이는 일. 예를 들
어 반대 포지션을 동시에 취하는 방법을 말한다.

를 덩달아 끌어올리는 거야.

이수 인해전술이라는 말을 이럴 때 쓰는 거군요. AMC는 2021년 초부터 소셜미디어에서 밈으로 회자되기 시작했잖아요. 동시에 엄청난 규모의 미국 인터넷 커뮤니티인 레딧Reddit에서 마구잡이로 매수하는 바람에 주가 상승 폭이 3,000%에 달할 때도 있었고요. 물론 이후 투자 열기가 식으면서 주가는 거의 제자리로 돌아왔지만요.

아버지 그렇지. 그 회사가 변한 것은 없어. 실제로 2022년 9월 회사 부채에 대한 차환 발행이 어려워지면서 채권과 주가가 동시에 폭락했거든. 차환 발행은 예를 들어 회사가 10억 원어치의 채권을 발행해서 만기가 되면 10억을 갚아야 하는데, 그걸 갚지 않고 같은 액수의 채권을 다시 발행하는 걸 말해. 그런데 금리가 올라서 발행하기가 어려워진 거지. 높아진 금리로 발행해야 하니까.

이수 개인 투자자들은 정말 손실을 많이 봤겠네요. AMC의 개인 투자자 비중이 80%에 달한다고 하던데……. 공매도 세력이 싫어서 나섰다지만, 결과가 좋지 않아서 걱정이네요.

아버지 세상에 공짜 점심은 없으니까. 특히 ETF로 인해 시장이 하락할 때는 추가로 더 하락할 수 있으니, 밈 열풍이 더욱 가속화된다면 이런 일들은 거의 반복적으로 나타날 가능성이 커.

이수 밈 현상이 주로 주가를 끌어올리는 쪽으로 작용하긴 하지만 반대로 하락시킬 수도 있잖아요. 각종 언론사에서 시장 참여자들의 생각을 부정적으로 바꿀 만한 기사들을 쏟아낸다면, 충분히 가능한 일이라고 생각해요. 실제로 요즘은 전쟁, 공급망 충격, 인플레이션, 경기 침체 등 대중매체에서 좋은 소식을 찾아보기가 어렵잖아요.

아버지 그렇지. 당연히 많은 이들이 그 뉴스를 그대로 퍼다 나를 테고, 그들을 팔로잉하는 사람들은 그 뉴스에 함께 두려워하면서 매도 행렬에 동참하게 될 거야. 마치 선두에 있는 깃발만 보고 따라다니는 관광객들처럼 말이야.

💲 지표 말고 심리가 움직이는 인버스

이수 주가가 하락하면 수익이 발생하는 인버스 투자에 대한 얘기를 해야 할 것 같아요. 밈 주식 열풍과 동시에 하락에 베팅해서 큰 수익을 낼 수 있는 SQQQ proetf ultrapro short qqq 나 SOXS direxion daily semiconductor bear 3x etf 같은 ETF가 큰 인기를 끌었잖아요? 무척 위험해 보여요.

아버지 한국예탁결제원에 따르면, 증시가 잠시나마 반등을 줬던 지난 2022년 5월 25일부터 6월 1일까지 서학 개미들이 가장 많이 매수한 종목이 SQQQ였어. 같은 기간에 6,913만 달러어치를 집중적으로 매수했지. SQQQ는 나스닥100 지수가 1% 하락할 때마다 3%의 수익을 올리도록 설계된 ETF야. 주가가 하락할 때 수익이 나는 상품이라는 말인데, 물가가 오르고 금리가 오르면 기술주나 성장주가 약세를 보일 거라는 공감대가 형성됐기 때문에 그랬던 거지.

두 번째로 많이 순매수한 종목은 SOXS였는데, 필라델피아 반도체지수가 1% 하락할 때 3%의 수익을 올릴 수 있도록 설계된 ETF야. 역시 중국의 록다운 때문에 반도체 산업이 힘들어질 거라는 공감대가 형성됐기 때문이었어.

이렇게 개인 투자자들이 하락에 베팅하면 ETF 운용사는 헤징을 위해서 지수 선물 등을 함께 매도할 수밖에 없어. 물론 작은 규모였다고는 하지만 유튜브 등의 매체가 밈 현상을 유발할 수 있음을 보여주는 사례지.

이수   물론 개인이 펀더멘털을 보고 투자한다면 AMC 같은 종목을 그 가격에 추격 매수하진 않겠죠. 그런데 유튜버 또는 어떤 매체에서 꽤 영향력이 있는 사람이 매수하자고 깃발을 들면 따르는 이들도 꽤 있는 것 같아요. 아무튼 결국 시장은 ETF 증폭 효과 그리고 밈 현상으로 인한 깃발 효과까지 가세해 진폭이 갈수록 커지고 있는 거군요.

2022년 6월 8일에는 우리나라가 유독 더 많이 하락했는데요. 그러면 이런 현상들이 우리나라에 더 강하게 작용했다고 볼 수 있을까요?

아버지   그건 아니고, 그날은 특히 차액결제거래Contract For Difference, CFD 청산이 많았어. CFD라는 건 개인이 주식을 보유하지 않고 증권사와 계약해서 진입 가격과 청산 가격의 차액만 현금으로 결제하는 장외파생계약의 일종이야. 총수익-스왑Total Return Swap, TRS 거래라고도 해. 증권사가 차입(레버리지)을 일으켜 대출을 해주고 매매에 따른 수익은 투자자가 가져가는 신종 파생상품이지.

이런 상품이 유행하게 된 이유는 양도세 같은 세금이 없어서야. 또한 계약에 따라 최소 10%의 증거금으로도 매수·매도 주문을 낼 수 있기 때문에 레버리지를 10배까지 활용할 수 있어서 거액 투자자들이 선호하지. 이게 대규모로 청산됐다면 우리나라가 당시 유독 더 많이 하락한 이유가 설명이 되겠지? 7영업일 연속 하락했으니까 CFD에 투자했던 사람들은 손실을 많이 봤을 텐데, 마진콜에 응하지 못했기에 결국 반대매매가 실행된 거지.

아무튼 나는 개인 투자자들이 레버리지 거래를 하는 건 결사반대야. 백 번을 잘해도 딱 한 번의 실수로 깡통계좌를 만드는 게임은 아예 하지 말아야 해.

이수 여러 이유로 지수가 많이 하락했고 PERPrice Earning Ratio●도 9배수 아래로 내려갔는데, 정석 투자를 한다면 지금 매수하는 게 맞을까요?

아버지 PER은 회사가 낸 이익에 주가 수준이 얼마나 되는지를 보는 지

● 주가수익비율. 주가가 해당 기업 1주당 수익의 몇 배인지를 나타내며, 주가의 고평가 또는 저평가를 판단하는 데 활용된다.

표지? 그런데 그 이익이라는 게 워낙 자주 변하잖아. 지금 9배수라고 하지만 경기가 침체돼서 이익이 뚝 떨어진다면, 예를 들어서 이익이 절반으로 떨어진다면 PER은 단숨에 18이 돼.

이수 그러면 자산 가치는 잘 변하지 않으니까 PBR을 기준으로 투자하는 건 어때요? 2022년 6월 1배수가 지수로 볼 때 2530포인트 수준이니까, 그보다 아래로 하락하면 강력 매수해도 될까요?

아버지 이익을 기준으로 한다면 장사가 잘되고 안되고의 변수가 늘 생기기 마련이지. 그에 비해 자산 가치를 기준으로 한다면 공장이 가지고 있는 설비나 땅덩어리는 큰 변화가 없으니 기준이 많이 흔들리지는 않겠지? 아무래도 **이익 배수인 PER보다는 자산 가치의 척도인 PBR이 더 안정적일 수밖에 없어.**

같은 의미는 아니지만, PBR이 1배수보다 아래라는 것은 주가가 청산 가치 아래로 하락했다고 해석해도 돼. 그러니까 회사 문 닫고 정리해도 그 가치는 받을 수 있다는 말이지. 물론 과거에 강한 위기 상황에서는 0.6배수까지 하락한 적이 있어. 그건 시스템 위기 때니까 제외하고, 침체기라면 대략 0.8 수준까지는 갈 수 있다고 보면 돼.

하지만 앞서 이야기한 ETF 증폭 효과와 깃발 효과가 시장을 어디까지 끌고 내려갈지는 누구도 알 수 없어. 그래서 대략 '0.9배수 아래에서는 강력 매수, 1.0 아래에서는 분할 매수' 이 정도로 전략을 세우는 것이 좋다고 봐.

2022년 6월, 시장이 좀 하락했다고 하지만 저평가 상태는 아니야. S&P 기준으로 주가가 고점 대비 20% 정도 하락했어도 증시의 밸류는 평균치 정도에 온 거니까 말이야.

 핵심 요약

- ETF는 20세기 최고 발명품이라는 찬사까지 받은 편리한 투자자산이지만, '증폭 효과'라는 치명적 단점이 있다는 걸 잊지 말자. 시장의 정상적인 변동성보다 진폭이 훨씬 큰 탓에 그만큼 시장이 왜곡될 수 있다. 게다가 공매도에 맞서는 '밈 주식'이나 인버스 투자 또는 옵션거래 세력 등과 같은 수많은 변수까지 합세해 과거 시장의 예상을 아득히 넘어서는 변동성을 만들고 있다.

- 세상의 변화에 따라 이전에는 통용되던 이론이 지금은 통용되지 않기도 한다. 모든 집단이 오른쪽을 바라볼 때 왼쪽으로 가면 이득이라는 생각 역시 버려야 할지도 모른다. 지금 시장에서는 펀더멘털보다 센티멘트 sentiment●가 방향성을 결정하는 경우가 더 많다. 이처럼 투자자의 심리가 시장의 방향성을 결정할수록 투자는 정석대로 하길 추천한다. 유행은 일시적이지만, 클래식은 영원하다는 사실을 잊지 말아야 한다.

- 정서, 감정을 뜻하는 말로 주식 시장에서는 '투자 심리'를 의미한다.

채권 투자는 안전하다?

2022년 5월, 채권 시장이 이례적으로 하락했습니다. 뱅크오브아메리카의 분석에 따르면, 미국 투자 등급 회사채 지수의 달러 가격이 글로벌 금융 위기 이후 최저치인 93.5달러를 기록했습니다. 기준가가 100달러임을 고려할 때 꽤 큰 폭의 하락이죠. 채권 시장이 이렇게나 크게 하락하는 건 드문 일입니다. 물론 상승이 있다면 하락도 있기 마련이지만, 새로운 변수가 될 수 있는 이례적인 하락에는 주목할 필요가 있습니다. 하락에서 어떤 신호를 읽어낼 수 있을까요?

장기 채권 최악의 리스크

아버지   이수야, 채권 시장과 주식 시장 중에서 어느 쪽이 더 큰지 아니?

이수   채권 시장이요. 주식은 기업에서만 발행하는 데 비해 채권은 중앙은행, 정부, 연기금 등 다양한 주체가 발행하니 시장 규모가 더 클 수밖에 없죠.

아버지 그러면 주식과 채권의 가장 큰 차이점도 알아?

이수 차이점은 너무 많아요. 일단 주식은 회사에 돈을 투자하는 것이고, 채권은 그 회사에 돈을 빌려주는 거예요. 주식은 저평가·고평가가 순간적으로 일어날 수 있지만 채권은 언제나 공정 가치에서 거래된다는 점도 다르고요.

아버지 잘 알고 있구나. 채권 가격이 많이 하락하고 있다는 이야기는 들었지? 네 말대로 채권이 늘 공정 가치로 거래된다면, 2022년 5월 시장에서는 채권의 공정 가치가 하락하고 있다고 보면 될까?

이수 글쎄요. 그렇다기보다는 이례적인 일이라고 생각해요.

아버지 맞아. 내가 이례적이라는 표현에 공감하는 이유는 세 가지야.

- 첫째, 채권 가격의 하락 속도도 빠르고 하락 폭 역시 거의 학살 수준이라는 점
- 둘째, 장기채의 하락 폭이 더 크다는 점
- 셋째, 위험한 채권에 속하는 하이일드 채권high yield bonds●보다 우량 장기채가 더 많이 하락했다는 점

이론적으로는 도저히 설명할 수 없는 일들이 많이 벌어지고 있

● 고수익·고위험 채권. 정상채권과 부실채권의 중간 위치인 신용등급 BB+ 이하의 채권을 말한다.

어. 그래서 이례적이라고 하는 거지.

이수 미즈호증권에 따르면 2022년 5월 16일 기준 미국의 투자 등급 회사채 부문에서 기록한 총수익률이 -13.9%인데, 놀랍게도 하이일드 채권(정크본드)의 총수익률은 -9.3%로 손해가 더 적었어요. 일반적으로는 가격이 하락할 때 우량채보다 정크채의 낙폭이 더 큰데, 우량채가 더 많이 하락한 이유는 뭔가요?

아버지 그 이유는 간단해. 정크채에는 장기채가 그다지 없어. 정크라는 말 자체가 '쓰레기'라는 뜻이잖아. 쓰레기를 믿고 돈을 오랫동안 빌려줄 사람은 없지. 그런데 미국의 정크채는 대부분 셰일가스 개발 업체들이 발행한 것들이야. **유가가 급등하면서 오히려 미국의 정크채가 보호되는 기이한 현상이 벌어진 거지.**

하지만 이번 하락장에서 설명하기 어려운 점도 있는데, **만기가 길면 길수록 최악**이라는 거야. 2년물보다 10년물이 더 많이 하락하고, 30년물이 더 크게 하락했다는 걸 예로 들 수 있지.

이수 30년 만기채는 우량 채권조차 60~70달러 수준까지 하락했더라고요. 예를 들어 만기가 2051년 2월이고 쿠폰 금리coupon rate •가 2.65%인 애플의 AA+ 등급 채권이 같은 기간 약 74달러에서 거래됐는데요. 애플마저 이 정도라면 말 다 한 거죠. 우량채일수록 또는 장기채일수록 더 많이 하락하는 이유가 뭘까요? 물가 위험 때문이겠죠?

● 채권 만기까지 지급하기로 약속한 확정 금리

아버지 채권의 가치에 영향을 주는 요인도 정리해줄래?

이수 특수한 상황이 아니라면 우선 금리가 가장 큰 영향을 주죠. 시장 금리가 오르면 채권 가격은 내려가고, 시장 금리가 내리면 채권 가격은 올라가요. 그리고 성장률도 영향을 주는데요, 일반적으로 시장의 성장률이 강해지면 금리가 오르는 속성이 있어요. 마지막은 물가예요. 특히, 요즘같이 기대 물가가 높은 시기에는 채권 가격이 하락할 수밖에 없죠. 간단하게 예를 들어볼게요. 1년 만기짜리 채권이 있고, 기대 물가 상승이 연간 10%라고 해볼게요.

아버지 딱 맞는 예시네. 이미 2022년 5월 둘째 주에 발표된 생산자물가가 5개월째 10%대를 유지하고 있으니까, 실질적인 예나 다름이 없어.

이수 1년 만기가 지나고 1억 원을 받기로 했는데 1년 후의 구매력이 9,000만 원에 불과하다면, 그 채권의 현재가치는 1억 원이 되어야 할까요, 아니면 9,000만 원이 되어야 할까요?

아버지 그건 곧 "1년 뒤 구매력 기준 실질 가치가 9,000만 원에 불과한 채권을 지금 1억 주고 사실 건가요?"라는 말인 거지?

이수 맞아요. 저도 아버지랑 얘기하면서 더 정리가 됐는데요. 금융위기처럼 부도 리스크가 커지면 만기가 길수록 오히려 안정적인 게 정상이죠? 그런데 지금처럼 **만기가 긴 채권일수록 가격 하락 폭이 더 크다는 것은, 화폐의 가치 절하 리스크가 채권 시장 폭락의 원인이라는 거죠.** 1억 원의 가치가 1년 이후 하락 폭보다

10년 또는 30년 후의 하락 폭이 당연히 더 클 테니까요.

따라서 가격이 80달러가 안 되는 채권의 92%가 만기 10년 이상의 채권에 집중돼 있다는 것도 충분히 이해할 수 있어요. 이전과 달리 채권 시장 전반에 나타나고 있는 이례적인 현상들은 화폐의 보유 가치가 하락하고 있다는 것을 의미하는 거죠?

아버지   정확해! 아버지 기억에는 역사상 이런 이변이 두 차례 정도 있었어. 첫 번째는 미국이 금과 달러의 태환을 단절한 1970년대였어. 달러를 제한적으로만 찍어내다가 금 태환을 중단하고 무한정 찍어낸다고 하니까 달러의 가치가 속락하고 물가는 치솟았지. 당시 연준 의장은 추락하는 달러의 가치를 안정시키기 위해서 이자율을 무려 20% 가까이로 올리기도 했어. 두 번째는 1994년 2월부터 시작된 이른바 채권 대학살이야. 당시에도 엄청나게 빠른 속도로 금리를 올리는 바람에 수년 후 이머징 국가들이 도미노식 외환 위기를 맞이했지.

이수   굳이 우크라이나 전쟁이나 중국의 록다운이 아니었어도 물가는 오를 수 있었던 거네요? 이미 상당한 양의 양적완화를 통해서 시장 유동성이 폭발할 정도였으니까요.

아버지   맞아. 그런데 신기한 것은 미국의 빅테크들은 이런 일들이 일어나리라는 것을 미리 알고 있었다는 거야. 급격한 금리 인상이 있기 전에 대부분 단기채를 청산하고 장기채를 발행했거든. 애플은 당시 40년짜리 채권을 발행했는데, 쿠폰 금리는 정확하게 알 수 없지만 만약 2%라면 약 40년 동안 2%의 금리로만 이자를 지급하면 된다는 거잖아. 금리가 본격적으로 오르기 전이었던 2021년도에만 장기 회사채 발행이 평상시보다 무려 50% 이상 증가했어. 미국의 대형 회사들은 다가올 금리 급등을 미리 알고 있었다고 해도 과언이 아닌 거지.

이수 그러면 금리가 급등해도 미국 회사들은 타격이 크지 않다는 거네요. 미국의 빅테크들이 장기채를 마구 발행할 때 다른 나라에서도 따라서 발행하면 됐던 거 아닌가요? 왜 못 한 거예요?

아버지 그건 안 되지. 신용이 부족하기 때문에 이머징에서는 장기채를 발행해도 구매자가 없어. 디즈니 같은 회사가 100년짜리 채권을 발행하면 완판되겠지만, 중국의 어떤 회사가 10년짜리 채권을 발행한다면 미래에 어떤 일이 벌어질 줄 알고 사겠니? 그래서 달러가 악마의 성향을 가지고 태어났다고 하는 거야. 위기에 오히려 더 강해지거든. 지금도 봐라. 물가 위험, 전쟁, 록다운 등의 위기가 생기니까 달러 가치만 마구 오르잖아.

🅢 하락하는 화폐 가치, 핵심은 실물자산!

이수 물가가 많이 오른다면 앞으로 주가도 오르는 거 아닐까요?

아버지 당연하지. **현재 세계적으로 진행되고 있는 장기채 가격의 붕괴 현상은 매우 중요한 이정표를 제시하는 거야. 현금 가치가 속락 중이라는 거지. 이게 이번 공부의 핵심이야.**

주식 시장이 하락하니까 겁부터 나고 막 현금화하고 싶지? 물론 주가는 더 하락할 수 있어. 하지만 현재 현금성 자산은 채권을 포함해서 전부 쓰레기가 되고 있다는 것을 절대로 잊어서는 안 돼. 주식은 실물자산이기 때문에 오르락내리락하더라도 결국 현금 가치가 하락하는 것만큼 오르거든.

이수 그러니까 지금은 잘 안배해서 주식을 보유해야 할 때다, 이 말씀이죠? **채권이나 현금은 반드시 하락하지만 주식은 하락해도 결국 오른다**는 믿음을 가져야겠네요. 요즘은 진짜 엄마랑 장 보러 갈 때마다 하루가 다르게 값이 올라요.

아버지 맞아. 여전히 많은 사람이 눈치채지 못하고 있지만 현금 가치는 엄청난 속도로 휴지를 향해 달려가고 있어. 무조건 하락할 수밖에 없는 자산과 지금 당장은 하락 중이지만 결국 오를 수밖에 없는 자산, 너라면 어느 쪽을 선택하겠니?

 핵심 요약

- 장기채의 가격 붕괴 현상은 사실 예정된 결과였다. 누적된 양적완화와 물가 상승은 채권 시장을 통해 '현금 가치가 빠르게 폭락하고 있다'는 중요한 시그널을 보내고 있다.
- 영원한 안전자산은 없다. 이럴 때일수록 시장의 하락에 겁이 나 현금을 보유하는 것은 어리석은 판단일 수 있다. 주식과 같은 실물자산을 잘 선택해 투자 포트폴리오를 제대로 안배하는 것이 중요하다.

물가가 올라도 매력적인 채권이 있다

액면가 1억 원짜리 10년 만기의 채권을 샀는데, 10년 동안 물가가 2배 폭등한다면 어떻게 될까요? 물론 만기 때 원금은 안전하게 돌려받을 겁니다. 하지만 물가 폭등으로 1억 원의 실질 구매력이 5,000만 원으로, 가치가 절반이나 줄어들 테니 너무나 허무하겠죠?

이처럼 시장에서 약점이 드러날 때, 그것을 보완하는 게 바로 금융입니다. 물가 위험을 회피하고 싶어 하는 투자자가 과거에도 존재했을 것이고, 그래서 탄생한 것이 바로 '물가연동국채Inflation Indexed Bonds'입니다. 소비자물가의 변화에 따라 원금을 보정해주는 채권이죠.

양적완화가 시작된 1980년대 이후 물가 급등이 주기적으로 반복되면서 국채가 발행돼도 사람들에게 외면받기 일쑤였습니다. 이에 미국에서는 2000년대에 들어 **물가 상승에도 충분히 대응할 수 있는 물가연동채를 개발했고, 현재 물가연동채는 양적완화 시대의 매우 중요한 투자 대상물이 됐습니다.**

지난 2021년 5월, 미국은 수개월에 걸쳐 연속으로 명목 물가지수가 5%를 넘어선 적이 있습니다. 이때 TIPSTreasury Inflation Protected Securities,

즉 미 재무부에서 발행한 물가연동국채 쪽으로 엄청난 자금이 유입됐습니다. 물가 상승에 인기가 올라 자금이 쏠릴 수밖에 없었죠. 소비자물가가 5% 올랐다는 것은 돈의 가치가 5% 하락했다는 말이고, 물가가 오른 만큼의 보정을 받지 않는다면 2%도 안 되는 채권 금리는 받으나 마나입니다. 실질금리로는 -3%나 다름이 없으니까요. 현재 물가인 5%보다는 더 높은 금리를 쳐줘야 남는 게 있겠죠.

치명적인 매력, '절세 효과'

많은 투자자가 물가연동국채를 '물가 상승률에 따라 이자를 더 지급해주는 채권'으로 알고 있는데, 그게 아니라 '물가 상승률만큼 원금을 올려주는 채권'이라는 것을 꼭 기억해야 합니다. 절세를 위해서 정말 중요한 부분이니까요. 우리나라에서도 2007년에 처음으로 발행됐지만 사람들이 이 새로운 투자자산을 잘 파악하지 못해 인기가 없었고, 그래서 발행이 뜸했습니다. 그러다가 2010년에 재발행됐고, 그마저도 초기에는 입찰자가 없어 대부분 완판을 못 했죠.

하지만 세월이 흐를수록 물가연동채의 인기는 더욱 높아질 가능성이 큽니다. 무엇보다 탁월한 절세 효과를 꼽을 수 있는데요. **일반적으로 이자소득에 대해서는 15.4%의 이자소득세가 붙지만, 현행법상 투자원금에는 세금이 붙지 않기 때문입니다. 바로 이 지점에서 물가연동채의 장점이 극대화됩니다. 물가연동채는 물가 상승률만큼 이자가 아닌 원금의 가치를 높여주기 때문이죠. 물가 상승에 따라 투자 원금이 늘어나더라도 늘어난 원금에 대한 추가 세금은 없습니다.**

세금을 전혀 내지 않는다는 말은 아닙니다. 만약 이자 10%에 1억 원짜리 물가연동채를 샀는데 물가가 10% 올랐다면, 원금이 1억 1,000만 원이 되겠죠? 그런데 늘어난 원금 1,000만 원에 대해서는 세금을 내지 않습니다. 즉 약정된 이자율 자체에는 변동이 없지만, 원금이 늘어나는 만큼 이자가 저절로 불어나는 방식인 거죠. 대신 10% 이자엔 당연히 세금이 붙습니다. 원금이 1억 1,000만 원으로 올랐으니 10% 이율을 곱하면 이자가 1,100만 원이 되죠? 이 이자에 대해서는 세금을 냅니다. 세금을 전혀 내지 않는 것이 아니라 덜 낸다는 겁니다.

물가 상승이 기다려진다고?

물가채는 원금을 올려주는 방식이기 때문에 명목상의 쿠폰 금리는 매우 낮은 편입니다. 그래서 증권사나 은행에서 고객들에게 물가채를 권유하면 대개 이런 반응을 보입니다.

"이자가 고작 이만큼이라고요? 세금을 적게 낸다더니……. 이 정도 이자를 받는 것보다는 세금을 더 내더라도 일반 채권이 낫겠어요!"

물론 물가가 오르지 않는 시기에는 맞는 말일 수도 있습니다. 하지만 물가가 오른다는 전제하에 이 부분을 좀 더 자세히 살펴보죠.

일반 국채의 이자율이 5%고, 물가연동국채의 이자율이 2%라고 해보겠습니다. 1년에 3%의 물가 상승률이 예상된다면 어떤 채권에 투자하는 것이 더 유리할까요? 5%짜리 이자를 주는 국채에 1억 원을 투자했다고 할 때, 누구나 기본적으로 15.4%의 세금은 내야만 합니다. 이자로 500만 원을 받아도 세금 77만 원을 제외한 423만 원이 실수령액이 되는 거죠. 만약 과세 등급이 높은 사람이라면 세율이 더 높을 테니 최대 절반 가까운 돈을 세금으로 내야 합니다.

하지만 물가연동채에 투자하면 물가가 올라서 받은 3%, 즉 원금 증가분 300만 원에 대해서는 세금을 내지 않습니다. 그러면 1억 300만 원에 대한 2%의 이자로 206만 원을 받고, 이에 대해 15.4%, 즉 31만 7,240원만 세금으로 내면 된다는 거죠. 결국 원금 증가분 300만 원에 세금을 뺀 이자 174만 2,760원이라는 이익을 챙길 수 있습니다.

그마저도 만약 자산이 많아서 세율이 50%를 넘어가는 사람이라면, 33%로 분리과세를 신청할 수도 있습니다. 분리과세라는 건 합산과세 항목에서 이것만 따로 빼서 세금을 내겠다는 뜻이죠? 즉 206만 원만 33% 과세로 종결한다는 말이기 때문에 206만 원의 33%인 67만 9,800원의 세금을 내면 끝난다는 말이죠. 고율의 세율이 적용되는 사람들에게는 아주 효과적인 절세 방법입니다.

실제로 2010년에 발행됐던 물가연동국채는 국채로서 안정적이기도 했고, 실효 이자율이 무려 8.89%나 됐습니다. 그 수익률은 물가지수를 3%로 고려한 것인데, 이후 물가가 4%대를 훌쩍 넘겼으니까 채권 투자로서는 대박에 가깝다고 볼 수 있죠.

투자 세계에서는 이처럼 좋은 기회를 몰라서 놓치는 경우가 많습니다. 공부도 하기 전에 주식이나 코인을 덥석 사기보다는, 다양한 투자 자산의 특징을 먼저 익히는 것이 정말 중요합니다.

지금 이 상승장이
착시 현상이라면?

뉴스에서 자주 접할 수 있는 '하우스'라는 말은 미국의 대형 투자은행들을 지칭하는 경우가 많습니다. 세계 3대 투자은행으로 불리는 모건스탠리, JP모건체이스, 골드만삭스 등이 대표적이죠. 그들의 주장이나 전망이 전반적인 공통점을 보인다면, 그런 말을 한 이유와 배경 그리고 시장에 어떤 영향을 미칠지를 살펴보는 것이 중요합니다.

2023년 2월, 시장이 상승했지만 공교롭게도 미국의 대표 하우스들은 입을 모아 비평했습니다. 모건스탠리의 최고투자책임자CIO이자 수석 전략가인 마이크 윌슨Mike Wilson은 "약세장의 착시 현상을 조심해야 한다. 우리는 최근 시장 강세를 믿지 않는다. 기업 실적이 부진할 것임을 확신하기 때문이다"라며 침체가 임박했다고 주장했습니다. 또한 대표적인 긍정론자로 분류되는 JP모건 역시 미슬라브 마테즈카Mislav Matejka 전략가의 분석을 통해 "만약 앞으로 몇 주 동안 주가가 상승한다면 이를 주식 비중 축소의 기회로 활용할 것을 권고한다. 시장은 마치 우리가 회복기 초기에 접어든 것처럼 행동하고 있지만, 연준은 아직 금리 인상을 중단하지도 않았다. 통상 이 같은 회복기는 연준이 금리를 인하한 이후에나 발생하기 때문에 주가 상승세는 곧 난기류에 직면할 것이고 주가 상승 시도는 좌초될 것이다"라고 경고했습니다.

주가가 상승했는데도 오히려 날 선 경고와 함께 비중 축소를 권유한 월스트리트의 하우스들. 도대체 이런 주장의 근거는 무엇일까요? 그리고 시장엔 어떤 영향을 끼칠까요?

⑤ 이런 상승은 착시 현상

이수   아버지, 2023년 2월 들어 주가가 잠시 주춤하는 모습을 보였지만 1월에는 꽤 많이 올랐잖아요. 비중 축소를 외친 하우스 뷰가 틀린 걸까요?

아버지   **이름 있는 분석가들이 어떤 주장을 할 때, 그들이 그렇게 생각하는 이유를 반드시 살펴봐야 해.** 이수는 1월에 주가가 상승한 가장 큰 이유가 뭐라고 생각하니?

이수   금리 아닐까요? 최근에 발표된 물가지표들이 하나같이 점점 약세를 보였잖아요. 특히 연준에서 가장 선호하는 PCE 물가는 2023년 1월 5.5%에서 5%까지 하락했어요. 이에 따라 터미널 금리가 5% 또는 4.75% 정도에서 머무를 수도 있겠다는 자신감 때문에 주가가 오른 게 아닌가 생각해요.

아버지 잘 봤어. 그럼, 하락하던 물가가 다시 오른다면 어떻게 되겠니? 기대했던 만큼 실망도 클 거야. JP모건이나 모건스탠리 등에서는 그런 점을 우려하는 것 같아. 지금 주식을 매도해야만 한다고 단정하기보다는 물가가 다시 오를 수도 있기 때문에 주의해야 한다는 말이지.

오로지 팩트만 가지고 본다면, 이미 유가는 좀 올랐어. 미국 비스포크 투자 그룹에 따르면, 미국의 전국 평균 휘발유 가격이 2022년 12월 22일 갤런당 3.096달러까지 내려갔다가 이후 대략 한 달 동안 바닥 대비 13%나 상승했거든.

이수 한 달 동안 13%라면 흔한 상승률은 아닌 거죠?

아버지 그렇지. **휘발유 가격은 계절성을 띠거든. 에너지 업체들은 난방유가 더 많이 소비되는 7~12월에는 휘발유를 줄이고 경유를 더 뽑아내. 하지만 1~6월에는 경유보다 휘발유를 더 뽑아내지.** 미국에는 '드라이빙 시즌driving season'*이라는 게 있는데 이때는 휘발유 소비가 더 많거든. 북반구에서 난방 수요가 덜한 시기에 정유 시설을 놀릴 수는 없으니까 드라이빙 시즌을 장려하는 거지. 하지만 **본격적인 드라이빙 시즌이 시작되기도 전에 1월부터 13%나 올랐다는 것은 쉽게 볼 문제는 아니지.**

이수 휘발유 가격이 한 달 동안 13% 오른 것은 팩트고 그만큼 물가도 다시 오를 가능성이 큰 것 같은데……. 휘발유 가격이 소비

● 휴가를 떠나는 등 자동차 운전이 많아지는 시기를 가리키며, 5월 말 데모리얼 데이부터 9월 초 노동절까지를 일컫는다.

자물가에 큰 영향을 미치나요?

아버지 휘발유만 보면 소비처가 자동차로 한정되겠지만, 석유 산업을 넓게 본다면 쓰레기통도 만들고 신발도 만들잖아? 그래서 광범위하게 소비자물가에 영향을 주지. 예를 들어 설명해볼게. 2022년 여름 CPI는 9.1%였어. 그 이후로 연준의 발언이 사나워졌고, 주가도 덩달아 많이 하락했지. 당시 휘발유 가격은 갤런당 5달러를 훌쩍 넘어섰어. 하지만 그해 12월에 CPI는 다시 6.5%까지 내려갔고, 휘발유 가격 역시 갤런당 3.1달러 아래로 하락했지.

결국 휘발유 가격이 CPI와 거의 동행했다는 말이잖아. 최근 전국 평균 휘발유 가격이 바닥 대비 13% 상승했다고 했으니까 1월 물가가 다시 오를 수밖에 없다는 것을 의미해. 실제로 클리블랜드 연방준비은행이 제공하는 인플레이션 예측 모델인 '인플레이션 나우캐스팅Inflation Nowcasting'은 1월에 CPI가 전월 대비 0.58% 오를 것으로 예측하기도 했어.

이수 2022년 12월엔 0.1% 하락했는데 한 달 만에 다시 0.58%나 오르는 거라면 많이 오르는 거네요. 물론 예상치니까 딱 맞을 순 없겠지만, 예상대로라면 약간의 시장 충격은 불가피하겠죠? 그런데 휘발유 가격이 왜 이렇게 많이 오른 거예요?

아버지 아마 중국의 리오프닝도 한몫했을 거야. 중국은 전 세계 비철금속 53%를 소비하고, 원유는 24%를 소비하는 나라야. 마침 춘절 대이동과 맞물리기도 했으니까 원유 소비가 많아졌을 거야.

이수 좀 걱정이 되긴 해요. 지금껏 글로벌 증시는 겨울이 오기 전 금리가 인하되거나 동결될 것이란 기대감 등으로 줄곧 상승해왔잖아요. 만약 나우캐스팅의 예상이 들어맞는다면, 그럼에도 터미널 금리를 5%로 볼 수 있을지 고민해봐야 할 것 같아요.

💲 명목 지표에 가려진 실질 지표를 살펴라

아버지 유명 하우스들이 조정을 주장하는 이유가 유가 상승이 전부는 아냐. 2023년 1월 말에 발표한 미국의 2022년 4분기 GDP는 멋지게 반등했지?

이수 네. 우리나라 GDP는 -0.4%로 역성장을 보였는데, 미국은 2.9%나 상승했어요. 그러면서 시장에서는 미국 경기의 소프트 랜딩soft landing●에 대한 기대치가 높아졌죠.

아버지 하지만 그렇게나 좋게 발표된 GDP도 오해가 많다는 거야. 모든 지표는 서브 지표까지 자세히 들여다봐야 해. 명목상의 수치와 실질 수치가 크게 다를 수 있거든. **명목상으로는 근사한 수치가 발표됐다고 하지만 S&P글로벌에서는 경제가 2021년 말부터 둔화하기 시작했고 지금은 하향 궤도를 그리고 있다고 평가했어.**

● 연착륙. 경기 과열 기미가 있을 때 경제 성장률을 적정 수준으로 조절하여 불황을 방지하는 것, 즉 성장세가 꺾이지만 급격한 둔화로까지 이어지지는 않는 것을 말한다.

심지어 GDP가 2023년 1분기에는 −1.9%까지 내려갈 수 있다고 예측하기도 했지.

이수 2.9% 상승이 −1.9%로 하락 반전된다고요?

아버지 지난 4분기에 GDP가 2.9%나 상승한 이유 중에서 절반 정도는 '재고 효과'였어. 팔리지 않고 단지 재고만 증가해도 기업들의 매출과 이익은 거래가 발생한 시점의 수익을 기록하는 '발생주의 회계원칙'에 따라 장부상의 이익과 비용이 이미 팔린 것으로 전제돼서 기장돼.

잘 팔릴 것을 예측해서 재고가 공격적으로 늘어난 거라면 매우 긍정적 시황이 되겠지만, 안 팔린 재고가 급증해서 수치가 좋아졌다면 그 재고를 소진하는 과정이 필요하지.

이수 그러면 그 재고가 어느 정도 팔릴 때까지는 재고 조정의 혹독한 시기가 올 수도 있겠네요. 투입량을 줄이고 해고가 증가할 수도 있고…….

아버지 그 외 다른 숫자들도 내용이 그다지 좋지 않았어. GDP를 구성하는 요소에는 개인 소비, 기업 투자, 정부 지출 그리고 순수출이 있지? 여기서 순수출은 '수출−수입'이니까, GDP가 좋아지려면 수출이 커지거나 수입이 줄어야 한다는 얘기지.

이 말은 이론적으로는 맞아.

하지만 미국은 기축통화국이기 때문에 반대로 해석해야 해. 경기가 좋을 때 미국 내 소비가 왕성해지고, 그 소비를 충당하기 위해서 외부로부터의 수입이 많아지지. 수입이 많아지면 순수출은 악

화되고 GDP를 까먹게 되지만, 실상은 경기가 좋아졌음을 의미하는 거야.

이수 GDP 구성 요인 중 하나인 순수출이 늘었어도, 그걸 좋다고만 해석할 순 없다는 말씀이죠? 기축통화국인 미국의 수입이 감소했다는 건 오히려 미국의 경기가 좋지 않았다는 뜻이니까요. 그래서 결론은 시장에서 바라보던 지표들이 실제로는 그다지 좋지 않았다는 거고.

아버지 간단히 정리해보자. 우선 사람들은 물가가 계속해서 조정을 받으리라고 믿고 있었잖아? **하지만 이미 유가는 올랐어. 그와 연동해서 소비자물가에 영향을 주기 시작했다는 점은 분명한 팩트지. 이 상태에서 유가가 조금 더 오르면 심리적으로 압박을 받을 수밖에 없을 거야.** 물론 CPI 바스켓에서 에너지의 비중은 고작 3.7%밖에 안 돼. 하지만 물가와 유가는 동행하는 성격이 있기 때문에 영향이 있을 수밖에 없겠지? **또한 GDP가 좋게 나와서 소프트 랜딩에 대한 기대치가 컸었잖아. 하지만 세부 지표들은 침체를 가리키고 있었다는 말이지.**

고객들에게는 종합주가지수 2550포인트에서 2595포인트 사이에서 비중을 70%까지 줄여놓으시라고 권고드렸어. 나머지 30%는 채권에 투자하시라고 했지.

이수 하지만 '비중을 줄인다'라는 말 자체가 현재 시장을 부정적으로 본다는 의미로 해석할 수 있지 않을까요?

아버지 6:4 전략, 그러니까 주식 60%에 채권 40%가 기본적인 상황에서의 가장 기본적인 전략이라는 걸 떠올려봐.

이수   그럼 그보다는 많은 70%니까, 비중을 좀 줄였어도 아직은 시
장을 좋게 보신다는 뜻이네요.

 핵심 요약

- 미국 월스트리트 하우스들의 분석이 한 방향을 향할 땐, 그만한 이유가 있음을 분명히 기억하자. 2023년 1월, 반가운 주가 상승에도 하우스 뷰가 주가 하락에 무게를 둔 이유는 바로 서브 지표에서 찾을 수 있다.

- 연준이 선호하는 물가지표인 PCE 가격지수가 하락했음에도, 이례적으로 오른 휘발유 가격이 시장에 충격을 줄 것으로 예상됐다. 근사한 수치를 기록한 미국의 4분기 GDP는 사실 재고 효과로 인한 신기루나 다름이 없었고, 오히려 경기가 나빠 소비가 줄어듦으로써 수입이 감소한 데 따른 상황임을 서브 지표를 통해 알 수 있었다.

- 반짝 상승에 들떠 휘둘리지 않으려면 하나만 알고 둘은 모르는 반쪽짜리 투자가 아니라, 헤드라인 수치와 함께 서브 지표까지 꼼꼼히 살피는 습관을 들여야 한다.

주식을 보유할까, 팔까: 물가지표 제대로 보기

2023년 2월, 연달아 발표된 CPI와 생산자물가지수Producer Price Indes, PPI 가 시장의 예상치를 크게 넘어서면서 물가 하락에 대한 기대치가 다시 줄어드는 모습을 보였습니다.

이에 금리는 다시 치솟기 시작했죠. 이와 함께 주가가 조정을 보일 것이란 예측도 더욱 많아졌는데, 심지어 모건스탠리의 마이크 윌슨 전략가는 '데스존death zone'이라는 표현까지 써가면서 주식 매도를 권고했습니다.

이처럼 혼란한 상황에 주식을 계속 보유하는 게 맞을까요? 아니면 지금이라도 팔아야 하는 걸까요? 어떤 이정표를 참고해 결정하면 좋을지 알아보겠습니다.

💲 변동성 커질 땐 물가지표를 볼 것

아버지   이 세상 모든 결과에는 반드시 원인이 존재해. 마찬가지로 시장이 조정을 보일 때도 반드시 그 원인이 있는데, 우선 그것부터 찾아야겠지? 물론 초보 투자자들이 찾을 수 없을 만큼 매우 복잡한 이유로 주가가 하락하는 경우도 종종 있어. 하지만 대개는 주가가 하락하기 전 어떤 이벤트들이 있었나, 어떤 지표들이 발표됐나를 살펴보는 등 조금만 관심을 가지면 알 수 있는 경우가 훨씬 더 많아.

이수야, 넌 2023년 2월 중순 이후 주가의 변동성이 커진 이유가 뭐라고 생각해?

이수   주가의 변동성이 커질 때는 여러 가지 복잡한 이유가 있겠지만, 이번엔 2023년 2월 발표된 CPI에 주목할 필요가 있다고 생각해요. 시장의 예상치를 벗어났으니까요. 곧바로 발표된 PPI마저 전월 대비 0.7%나 상승하면서 예상치였던 0.4%를 크게 웃돌았어요. 이후로 금리가 속등했고 주가가 하락했으니까, 최초 원인은 물가지수 때문이라고 볼 수 있지 않을까요?

아버지   맞아. 그러니까 어지간하면 주가 하락 이유는 다 알 수 있지? 그런데 지금부터가 중요해. 아버지가 넥타이를 너무 세게 매서 목이 아프다고 해볼까? 그러면 어떻게 해야 목이 편안해질 수 있을까? 물을 마시면 될까? 아니야. 당연히 넥타이를 풀어야 목이 편해지지. 마찬가지로 주가도 하락의 원인이 제거되어야만 상승할 수 있겠지?

그럼, 차근차근 시작해보자. **먼저 왜 물가가 예상치를 크게 넘어섰는지를 알아야 해. 그 원인이 밝혀지면 다음은 이 원인이 언제쯤 해소될 수 있는지를 고민하는 단계로 넘어가야 하지.** 물론 이건 개인 투자자들이 하기가 좀 어려워. 그래서 나와 같은 전문가들이 필요한 거야. 평소에 눈여겨보던 전문가가 어떤 이야기를 하는지를 들어보고 시장을 판단하는 게 좋다는 거지.

우선 이수가 최근 주가 변동성의 이유가 물가지표라는 점을 다시 한번 증명해줄래? 모든 주장에는 논리가 뒷받침되어야 하니까 말이야.

이수　2023년 2월, 물가지표들이 발표된 직후부터 채권 시장의 변화가 시작됐어요. CPI 발표 직후에 터미널 금리가 5.25~5.5%에 이를 확률이 52%로 껑충 뛰었는데, PPI 발표 직후에는 확률이 더 올라서 58%까지 상승했고요.

아버지가 PPI는 왜곡이 비교적 덜해서 좀 더 중요하게 생각하신다는 말씀을 해주신 적이 있는데요. 그 중요한 PPI가 이번에 시장 예상치를 너무 크게 벗어난 거죠. 이후로 금리는 계속 오름세를 유지했어요.

2023년 2월 23일 수요일 새벽 기준으로 2년물 금리는 4.733%까지 상승했어요. 물가지표 발표 전보다 50bp 이상 오른 거죠. PPI는 CPI보다 선행하는 특징이 있기 때문에 당분간 CPI가 진정되기는 쉽지 않을 거라는 우려마저 생겨났는데요. 물론 러시아의 신전략무기감축협정New START(뉴스타트) 중단 소식과 같은 몇 가지 악재가 더 있기는 했지만, 최근 주가 변동성에는 물가지표가 90% 이상의 원인일 것으로 생각해요.

아버지 잘했어. 특히 시장에서는 빠르게 하락하는 물가지표를 기대하고 있었잖아? 연준의 무자비한 금리 인상에 CPI가 빠르게 둔화하고 있었으니까. 특히 2023년 2월에는 파월의 '디스인플레이션disinflation'이라는 워딩까지 등장하면서 터미널 금리 수준이 5% 내외가 될 거라는 기대가 생겼었는데, 두 가지 물가지표가 예상을 뒤엎는 수준으로 발표되면서 그 기대에 찬물을 끼얹은 셈이지.

이수 디플레이션deflation과 디스인플레이션은 어떻게 다르죠?

아버지 **디플레이션은 말 그대로 물가가 하락하는 것을 말하고, 디스인플레이션은 물가가 상승하긴 하지만 상승률이 점차 둔화하는 것을 말해. 지금은 디플레이션이 아닌 디스인플레이션의 시대라고 볼 수 있지.**

💲 물가지표, 그대로 믿어도 될까?

아버지 이런 경우 다음 단계는 발표된 PPI나 CPI에 왜곡이 있거나 그 밖의 문제가 있었는지 보는 건데, 이럴 땐 서브 지표를 살피라고 했지?

서브 지표를 확인하기 전에, 제롬 파월이 중요하게 보는 게 CPI
일까, PCE 지표일까?

이수 개인소비지출, 즉 PCE를 더 중요하게 보죠. CPI는 왜곡이 비교
적 많으니까요. 2월 24일에 PCE 발표가 있는데, 벌써부터 겁이
나요. 시장은 두 가지 의견으로 갈려 있는데요. 한쪽은 1월 물
가가 예상보다 빠르게 하락하지 않는다는 점이 CPI로 확인된
만큼 시장에 미치는 영향이 크지 않으리라고 전망하고 있어요.
그리고 다른 한쪽은 서비스 물가가 여전히 강한 모습을 보이기
때문에 CPI보다 PCE 가격지수의 상승 폭이 상대적으로 더 클
것으로 전망하고요. 〈월스트리트저널〉에 따르면 이코노미스트
들은 1월 근원 PCE 가격지수가 전달보다 0.5% 올라서, 그 이
전의 0.3%보다 상승 폭이 더 커질 것으로 예상해요.

아버지 그래? 그럴 수도 있지. 그런데 말이다. 두 지표의 서브 지표를
보면 각각의 가중치가 다르거든. **예를 들어 상품 물가라면, CPI
와 PCE 가격지수의 가중치가 22%로 비슷해. 둘 사이에 다를 게
없다는 말이지.** 문제는 임대료인데…… 임대료는 CPI에서는
3분의 1가량을 차지하지만 PCE에서는 고작 15% 정도를 차지
하거든. 지난번 CPI가 상승하는 데 임대료가 상당 부분을 차지
했다면 어떻게 해석할 수 있겠니?

이수 15%도 적은 비중은 아니지만, 그래도 CPI에 비해서는 비교적
완만한 증가세를 보일 수도 있다는 거네요?

아버지 그렇지. 아무래도 임대료의 가중치가 절반도 안 되니까.

이수 물가지표를 구성하는 비중이 각각 다르다는 건 알았지만, 임대료에서 이 정도로 차이가 날 줄은 몰랐네요. 그렇다면 2월 24일에 발표될 PCE 가격지수는 지난번 CPI가 시장을 놀라게 했던 만큼은 아닐 수도 있을 것 같아요.

아버지 세부 항목을 봐야 알겠지만 적어도 임대료 부분만큼은 CPI에 비해 좋은 숫자를 보여줄 가능성이 크겠지? 더 중요한 것은 **어쨌거나 CPI도 6월이 지나면 점차 안정될 것으로 생각된다는 점이야. 미국 부동산 전문 플랫폼 질로우**Zillow**에 따르면, 신규 임대료는 12월까지 3개월간 연율로 3%가량 하락했거든.** 연준의 가파른 금리 인상으로 대출 금리가 오르면서 주택 시장이 위축됐기 때문이지. 매우 끈적Sticky해서 쉽게 꺾이진 않겠지만, 이 정도 속도라면 늦어도 2023년 6~9월 정도에는 충분히 안정될 것으로 보여.

이수 그런데 현재는 서비스 인플레가 더 문제라는 말도 있어요. 파월 의장이 최근 주목하는 부분이기도 하고요. 실제로 파월은 **"근원 서비스 물가가 여전히 4% 근방이다. 이것이 하락할 때까지 우리는 해야 할 일이 많이 남았다"**라고 얘기했어요.

아버지 현재로서는 그것도 6~9월 정도면 안정될 수 있을 거라고 생각해. 서비스 물가가 오르는 이유 중에 가장 큰 문제는 노동력 부족이거든. 민간 부문 근로자들의 시간당 임금이 연율로 4.6% 올랐는데, 이게 타이틀 42와 관련이 있다고 했잖아.

이수 예고대로 타이틀 42가 5월 11일에 폐지된다면 안정될 수도 있겠네요. 타이틀 42란 남미의 불법 이민자들을 즉시 멕시코로 내몰 수 있는 법안으로, 연간 40만 명 정도의 저임금 노동자들이 본국으로 추방되면서 수년간 공급이 그만큼 감소할 수밖에 없었는데요. 결국 타이틀 42는 급여 인상의 주요 원인 중 하나가 될 수밖에 없었겠죠.

아버지 참! 한 가지만 더. 시장은 똑똑하다고 했지? 지금까지 우리가 나눈 이야기가 대부분 반영되고 있는 것 같아. 이번 우리 대화의 주제는 2023년 6월 이후에는 물가가 순해질 수 있다는 거잖아?

그런데 시장은 보통 6~12개월 먼저 반영한다고 했어. 그래서인지 이번에는 금리가 50bp나 올라도 시장은 과거에 비해 크게 조정받지 않았어. 2022년까지만 해도 금리가 조금만 상승해도 주가가 큰 폭으로 조정을 보이곤 했는데 말이지.

주가가 조정을 크게 받지 않았다는 것은 이미 6월 이후에 물가가 순해질 수 있다는 점을 선반영했다는 말이 되겠지?

그뿐만이 아니야. 이머징의 위험 선호도를 보여주는 신흥시장 국채권지수EMBI+ 스프레드도 대체로 온건했고, 신용 위험의 정도를 보여주는 신용 스프레드도 오히려 안정되는 모습을 보였어. 이처럼 **위험 지표들이 안정적이라면 더더욱 금리 때문에 주가가 조정받을 경우 조금 더 확신을 가지고 매수 신호로 활용할 수 있을 거야.**

핵심 요약

- 주가 변동성이 커졌을 땐 발표된 물가지표를 살펴보자. 물가지표에 가장 큰 영향을 끼친 요인을 찾는다면, 투자 결정에 아주 합리적인 근거를 마련할 수 있을 것이다.

- 2023년 2월 중순 이후 주가 하락의 원인으로 작용한 소비자·생산자물가지표는 주거비와 서비스 물가라는 요인에 영향을 받았고, 다행히 이 둘은 비교적 빠른 시일 내에 안정될 가능성이 크다. 이 사실을 아는 것만으로도, 다가올 조정을 위기가 아닌 기회로 보는 선구안을 갖게 되는 셈이다.

호재와 악재는
어떻게 구분할까?

장세별 통하는 전략 마스터

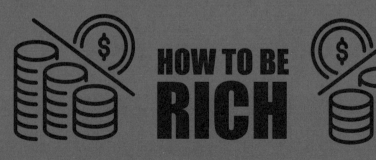

HOW TO BE
RICH

키치kitsch라는 단어는 체코의 소설가 밀란 쿤데라Milan Kundera가 사용한 후 유행어가 됐다더구나. 한마디로 '겉으로는 그럴싸해 보이는데 실제로는 이도 저도 아닌', '겉모양은 매우 고급스러워 보이는데, 속은 저속한' 정도의 의미라고 해.

증시에서도 '키치스러움'이 자주 등장한단다. 겉으로는 호재인 것 같은데 속으로는 악재인 경우도 많고, 분명 악재로 인식했는데 주가가 오르는 경우도 많아. 이런 오류에 빠지지 않으려면 명목보다는 실질을 판단하는 능력을 키워야만 하지.

사람들이 좋다고 추앙하는 종목일수록 속 빈 강정인 경우가 많거든.

오히려 기회!
하락장 즐기는 법

오르는 종목에는 반드시 이유가 있습니다. 그래서 우리는 오르는 이유를 찾아 종목을 선택하죠.

2022년 4월 말 발표된 자동차 실적은 시장 여건을 고려할 때 굉장히 놀라운 수준이었습니다. 자동차 시장을 억눌러왔던 국제 공급망 충격이라는 악재, 특히 차량용 반도체 공급에 어려움이 있던 상황에 좋은 실적이 발표되자 사람들은 공급망 충격이 해소됐다고 판단할 수밖에 없었죠. 같은 기간 우리나라뿐만 아니라 미국의 제너럴모터스GM 등 각국 자동차 회사들의 실적 역시 좋아지고 있었고요. 하지만 놀라운 실적에도 불구하고, 시장이 다시 흔들리면서 투자자들의 혼란을 가중시켰습니다.

이처럼 시황은 자주 바뀌는데요. 전쟁과 같은 예상치 못한 일은 연속해서 새로운 악재를 터뜨리고, 오를 거라고 생각했던 종목마저 주가가 하락하게 합니다. 혼란스러운 시장에선 어떤 전략을 짜야 할까요?

💲 위기와 무관한 종목을 찾아라

아버지 이수야, 성격이 좀 예민한 편이니?

이수 음……. 예민한 편인 것 같아요. 주변 영향을 많이 받기도 하고, 눈치도 엄청나게 빠르거든요.

아버지 그런가? 난 잘 모르겠던데……? 아무튼 우리나라 시장도 굉장히 예민하고 민감해. 국토가 작고 자원이 없으니까 먹고살기 위해 해외에서 중간재나 원자재를 사 온 다음에 가공해서 수출하는 산업 구조로 되어 있잖아. 그 때문에 더더욱 국제 정세에 민감하게 움직일 수밖에 없지. 하나의 부품에서만 문제가 생겨도 전체 밸류 체인이 흔들리니까 말이야.

물론 매우 길게 본다면 2022년 중반 현재 자동차 관련주는 매력적인 가격대야. 외국인들도 아직 전기·전자는 매도 중이지만 운수·장비는 매수하기 시작했잖아. 그런데 2022년 5월 1일자 〈월스트리트저널〉에 따르면, 러시아 의회에서 비우호적 국가에 대해 러시아 내 자산을 몰수할 수 있게 하자는 법안을 발의하겠다고 했어. 서방이 러시아의 해외 자산을 몰수했던 것처럼 말이야.

이수 하지만 그렇게 하면 러시아는 정말 국제적으로 왕따가 될 테니까, 저는 무시해도 되는 뉴스라고 생각했거든요?

아버지 네 말이 맞아. 거의 무시해도 되는 뉴스로 보여. 하지만 국제 정세라는 것이 늘 생각대로만 되는 것은 아니거든. 언제든 돌연 문제를 만들 수 있다는 것을 이해해야 해.

이수   그러면 자동차도 매수하지 말라는 말씀인 건가요?

아버지   아니야. 내가 볼 때도 사고 싶은 가격에 와 있어서 사실 매력도를 비교 중이야. 조만간 1~2개 편입할 예정이야. 다만, 편입한다고 하더라도 지금부터 무조건 상승해야 한다는 강박을 버리라는 말이지. 국제 정세는 언제든 예고 없이 변할 수 있으니까.

이수   좀 더 효과적으로 종목을 선정하는 방법이 없을까요? 그나마 안전하다고 믿었던 미국의 빅테크도 넷플릭스나 메타의 낙폭을 보면 진짜 한숨이 나와요. 2022년 4월 마지막 주에는 생필품을 주로 취급하기 때문에 비교적 안전할 거라고 했던 아마존마저도, 높아진 인건비 때문에 실망스러운 실적을 발표하고 14%나 하락했죠.

아버지가 주식 투자를 시작하신 게 1985년이라고 하셨으니까, 이런 경험을 해보셨겠죠? 도대체 이런 시기에는 무엇을 기준으로 하고, 뭘 사야 하는 거예요?

아버지   나라고 사는 종목이 다 오르는 건 아니야. 이런 시기에는 나도 힘들지. 고민하고 고민해서 모델 포트폴리오에 올려도 모두 적중할 수는 없어. 대략 몇 가지 기본적인 기준을 세워두고는 있는데, 이수도 물론 다 아는 거야. 지금 시장을 억누르는 요인이 구체적으로 뭐니? 원자재를 포함한 모든 물가가 급등하는 게 문제지? 그러면 물가에 영향을 덜 받거나, 원자재를 구매하지 않아도 되는 회사를 찾으면 되겠지. 어떤 게 있을까?

이수　통신주나 금융주 정도를 생각해봤어요. 이런 업종은 원자재를 사 올 이유가 없으니까 원자재 가격 폭등에도 그다지 영향을 받지 않을 테고, 기존에 구축된 설비나 인프라 등을 활용해서 이익을 뽑아낼 수 있으니까요.

아버지　좋아. 이수도 잘 아네. 가장 고통을 주는 게 뭔지를 찾아냈다면, 그다음에는 거기에 영향을 받지 않는 것을 찾는 거야. 누구나 할 수 있는 일이지. 그럼, 하나 더 보자. 지금 가장 고통스러운 게 물가라면 그 물가 상승을 즐기는 업종도 있겠지? 예를 들어 깊은 바다에서 엄청난 수압을 견디며 사는 물고기도 있듯이 말이야.

이수　물가 상승을 즐긴다면, 실질 가치를 가진 원자재 관련주……? 저는 러시아-우크라이나 전쟁 탓에 상승한 국제 곡물에 조금 더 눈이 더 가는데요.

　　　한국은 곡물 관련주가 없으니까……, 그렇다면 대체재로 비료 관련주?

아버지　그것 봐. 생각하면 다 떠오르게 돼 있어.

하락장 즐기는 '버핏식' 투자법

이수　고통을 주는 게 뭔지를 먼저 찾고, 그 영향을 받지 않는 업종과 아예 그 고통을 즐길 수 있는 업종을 찾아라? 하지만 그게 딱 떠오르지 않는다거나 어려울 수도 있잖아요. 또 다른 방법은 없을까요?

아버지 버핏식 스타일도 좋아. 버핏은 시장에서 가장 오래 생존한 명인이잖아. 그가 지금까지 전설로서 살아남아 있는 만큼, 그의 투자법이 생존 가능성을 높이는 방법이 될 수 있겠지?

이수 2022년 4월 30일에 미국 오마하에서 버크셔해서웨이의 연례 주주총회가 열렸어요. 팀 쿡Tim Cook 애플 CEO, 제이미 다이먼 Jamie Dimon JP모건 CEO 등 재계 리더들이 초청된 것만 봐도 정말 대단한 행사임을 알 수 있죠.

아무튼 **버핏식 투자라면, 시장이나 남들의 시각은 신경 쓰지 않고 자신의 기준에 따라 주가가 싸졌다고 판단되면 사는 거잖아요?**

아버지 그렇지. 버핏이 뭘 샀다고 했니?

이수 컴퓨터 관련주인 IBM을 매수했다고 했어요. 현재 일반적인 하우스 뷰는 컴퓨터 관련주의 하락을 내다보고 있잖아요? 그럼에도 버핏은 그런 보고서는 전혀 아랑곳하지 않고 크게 베팅했는데, 그게 버핏 스타일이라면 선뜻 따라 하기가 쉽지 않아요.

아버지 그게 버핏 스타일의 핵심이야. 지난 금융 위기 때도 그랬다고 했지? 금융 위기니까 모두 금융주를 매도했어. 하지만 버핏은 JP모건이 망한다면 미국도 망하는 거라면서 엄청난 비중으로 매수했지. 당시에는 다들 드디어 노망났다면서 그를 놀렸지만, 결국 그가 이겼어.

2022년 1분기에만 애플 주식을 추가로 7,600억 원어치나 매수했다더라. 코카콜라처럼 **기본 수요가 늘 있는 회사, 그래서 망하지 않을 만한 회사가 시장의 일시적 위기로 급락하면 그에게는 고마운 바겐세일 기간이 되는 거야.**

이수 이번 버크셔해서웨이 주총에서 "변동성이 커진 시장 환경이 투자 대상을 찾는 데 도움이 됐다"라고 얘기했는데, 그런 의미였던 거네요. 공포 국면에서 급락이 나오면 대부분 걱정하고 속상해하는데 버핏은 오히려 이런 환경을 즐기는 거군요. 아무튼 버핏은 좀 다른가 봐요. 하락해도 속상해하지 않고, 공포감도 안 느끼고…….

아버지 버핏도 사람인데 왜 공포감이 없었겠니? 지난 2009년에 버핏 자신도 공포에 질려서 더 많은 종목을 담지 못했다고 얘기한 적이 있어. 하지만 그런 공포는 항상 일시적이고 결국 증시는 상승한다는 것을 한두 번 겪은 게 아니겠지? 그때마다 버핏은 다짐하고 또 다짐했을 거야. '쌀 때 사두자!'라고 말이야. 버핏은 주가가 오른다고 추격하는 경우는 거의 없어. 현금을 든 채 인내심을 가지고 기다리다가 큰 하락이 오면 들고 있던 현금을 왕창 퍼붓지.

핵심 요약

- 언제, 어떤 이유로 시장에 악재가 찾아올지 예상하거나 막을 수 있는 사람은 없다. 다만 우리는 악재가 찾아올 때를 대비하고 악재가 찾아왔을 때 비껴가면 될 일이다. 다양한 종목이 즐비한 시장에서 악재와 무관한, 위기를 즐길 만한 종목을 보유하면 된다는 얘기다. 이를 위해서는 시장을 억누르는 문제가 무엇인지 알고 있어야 한다.

- 이 방법이 어렵다면 월스트리트의 전설 워런 버핏의 투자법을 기억하자. 바둑에서 '대마大馬는 죽지 않는다'라는 말이 있듯, 수요가 일정하고 꾸준한 대기업은 쉽게 망하지 않는다. 만약 또다시 예상치 못한 악재가 찾아와 휘청인다면, 그동안 사고 싶었던 우량 주식을 싸게 살 수 있는 '바겐세일' 기회로 여겨도 좋을 것이다.

하락을 기다리는
숏 포지션 괜찮을까?

주식 투자로 수익 내는 방법이 오를 주식을 매수하는 것만 있는 건 아닙니다. 주가가 하락할 것으로 예상된다면, 하락에서 수익을 내는 '숏 포지션'을 구축할 수도 있죠.

비관론이 가득했던 2023년 5월, S&P500 선물 시장에서의 숏 포지션은 지난 2011년 10월 이후 최고치에 달했습니다. 우리나라 역시 심상치 않았습니다. 2023년 4월 중 개인 투자자들의 채권 순매수는 월별 사상 최고 기록인 4조 5,526억 원을 찍었습니다. 조만간 시장이 붕괴한다는 소문이 무성하다 보니 '안전한 채권이나 잔뜩 사두자'라는 판단이 작용한 것으로 보입니다.

갈수록 숏 포지션이 증가하는 상황인데요, 이성적인 판단을 내리기 위해서는 시장을 어떻게 해석해야 할까요?

🔵 악재에 베팅하는 청개구리들

이수　2023년 4월 29일, 미국의 기술주 하락 베팅에서 헤지펀드들이 180억 달러, 우리 돈으로 24조 1,400억 원이 넘는 평가 손실을 기록했다는 〈파이낸셜타임스〉의 보도가 있었어요. 이 정도도 엄청난데, 만약 주가가 더 오르면 이들의 손실은 더 커지겠죠? 평소라면 벌써 손절매했을 텐데, 왜 아무런 조치도 안 하고 손실을 방치하는 걸까요?

아버지　믿는 구석이 있어서겠지. 2023년 5월 현재, 시장에서는 주가가 오를 것으로 생각하는 사람을 찾아보기 힘들어. 시장에서 지금 회자되는 악재를 늘어놓으면 거실이 가득 찰걸? 이수가 생각나는 대로 악재를 한번 말해볼래?

이수　음……. 당장 생각나는 건 미국 지방은행들 악재, 얼마 남지 않은 X-데이트x-date* 악재, 그리고 고질적인 인플레로 인한 하반기 경기 침체 예상 정도예요.

아버지　내가 주식 시장에 40년 가까이 있으면서 지금처럼 비관론이 컸던 적은 손가락으로 꼽을 만큼밖에 안 되거든? 그러면 호재는 어떤 게 있을까?

이수　비관론이 워낙 팽배한 게 유일한 호재라면 호재일까요? 하지만 워낙 악재가 뚜렷하고 강력하다 보니 선뜻 매수하기가 쉽지 않

● 의회의 부채한도 협상이 결렬되고 정부가 지출을 감당하지 못해 미국이 기술적 디폴트에 빠지는 날

다는 게 문제예요. 어쨌든 현재는 주가가 곰실곰실 오르고 있잖아요. 숏 포지션을 구축한 투자자라면 아주 속이 타들어 갈 것 같은데요. 아버지가 말씀하신 '믿는 구석'이라는 게 시장에 널려 있는 이런 악재들을 가리키는 건가요? 그래서 숏 커버●를 자제한다는 말씀인가요?

아버지 응. 하락 포지션을 들고 있는 사람들은 '뭔가 악재 하나만 터져라. 그러면 본전 다 찾고 이익이 날 거다'라는 생각을 하고 있을 거야. 하나씩 정리를 해보자.

우선 2023년 5월 2일 재닛 옐런이 소득세가 유입된 이후의 재무부 계정Treasury General Account, TGA을 점검하고 X-데이트를 다시 설정해서 발표했지?

이수 네, X-데이트라는 건, 미국 정부의 지불 능력이 상실되는 디폴트 예정일을 말하죠. 그날이 2023년 6월 1일이에요. **그것 때문에 1~3개월물 채권 금리가 오르고 그 밖의 만기물은 내리고 있는데, 이런 현상은 시장이 이미 부채한도를 걱정하기 시작했음을 의미하죠.**

아버지 어디 그뿐이겠니? 미 국채 1년물 기준 CDSCredit Default Swap(신용부도스왑) 프리미엄이 140bp까지 확장됐어. 과거 부채한도 위기 당시에 기록했던 80bp를 2배 가까이 넘어서고 있다는 것은, 현재 상황이 매우 위협적이라는 뜻이야.

● 숏포지션을 청산하는 것. 예를 들어 주가 하락을 예상해 공매도를 했을 때, 반등이 예상되면 주식을 다시 사들이는 것을 말한다.

이수 그래도 부채한도 타협이 이뤄지지 않은 적은 지금까지 한 번도 없었잖아요.

아버지 당연하지. 부채한도 문제는 터지기만 하면 메가톤급이라고 보면 돼. 말 그대로 미국이 부도가 나는 거니까. 부도 직전까지만 가도 시장은 엄청나게 하락하거든. 실제로 지난 2008년 9월 세계 금융위기 당시에도 다우지수가 하루에 700포인트나 급락했어. 당시 다우지수가 1만 포인트 주변이었으니까, 하루 하락률이 무려 7%에 달했다는 말이지.

이수 헤지펀드들이 그런 점을 잘 알고 있기 때문에 하락 포지션을 구축한 거라는 얘기군요? 또 그런 일이 벌어질 수도 있다는 계산 때문에?

아버지 그렇겠지. 이번에도 양당 간의 기 싸움이 팽팽하기 때문에 주가가 한번 호되게 하락한 다음에야 타협이 이루어질 것으로 생각하는 것 같아. 지금은 좀 물려 있지만 주가가 한 번만 거세게 하락해준다면 충분히 포지션을 청산할 수 있으리라고 보는 거겠지.

하지만 내 생각은 좀 달라. 지금은 많은 것이 바뀌었어. 게다가 이런 일이 벌어져서는 안 된다는 점 때문에 **미국의 국채 원리금은 의회의 동의 없이도 대통령령으로 무조건 상환한다는 법이 만들어졌거든. 미 국채의 부도 가능성은 이제 제로에 가까워졌다는 거지.** 합의에 실패한다면 과거처럼 큰 폭락이 동반된다든가 미국의 신용도가 하락한다든가 그 외 여러 가지 지출에 문제야 생기겠지만, 뭐 그런 일은 이제 없다고 봐야겠지.

이수 만약 실현된다면 초대형 악재가 되겠지만 실현될 가능성이 거의 제로에 가깝다, 따라서 지금 시장에서 주목받고 있는 X-데이트 문제는 딱히 걱정할 게 없다는 말씀인 거죠?

아버지 그렇지.

$\circledS$ 정말 악재가 맞는지 확인하는 법

이수 그러면 은행 위기는 어때요? 은행 위기에 대한 원인 치료는 '은행기간대출프로그램Bank Term Funding Program, BTFP'을 가동하면서 모두 완료됐지만, 뱅크런bank run(대규모 예금 인출)과 관련된 악재와 심리적인 문제가 남았는데요. 2023년 5월 1일 퍼스트리퍼블릭 은행이라는 또 하나의 은행이 역사의 뒤안길로 사라졌어요.

아버지 그렇기는 하지. **하지만 지방은행들이 연준에서 차입한 금액이 2023년 5월 첫 주부터는 현저하게 줄었다는 사실을 간과해서는 안 돼.** 은행 위기가 어느 정도인지를 측정할 때 가장 중요한 단서는 어디를 찾아봐야 한다고 했지?

이수 연준의 자산 상태를 나타내주는 재무상태표죠. 아버지 말씀대로 한번 찾아봤는데요. 지난 2023년 5월 5일 미국의 경제 매체 마켓워치에 따르면, 7영업일 동안 은행들의 연준 차입금은

810억 달러까지 줄었어요. 1,552억 달러였던 전주보다 절반 정도로 급감한 거예요. 이에 대해 씨티은행 이코노미스트들은 **"퍼스트리퍼블릭을 고려하면, 연준 대출은 거의 변화가 없었는데 이는 주식 시장의 새로운 우려에도 은행의 유동성 총수요가 안정적이라는 것을 시사한다"**라고 해석했어요.

하지만 이게 심리적인 문제라는 점 때문에 위기가 언제든 다시 불거질 수 있다고 하셨잖아요. 워런 버핏도 은행 위기는 아직 끝나지 않았다고 말했어요. 특히 팩웨스트 뱅코프 같은 중소 은행들의 주가는 50% 하락했다가, 다시 80% 오르기도 하고……. 이런 모습을 보면 여전히 심리적인 위험에서 벗어나지 못했다고 생각돼요.

아버지 그렇기는 하지. **하지만 정말 심리적인 문제야. 중요한 것은 연준 재할인 창구**Discount Window, DW**를 통한 은행 차입은 53억 달러로 직전 주의 739억 달러보다 감소했고, BTFP를 통한 은행들의 차입은 총 758억 달러로 직전 주의 813억 달러보다 감소했다는 점이야. 나는 적어도 은행 위기가 이미 정점은 지났다고 생각해.**

재할인 창구와 BTFP는 미국의 은행들이 예금 인출 사태 등으로 현금이 부족해졌을 때 보유하고 있던 국채를 담보로 긴급하게 돈을 빌릴 수 있는 창구를 말해. 물론 BTFP는 헤어컷(평가 절하)이 전혀 없기 때문에 사정이 많이 악화된 은행들이 돈을 빌릴 수 있는 창구이고, 재할인 창구는 비교적 재무 상태가 건강한 은행들이 돈을 빌릴 수 있는 창구라는 차이점이 있지만, 두

곳 모두 차입이 큰 폭으로 감소했으니 적어도 은행 위기가 이미 정점은 지났다고 볼 수 있지.

이수 아버지 말씀대로 은행 위기가 계속 반복되어도 미국 시장은 꽤 견고한 편이죠? 심지어 은행이 네 번째로 사라졌음에도 주가는 크게 동요하지 않았으니까, 적어도 은행 위기가 정점을 지났다는 말씀이 맞는 것 같아요. 이제 미국 상업용 부동산 이야기를 좀 해주세요.

아버지 그것도 명목상으로는 여전히 시한폭탄이지. 2023년 4월 27일, 〈월스트리트저널〉이 미국 서부 샌프란시스코의 22층짜리 사무용 건물을 소개한 적이 있어. 샌프란시스코 금융 지구, 그것도 중심가에 있는 이 건물의 가치는 코로나19 직전인 2019년에 3억 달러로 평가됐거든?

이게 최근에 매물로 나왔는데, 매도 희망 가격이 6,000만 달러 수준으로 내려앉았어. 4년 전에 비해 가치가 무려 5분의 1로 급락했다는 건데, 그도 그럴 것이 이 건물의 공실률이 75%나 되거든.

이수 와! 3억 달러에서 6,000만 달러까지 하락했다면 진짜 심각하네요. 코로나19 이후로 재택근무가 일반화돼서 상업용 부동산이 힘들다는 건 알고 있었는데 그 정도일 줄은 몰랐어요.

그뿐만이 아니라, 미국 은행 웰스파고는 상업용 부동산 담보대출 중에서 원리금 상환에 문제가 발생한 대출 규모가 2022년 1분기 1억 8,600만 달러에서 4분기에 7억 2,500만 달러까지 급증했다고 해요. 상대적으로 재무 구조가 취약한 지역 은행들이 상업용 부동산 대출을 늘려왔기 때문에 미국 중소형 은행들에 새로운 뇌관이 될 수 있다는 우려가 끈질기게 제기되고 있어요.

아버지 하지만 상업용 부동산에 대한 노출도가 높은 은행들은 이미 대부분 역사 속으로 사라졌어. 지금 남아 있는 은행들은 그보다는 주택모기지담보대출유동화증권Residential Mortgage-Backed Securities, RMBS, 즉 주거용 모기지에 대한 노출이 높은 은행들이라서 큰 고비는 넘겼다는 생각이야. 게다가 은행들로만 문제가 전이되지 않는다면 시스템 위기에 빠지지는 않아. 퍼스트리퍼블릭처럼 그냥 하나의 기업이 부도가 났을 뿐이고, 다른 은행들에 위험이 전가되지 않기 때문에 과거 금융 위기와 같은 큰 악재로 볼 필요는 없어.

이수 그렇다면 설령 또 다른 은행이 부도가 난다고 해도 시스템 위기는 아니라는 말씀인 거죠?

아버지 그렇지.

이수 그러면 마지막으로, 고용 시장 동향은 어떤가요?

아버지 이번 고용 동향 발표에서도 봤겠지만 뜨거웠던 고용 시장이 조금씩 둔화하는 건 사실이야. 특히 영구 실업자가 2023년 2월부터 빠른 속도로 증가하고 있는데, 아마도 남쪽 국경이 열리면서 생긴 현상으로 보여. 5월에 남쪽 국경이 완전히 열리면 이런 현상은 좀 더 가속화될 가능성이 크다고 했지? 실제로 그런 일이 벌어지기 시작한 거야.

혹시 '삼의 법칙'에 대해 알고 있니? 실업률의 3개월 이동평균이 지난 12개월 동안 가장 낮았던 때보다 0.5%p 상승하면 침체가 온다는 이론이거든. 헤지펀드들은 실업률이 그렇게 오르리라고 판단하고 있고, 그리된다면 이제 곧 주가 하락이 시작될 것으로 생각하고 있는 것 같아.

이수　만약 하반기에 실업률이 오르면, 헤지펀드들이 손실 없이 빠져나갈 기회가 한 번쯤 올 수도 있겠네요?

아버지　글쎄, 그건 누구도 알 수 없지. 지금은 정상적인 상황이 아닌 고인플레이션의 시대니까 말이야. 사실 실업률이 높아진다고 해서 시장의 생각처럼 무조건 위험하다고 단정할 수는 없어. **고인플레 시대에 실업률이 오르면 초기에는 주가가 하락하지만, 중기 이후에는 반대로 상승하는 속성이 있거든.**

하이퍼인플레이션hyperinflation(초인플레이션)의 시대에는 거시 지표의 흐름을 달리 해석해야 해. **일반적인 상황에서는 금리가 오를 때 주가도 덩달아 상승하고, 오히려 금리가 내리기 시작하면 주가가 하락하지. 그래서 이때 주식 비중을 현저하게 낮추고 채권 비중을 높이는 게 맞아. 하지만 인플레 시대에는 정반대로, 금리가 내릴 때 주가가 주로 상승해.**

그런 원칙이 실업률에서도 마찬가지로 적용되지만, 약간의 수정이 필요해. 실업률의 흐름과 주가의 방향이 금리처럼 완전히 정반대로 가는 것은 아니거든. 일단 초기와 중기 이후의 흐름이 조금 다르게 전개된다는 특징이 있어. **실업률이 상승하는 초기에는 주가가 단기간의 조정을 받지만, 중기적으로는 오히려 상승하지.**

이수　초기와 중기 이후로 나누어 움직인다고는 하지만, 궁극적으로는 금리처럼 반대로 해석하는 것이 맞겠네요. 실업률이 상승한다고 해도 주가가 중기적으로는 오를 수 있다는 말씀이니까요. 그러면 헤지펀드들이 하락 포지션에서 손실을 더 볼 수도 있다는 의미가 되나요?

아버지　시장에 워낙 악재가 많다 보니까 나도 장담하기는 어려워. **하지만 적어도 헤지펀드들이 지금 굳게 믿고 있는 악재들은 거의 시장에 반영됐거나 그다지 힘이 없는 악재가 될 수도 있다는 생각이야.** 헤지펀드들이 먹이 사슬의 최고위에 있는 것은 사실이지만, 그들의 생각이 너무 한 방향으로 쏠리면 오히려 시장은 반대로 가는 경우가 더 많았어.

심지어 워런 버핏마저도 현금 비중을 늘렸다고 하는데……. 지금처럼 비관론이 만연하는 시기에 함부로 하락에 베팅하는 것은 오히려 위험하다고 봐.

핵심 요약

- 하락에 투자하려 한다면 소문에 휘둘리지 말고 진짜 악재를 구분해야 한다. 모두가 악재라고 알고 있는 사실은 정작 악재가 아닐 가능성이 더 크다. 지금이 은행 위기라고 막연히 판단하는 대신, 연준의 재무상태표를 살피자. 은행 차입이 이전보다 줄고 있다면 은행 위기의 정점을 지났을 가능성이 크다. 미국 상업용 부동산에 대한 노출도가 높아 위험한 은행들 또한 이미 역사 속으로 사라져 더는 시한폭탄의 역할을 하고 있지 않다. 실업률 상승 역시 중기적으로는 오히려 주가 상승으로 이어진다는 점에서 무조건 위험 신호로 단정할 수는 없다. 빠르게 변화하는 시장에서는 악재조차 변화무쌍하다는 사실을 기억하자.

- 악재가 많을 때는 주가가 하락할 수 있다. 다만, 이미 시장에 충분히 반영된 묵은 악재는 아닌지 판단해봐야 한다. 신선하지 않은 악재로 주가가 하락했다면 짧은 하락으로 끝날 가능성이 크기 때문에 이는 오히려 가격이 낮아진 주식을 매수할 기회로 활용할 수 있을 것이다.

- 오르는 것보다 내리는 것에 베팅하는 것이 더 어렵다. 비관론이 커지는 시기에 함부로 시장의 하락에 베팅할 경우 커다란 리스크로 돌아올 수 있으니 더욱 신중하게 투자를 결정해야 한다.

침체 공포 속
상승장에 올라타는 법

주식 시장이 침체 국면이란 증거는 곳곳에서 쉽게 찾을 수 있습니다. 특히 경기 선행 지수에서 가장 많은 부분을 차지하는 장단기 금리 스프레드가 2023년 6월 기준, 역전된 지 무려 1년이 넘은 상태입니다. 그러나 정작 공식적인 침체 여부를 선언하는 전미경제연구소National Bureau of Economic Research, NBER는 시장을 침체로 판단하지 않았습니다. 장단기 금리 스프레드가 역전됐음에도 침체가 1년 동안 선언되지 않은 건 지난 1966년 이후 50여 년 만에 처음 있는 일입니다.

　침체인 듯 침체 아닌 침체 같은 시장, 이럴 때는 어떤 전략을 짜야 할까요?

💲 진짜 경기 침체가 되기 위한 조건

이수 2023년 6월을 기준으로 경기와 관련된 대부분 지수가 경기 침체를 가리키고 있고, 또 대부분 경제학자가 무려 2년째 경기 침체를 주장해왔어요. 그럼에도 아직 경기 침체가 정식으로 선언되지 않는 이유가 있나요?

아버지 이수야, 네가 생각하는 경기 침체는 어떤 모습이야?

이수 음, 아버지처럼 직접적으로 겪어본 적은 없지만 경기 전반적으로 분위기가 굉장히 암울하고 심적으로나 체력적으로나 힘든 모습이 아닐까요? 개인이 침체 때문에 처할 수 있는 상황 몇 가지를 생각해보자면……. 직장에서 해고당하는 사람이 많아질 테니까 주머니 사정이 많이 어려워지겠죠? 그건 구매력 감소로 이어질 것이고, 부채 등 재정 스트레스도 늘어날 테고, 은퇴나 저축 문제도 당연히 생기겠죠. 이 외에도 아주 다양한 측면에서 불확실성을 보인다는 게 제가 생각하는 침체의 모습이에요.

아버지 그래. 그럼 지금은 어떤 것 같아?

이수 아버지랑 침체에 대해서 여러 차례 이야기를 나눴지만, 사실 저도 아직 잘 모르겠어요.

아버지 네 질문이 '왜 아직 정식으로 침체가 선언되지 않느냐'였지? 이것저것 설명하자면 너무 어렵고 길어지니 아주 간단히 답변하자면, 아직은 고통스럽지 않기 때문이야.

일반적인 침체는 정말 고통스러워. 이수 말대로 고용 시장이 척박

해지고, 일거리가 없으니까 노동자들의 주머니를 풍족하게 채울 수가 없겠지? 소비가 감소하면 공장들은 가동률을 낮출 수밖에 없기 때문에 다시 또 노동자들을 해고하고……. 그런 악순환에 빠지게 되지. 하지만 지금은 어때? 그만큼 고통스러운 것은 아니잖아.

이수야, 그럼 소비 시장을 평가해볼래?

이수   소비는 전혀 줄지 않았어요. 2023년 5월 마지막 주에 발표된 PCE 가격지수에서도 소비가 여전히 왕성하다는 게 드러났어요. 아, 지난 팬데믹 때 너무 많은 돈을 뿌려서 그 돈이 지금도 소비 여력으로 남아 있는 것으로 보여요.

아버지   그러면 실업률은 어떤 상황이야?

이수   실업률도 같은 기간 여전히 3.4%로 역대 최저 수준이에요. 이 정도 수치라면, 일할 마음만 있으면 얼마든지 일자리를 찾아서 돈을 벌 수 있는 정도의 시장이라고 할 수 있을 것 같아요.

아버지   침체는 고통이 수반돼야 한다고 했지? NBER에서는 이렇게 고통이 없다면 침체는 아니라고 판단한 것 같아. 남쪽 국경을 틀어막은 여파로 실업률이 매우 낮은 수준을 유지하고 있고, 게다가 미국은 리쇼어링 정책으로 공장들이 더 많이 지어지고 있어.

이수   그러니까요. 금리가 이렇게나 높은데도 새로운 공장이 매일 지어진다고 해요. 긍정적인 GDP 성장은 전형적으로 경제가 침체기에 있지 않다는 것을 보여주는 핵심 지표잖아요? 기업들의 투자도 GDP 구성 요소에서 굉장히 중요한 부분인데요. 특히 기업 투자가 많아지고 그렇게 해서 설치된 설비에서 일하는 사람들이 많아지면, 당연히 노동자들의 주머니 사정이 좋아지고 GDP의 70%를 차지하는 소비와 직결되겠죠?

아버지　그 말은 현재 활발하게 진행되고 있는 투자가 머지않은 미래에 미국의 GDP를 열심히 키우는 역할을 하게 된다는 뜻이잖아. 그래서 GDP의 70%를 소비가 차지하지만, 경기 사이클은 '투자'로 결정되는 거야.

이수　그렇다면 미국에서는 얼마나 많은 투자가 진행 중인 거예요?

아버지　시장에서는 지금 뭘 걱정하고 있니? 지방은행 문제 때문에 '대출 태도 악화'가 3분기까지도 이어질 거라는 전망이 중론이잖아. 그럼에도 미국에서 IRA Inflation Reduction Act(인플레이션 감축법) 법안이 통과된 직후인 2022년 9월부터 투자 증가 폭이 커지기 시작했거든. 2023년 5월 말에는 전년 동월 대비 40% 수준을 돌파했어. 투자가 이렇게까지 증가 추세인데, 단지 금리 스프레드가 역전됐다는 것을 이유로 경기 침체에 빠졌다고 할 수 있을까?

⑤ 앞으로 10년, 주가는 오른다

이수　물론 복잡한 여러 가지 지표를 봐야겠지만, 아버지가 침체 여부를 판단하기 위해서 시장을 분석하실 때 가장 중요하게 생각하고 참고하는 지표는 어떤 거예요?

아버지 나라고 특별한 것에 중점을 두지는 않아. 예전에는 장단기 금리 차이, 실업률, 소비를 봤는데 **지금은 고인플레이션 시대이기 때문에 장단기 금리 차이는 실효성이 없어. 그래서 실업률과 소비를 주로 보는 편이지.**

이수 실업률과 소비, 딱 그 둘만 본다면 아직까지는 침체가 아니라고 생각할 수밖에 없는 상황인 것 같아요. 그러면 앞으로는 어떻게 될까요?

아버지 우선 남쪽 국경이 열렸으니까 조만간 실업률은 오를 거야. 2023년 여름 이후에는 본격적으로 실업 문제가 떠오르지 않을까 싶은데, 그러면 서서히 경기 침체가 선언될 수도 있겠지? NBER이 가장 중요하게 생각하는 것이 뭐라고?

이수 아버지와 마찬가지로, 실업률이죠.

아버지 그래. **실업률이 오르면 NBER이 침체를 선언하든 안 하든, 시장에서는 선언할 수 있다고 보기 때문에 주가는 잠시라도 조정을 보일 수 있어. 하지만 조정이 온다면, 매수의 기회가 될 것으로 생각해.** 실업률이 오르면 연준은 금리를 내릴 준비를 본격적으로 시작하기 때문이야. 그때부터는 금리 인하에 대한 기대치가 생겨나지만, 반면에 시장은 다시 인플레 효과를 반영하면서 상승하게 되거든.

이수 아, 고물가 시대에는 다르게 해석한다고 했죠? 일반적인 경기 상황에서는 '삼의 법칙'에 따라서 실업률의 3개월 이동평균선이 지난 12개월 동안 가장 낮았던 때보다 0.5%p 오르면 본격적으로 주가가 하락하지만, **고물가 시대에는 물가가 매우 중요한 이슈이기 때문에 실업률이 주가를 영원히 끌어내리지 못한다**고 얘기해주셨잖아요.

그러면 마지막 질문! 고물가 시대라고 하니까 생각난 건데요. 자잿값도 2배 오르고 인건비도 2배 올라서 판매 가격 역시 2배로 올릴 수밖에 없다면, 과거에 비해서 매출과 이익이 함께 2배로 커져서 결과적으로는 실적이 줄어들지 않는다고 하셨잖아요. 그걸 '물가 효과'라고 했는데, 앞으로의 시장에서 물가 효과를 얼마나 기대해볼 수 있을까요?

아버지 내가 주식 투자를 처음 시작했을 때 대학생이었는데, 부모님의 금전적인 도움을 받지 않고 자가용을 끌고 다녔거든? 그 정도로 수익이 정말 많이 났어. 앞서도 말했듯이, 스스로 고수라는 착각 속에 살았을 정도로 내가 선택한 주식은 한동안 계속 오르기만 했어. 하지만 당시 내가 거둔 수익은 내 실력 덕분이 아니었지. 단지 닉슨 대통령의 금 태환 금지 이후로 발행된 무제한의 달러가 장시간에 걸쳐 물가 효과를 만들어냈기 때문에 주가가 계속 올랐던 거야.

지금도 똑같아. 내 생각이 맞는다면, 물가 효과는 아주 장기간에 걸쳐 천천히 드러날 것으로 생각해. 선진국의 중앙은행들이 GDP 증가율 대비 너무도 많은 돈을 찍어냈기 때문에 간헐적인 조정이야 있겠지만, 앞으로 7~10년 정도는 물가 효과로 인한 주가의 장

기적 상승이 유지될 거라는 생각이야.

이수는 지금 현금 보유 비율이 얼마나 되니?

이수 8:2 정도인 것 같아요. 현금 비율이 2 정도?

아버지 현금이 8이라는 줄 알고 깜짝 놀랐네. 잘하고 있어. 지금은 뭐든 실물자산에 투자할 때라고 백 번은 말했으니까.

 핵심 요약

- 시대가 변했고, 경기 침체의 조건도 달라졌다. 장단기 금리 역전 현상이 1년째 지속 중이지만, 이것만으로 침체를 논하긴 이르다. 고물가 시대인 지금은 이보다는 실업률과 소비를 집중해서 살펴보자. 소비가 줄면 기업 매출이 줄고, 매출이 줄면 기업의 해고가 늘어나 다시 실업률이 높아지는, 시장에 고통을 불러오는 악순환이 이어진다. 그때를 진정한 경기 침체로 볼 수 있다.

- 지금 시장은 어떤가? 소비는 건재하며 실업률도 역대 최저 수준이다. 물론 미국의 남쪽 국경이 열린다면 실업률은 점점 오를 테지만, 이때의 하락을 침체로 보지 않고 매수의 기회로 삼는 편이 좋겠다. 고물가 시대에서만 찾아볼 수 있는 '물가 효과'가 아주 장기적으로 주가의 상승을 이끌 가능성이 매우 크기 때문이다.

코스피를 대하는 외국인들을 살펴라

2023년 상반기 외국인직접투자 Foreign Direct Investment, FDI 금액이 역대 최대 규모를 기록했습니다. 전년 동기 대비 54%, 무려 170억 9,000만 달러(약 22조 2,375억 원)가 증가한 겁니다. 그중 가장 높은 증가율을 보인 건 제조업으로, 특히 첨단 산업 분야인 반도체 그리고 이차전지에서의 증가 폭이 가장 컸습니다. 하지만 같은 시기, 이들을 제외한 국내 대부분 종목은 사실상 순매도 상태나 다름없었죠.

외국인들의 편식 투자, 이유가 뭘까요? 반도체를 제외한 국내 다른 종목들은 왜 부정적으로 바라보는 걸까요?

반도체만 사들인 외국인, 왜?

이수 　아버지, 외국인들이 코스피를 어떻게 바라보는지 궁금해요.

2023년 상반기에 외국인 투자 금액이 역대 최고치를 달성했다고는 하지만 2023년 6월만 해도 우리 증시에서 빠져나간 외국인 자금이 1조 원이 넘어요. 그럼에도 매도세를 비껴간 종목이 바로 반도체였단 말이죠. 반도체를 제외한다면, 외국인들은 국내 종목을 부정적으로 보는 것 같은데 실제로 그런가요?

아버지 **우리 시장에 대한 외국인들의 부정적인 생각은 파생 시장의 포지션을 통해 간단히 알 수 있어.** 6월 만기 이후로 선물의 순매도 포지션이 약 2만 2,000계약이나 되는데, 이와 더불어 미결제 약정●도 함께 증가했기 때문에 신규 매도 포지션일 가능성이 커.

그뿐만이 아니라 옵션에서도 풋옵션put option ●● 매수가 많기 때문에 주로 하방 위험에 대비하는 모습이라고 볼 수 있어. 현물에서도 6월 들어 거래소 기준 9,000억 원가량이 순매도 우위인데, 반도체를 제외하면 순매도 규모는 2조 7,000억 원까지 늘어나지.

이수 외국인들이 반도체만 좋아한다면 생각나는 게 아무래도 AI예요. 사실상 미국의 빅테크들은 대부분 AI 관련주이기도 하고요.

● 파생 거래에서 청산되지 않고 남아 있는 계약. 예를 들어 주가가 상승할 것 같아서 콜옵션 10계약을 매수했다면 미결제 약정이 10개 증가한다. 다시 주가가 다시 하락할 것 같아서 풋옵션 10계약을 매수했다면 미결제 약정은 또다시 10개가 증가할 것이다. 하지만 풋옵션 매수 대신 기존의 콜옵션을 청산할 수도 있는데, 그러면 미결제 약정은 10개 감소한다. 즉 새로운 거래를 시작할 때 미결제 약정이 증가하고 그 거래를 청산할 때 미결제 약정이 감소한다는 뜻이다.
●● 옵션거래에서 특정한 기초자산을 만기일이나 만기일 이전에 미리 정한 행사 가격으로 팔 수 있는 권리

그래서 미국에서도 빅테크만 중점적으로 상승했던 게 아닌가 싶어요.

아버지 잘 봤어. 반도체에서도 엔비디아 같은 비메모리 수혜주들이 일찌감치 상승을 이끌었어. 반면 삼성전자나 SK하이닉스 같은 메모리 업체들은 다소 소외되는 분위기였는데, 2023년 7월 현재는 메모리 업황이 바닥을 통과했다는 인식과 더불어서 비메모리와 키 맞추기 반등이 진행 중이야.

하지만 딱 거기까지야. 시장에 대한 평가가 그다지 좋지 않은 시기이기 때문에 외국인들은 2023년 2월 이후부터 반도체를 제외한 대부분 종목의 비중을 축소해왔어. 아무래도 연준의 긴축 강화로 위험자산에 대한 기피 현상이 생겼을 테고, 또 한국은 중국이랑 상관도가 높은데 중국 경기가 좀처럼 반등하지 못했잖아. 그런 경기의 특성을 고려해서 우리나라에 대한 전반적 매도를 결정하지 않았을까 생각해.

이수 그러면 반도체는 AI에 대한 기대치 정도가 있는 거고, 나머지 종목은 오래 지속된 침체에 따른 두려움이 반영됐다고 볼 수 있겠네요? 외국인들이 전반적으로 시장을 좋지 않게 본다면, 앞으로 증시가 조정받을 가능성이 커지는 건가요?

아버지 음, 그럴 수도 있겠지만 오히려 이런 불길해 보이는 시황이 주가의 장기적 관점에선 긍정적이라고 생각해. 2022년부터 이미 금융 시장 참여자들은 침체에 대비해왔지? 장단기 금리 스프레드가 역전된 상황이 1년째 지속됐고, 최근에는 더욱 심해져서

100bp를 넘어섰어. 연준은 금리를 단기간에 5.25%까지 상승시켰지만 끈적끈적한 핵심 물가는 잘 통제되지 않고……. 그래서 아직 한두 차례의 금리 인상이 적절하다는 주장을 하고 있잖아?

지금까지는 설령 침체가 아니었다고 해도 앞으로는 침체 가능성이 크다고 대부분 전문가가 입을 모으고 있어. 다들 안 좋다고 하니까, 당연히 주식과 채권 시장에서도 자금이 유출됐지. 그러다가 최근에는 채권 시장을 중심으로 자금이 유입됐어. 돈이 주로 채권 시장에 들어왔다는 게 무슨 의미인지 아니?

이수 주가의 조정을 염두에 두고 있다고 볼 수 있겠죠? 채권은 만기 **보유 전략**buy and hold strategy **상품이죠. 즉 만기까지 보유하면 원금 손실이 없고, 부도가 나지 않는 한 이자와 원금을 온전히 수령할 수 있잖아요.** 다만 이익이 작기 때문에 경기가 좋을 때는 주식이, 나쁠 때는 채권에 대한 선호도가 높아지죠.

아버지 맞아. 물론 주식 시장 내에서도 그나마 자금이 유입되는 곳이 있기는 했는데, 필수 소비재나 유틸리티 같은 경기 방어적 업종들뿐이었어. 필수 소비재는 말 그대로 필수적인 소비재야. 이수는 만약에 경기가 침체되면 치약이나 비누를 덜 쓰겠어? 아니지? 경기 침체에도 사용량이 거의 줄지 않는 것들이 필수 소비재야. 마찬가지로 경기가 침체된다고 해도 전기·가스는 사용하겠지? **투자자들은 경기가 좋다고 생각하면 민감주를 매수해. 그런데 사람들이 필수 소비재나 유틸리티를 매수한다면, 경기 침체를 기정**

사실로 받아들인다는 증거지.

이수 증시가 제법 많이 올랐잖아요? 그래서 부정적인 관점이 많아진 건 아닐까요?

아버지 증시가 올라서라기보다는 저점에서나 지금이나 생각이 크게 변화하지 않았다고 보는 편이 나을 거야. 미국개인투자자협회 American Association of Individual Investors, AAII 회원들을 대상으로 조사한 결과에 따르면, 바닥이었을 때와 비교해서 현재 주식 비중이 크게 늘지 않은 것으로 밝혀졌거든.

프로 투자자라고 딱히 다르지 않아. 미국 액티브active● 펀드 매니저들의 주식 노출도나 뱅크오브아메리카에서 실시하는 글로벌 매니저 서베이를 봐도 개인 투자자들의 심리 상태와 거의 비슷해. 미국 S&P500 지수에 대한 선물 옵션도 매도 포지션이 아직 우세한 것으로 집계됐어. 그만큼 주가가 상승할 거라고 생각하는 사람이 매우 적은 거야.

〔$〕 불길한 시황 뒤 강력한 매수 기회가 온다

이수 일부 심리 지표를 보면 지금이 탐욕 구간이라서 주가 조정이 있을 거라는 주장도 있는데요. '공포 탐욕 지수Fear & Greed Index'

● 펀드 매니저의 판단하에 자금을 적극적으로 운용해 투자하는 것

라는 심리 지표를 보니까 82p를 고점으로 반전 하락해서 2023년 7월 첫째 주말 74p까지 하락했다가, 7월 4일에는 79p로 다시 꽤 올라왔어요.

아버지   아, 그 지표는 그럴 수 있어. 옵션에서의 거래량이나 상승 및 하락과 관련된 요소들을 넣어 만든 지표거든.

이수야, 주식 시장에서 프로와 아마추어의 차이가 뭔지 아니? 프로는 리스크를 관리할 줄 알고 아마추어는 관리할 줄 모른다는 점이지. 최근 프로 투자자들이 선물 매도 포지션을 강화해 놓았다고 말했지? 만약 하락 포지션을 잔뜩 쌓아뒀다면 실패했을 때 타격이 크겠지? 그래서 최근 콜옵션 외 가격으로 헤징을 해뒀거든. 말 그대로 리스크 매니지먼트지.

앞서 네가 말한 '공포 탐욕 지수'는 콜옵션 계약이 급증하면 덩달아 커지게 설계돼 있어. 심리 지표도 어떤 요인을 바탕에 두느냐에 따라서 결과물이 다를 수 있다는 말이야. 심리 지표 중에서 가장 신뢰할 수 있는 것은 결국 주식을 팔았느냐 샀느냐가 되겠지?

이수   어쨌거나 2023년 들어 주가가 제법 상승했고, 프로 투자자들의 주식 비중은 여전히 작고 선물 매도 포지션도 여전히 우세한 걸로 집계됐는데 왜 장기적으로 긍정적이라는 거예요?

아버지   네가 현 상황을 잘 이해하지 못하는 이유는 시장의 단면만 봐서 그래. 눈을 좀 더 크게 뜨고 보자. 프로 투자자들의 주식 비중이 작은데, 그건 주가 하락을 염두에 둔 전략 아니냐는 질문부터 살펴보자.

프로 투자자들의 주식 비중은 주가가 많이 올라서 줄어든 게 아니야. 주가가 오르지 않았을 때부터 이미 줄어들어 있었고, 2023년 7월까지 주가 상승이 이어지면서도 그들은 늘리거나 줄이지 않았다는 점을 이해할 필요가 있어.

이수 저는 주가가 저점 대비 20% 이상 반등했기 때문에 주식을 정리했다고 생각했어요. 그런데 그게 아니라 주식을 바닥에서 이미 매도하고 늘리지 않았다는 말씀이죠?

아버지 그러면 이수야, 이렇게 생각해보자. 프로 투자자들은 지금 주식 시장이 하락할 거라고 강하게 생각한다고 쳐. 그런데 이미 매도를 했기 때문에 당장 내다 팔 주식이 많지 않아. 주식 시장의 궤적은 직선이 아니니까 언제든 조정이야 있겠지만, 혹여 주가가 조정을 보이더라도 매도할 물량이 없으니 낙폭은 제한되겠지? 그러면 반대의 상황은 어떨까? 어떤 이유로든 주가가 상승을 지속한다면? 프로 투자자들의 포트폴리오가 비었으니까 그걸 채워야 하는 상황이 온다면 상승 폭이 제법 크겠지? 그래서 중기적으로는 이런 비관적 시황이 긍정적이라고 볼 수 있다는 거야.

이수 아버지 말씀은 걱정 대신 주식을 보유하자는 뜻인 것 같은데요. 하지만 주변을 아무리 둘러봐도 주가가 오를 테니 매수하자는 사람을 찾아보기가 어려워요. 여전히 비관론투성이거든요? 투자 전문 매체 〈배런스〉는 상승 종목의 좁은 폭breadth과 높은 밸류에이션이 하반기 증시 하락을 야기할 거라는 경고가 이어지고 있다고 보도했는데요, "상반기 미국 증시 랠리는 IT 메가캡megacap tech●을 중심으로 이루어졌다. S&P500 지수는 연초 대비 16% 상승했지만, 러셀1000Russell1000 가치주 지수의 상승 폭은 4%를 밑돌았다"라고 정리했어요. 그냥 빅테크 몇 종목만 상승했다는 푸념이죠.

CIBC의 데이비드 도나베디안David Donabedian CIO는 "상반기 S&P500 지수는 8개의 메가캡과 492개의 저조한 종목으로 구성됐다고 할 수 있다. 하반기에 492개 종목이 메가캡 상승 폭을 따라잡기 위해서는 미국 경제가 연착륙하고 인플레이션이 2%로 하락하면서도 경기 충격이 가해져서는 안 된다. 이런 일은 거의 불가능에 가깝기 때문에 미국 증시는 상승세가 중단되거나 하락 반전을 경험할 가능성이 크다"라고 주장했어요.

딱 8개 종목만 강세를 보였고, 이런 일이 계속될 수는 없으니까 나머지 492개 종목이 따라 올라와야 하는데, 그러기 위해서는 경제가 연착륙해야만 하고……. 그게 불가능하니까 조정을 받을 수밖에 없다는 취지로 말한 것 같아요.

아버지 그들의 주장 일부는 맞아. 몇 개 종목만 상승하는 이상한 시장이 만들어졌지. **미국은 지금 AI에 대한 기대치로 액티브 자금이 딱 AI와 반도체로만 유입되잖아. 그러다 보니 포트폴리오에 반도체가 있고 없고의 차이가 매우 큰 시기라고 볼 수 있겠지. 나스닥이 32% 오를 때 다우지수는 4%밖에 오르지 못했으니까 말이야.**

● 애플, 마이크로소프트 등 시가총액 2,000억 달러 이상의 초대형 기업을 말한다.

우리나라도 마찬가지야. 시황이 암울하다 보니 패시브 자금은 들어올 엄두도 못 내고 오히려 매도하고 있지. 오로지 액티브 자금만 선별적으로 유입되고 있는데, 액티브 자금은 전체 프로그램 매매 중에서 20%에 불과해. 그에 비해 훨씬 더 큰 규모인 패시브가 매도하기 때문에 우리나라에서도 반도체를 빼면 대부분 매도로 잡히는 거야. 시장 참여자들이 시장을 너무 안 좋게 생각하고 있기 때문에 그런 현상이 나타나는 거지.

 핵심 요약

- 외국인들의 반도체 사랑은 투자 관점에서 매우 합리적이다. AI에 대한 기대치가 반영된 반도체를 제외하고 나머지 코스피 종목들을 위험자산으로 판단한 것이다. 연준의 긴축 강화에 따라 위험자산을 피하기 시작했고, 마침 경기가 나쁜 중국과 높은 연관성이 있는 코스피 종목에 대해서 전반적인 매도를 결정한 것이다.

- 하지만 외국인들이 불황이라고 여길지언정 국내 투자자에겐 중기적으로 기회일 가능성이 크다. 관건은 전문 투자자다. 이미 훨씬 전부터 이들은 시장을 비관하고 주식 보유 비중을 대폭 줄였다. 그 때문에 주가가 더 내려가더라도 낙폭은 매우 제한적일 것이며, 반대로 다시 주식 보유 비중을 늘리는 상황이 온다면 상승 폭은 그만큼 더 커질 것이다. 코스피를 편식하는 외국인의 투자 흐름에 주목해야 하는 이유가 이것이다.

물가 상승이 가져다준 기회

2023년 7월 14일, 미국 S&P500 지수가 15개월여 만에 4500선을 돌파했습니다. S&P500 지수가 4300을 넘어서면 숏 커버가 강하게 시작될 거라는 예상이 있었지만, 예상만큼의 강한 상승이 없었던 이유는 아직까지도 월스트리트 대다수 전문가가 S&P500 지수를 비롯한 미국 증시가 추가 상승하기보다는 조정을 받을 것으로 예상하기 때문입니다.

CNBC가 월스트리트의 톱 시장 전략가 열다섯 명을 대상으로 조사한 자료에 따르면, S&P500 지수의 연말 평균 전망치는 4227로 현저히 낮습니다. 심지어 씨티그룹 전략팀은 2023년 7월 10일, 미국 증시의 2023년 말 S&P500 지수 목표치를 4000으로 낮추기도 했습니다. 연말까지 무려 20%의 조정을 받게 될 거라는 다소 우울한 전망이죠.

바닥 대비 주가가 많이 올랐음에도 대다수 전문가는 비관적인 입장을 유지하고 있는데요. 그들이 간과한 사실은 없을까요?

ⓢ 대부분이 간과한 '물가 효과'

아버지 비관론자들이야 늘 비관적으로 말하니까 그럴 수 있다고 쳐. 하지만 몇 안 되는 낙관론자들마저 돌아서는 분위기지? 2022년 10월 뉴욕 증시 저점을 정확하게 예측했던 몇 안 되는 사람 중 하나이자, 2023년 목표치를 가장 높게 제시한 인물이 있어. 바로 야데니리서치 회장 에드워드 야데니Edward Yardeni인데, 그조차도 투자자들에게 주가가 하락할 수 있다는 취지의 경고 메시지를 보냈어.

S&P500 지수는 뜨겁다. 나스닥은 더 뜨겁다. 시장에서는 증시가 너무 과열됐을 수 있다는 우려가 증폭되고 있고, 이는 뉴욕 증시 붕괴의 발판이 될 시장 폭락의 조건을 만들 수 있다.

이수 전문가들이 왜 한결같이 부정적인 전망을 내놓는 걸까요?

아버지 **전문가들은 숫자로 말하는 사람들이야. 주가는 오르지만 수익이 따라와 주지 않는다고 생각하기 때문이지.** 2023년 3월에 미국에서 지방은행 위기가 있었잖아? 그 때문에 연준은 또다시 유동성을 풀 수밖에 없었고, 하락장 속에서의 반등장이 연장됐다고 믿는 거지. 그러니까 수익성 개선 없이 단지 유동성이 주가를 끌어올렸다는 거야.

숫자로 표현하자면 현재 S&P500 지수의 PER은 향후 12개월

EPS Earning Per Share ●전망치 기준 19.6배 수준에 달하거든. 역사적으로 매우 높은 수준이지. 고평가됐으니까 당연히 주식을 팔아야 한다고 믿을 수밖에 없지.

이수 시장이 고평가됐다는 주장들에 대해서 아버지 생각은 어때요?

아버지 전혀 틀린 말은 아니지만, **물가 효과를 이해하지 못하고 있다는 생각이야.**

월스트리트의 유명한 전문가들 중에서도 물가 효과를 제대로 체험해본 사람은 거의 없어. 적어도 1970~1980년대에 주식 투자를 해봤어야 물가 효과를 알 텐데, 그런 사람이 얼마나 되겠니? **기업들의 실적은 물가 효과가 작용해서 우리가 예상했던 것보다 더 클 거라는 게 내 생각이야.**

이수 예를 들어 100만 원에 팔던 휴대전화 원자잿값이 10% 올랐다면 회사가 휴대전화를 그냥 100만 원에 팔 수는 없을 거 아니에요?

회사는 소비자에게 봉사하지 않을 테니까 당연히 물가가 오른 만큼 가격을 전가하겠죠. 즉 휴대전화 가격은 110만 원이 될 거예요. 그렇게 결론적으로는 매출도 이익도 10%씩 오르게 된다는 게 바로 아버지가 말씀하신 물가 효과죠?

● 주당순이익. 기업의 순이익을 발행한 주식 수로 나눈 것으로, 기업이 1년 동안 1주당 얼마나 많은 이익을 창출했는지를 분석하는 데 활용된다.

💲 강력한 매수의 시기, 실적장세

아버지 맞아. 정확히 이해했네. 그러면 다시 현실로 돌아와서⋯⋯. 코로나19 이전부터 지금까지 명목 물가만 17% 올랐어. 명목 물가가 그렇다는 말이고 실질 물가는 훨씬 더 올랐지. **게다가 PER이 다소 과도하게 고평가된 이유는 '매그니피센트 7Magnificent Seven' 때문이야.** 이게 뭔지 알고 있니?

이수 그럼요. 매그니피센트 7은 2023년 상반기 뉴욕 증시에서 초강세를 기록한 7개 종목을 이르는 말이에요. 생성형 AI에 따른 투자 열풍으로 기술주를 중심으로 강세장이 펼쳐졌는데요. 애플, 마이크로소프트, 구글의 모회사인 알파벳, 세계 최대 온라인 상거래 업체 아마존, 반도체 업체 엔비디아, 전기차 업체 테슬라, 페북의 모회사인 메타를 말해요. 시총 1위부터 7위까지의 기업이기도 하죠.

아버지 맞아. 그 7개 종목이 너무 오르는 바람에 시가 가중평균 EPS가 상승한 것뿐이지, 사실 이들을 제외한다면 그냥 평균치에 가까운 16배수 주변이거든. 그냥 정상적인 수준인데, 고작 7개 종목 때문에 지수 전체가 고평가됐다는 주장은 지나친 거지.

이수 골드만삭스 보고서에 따르면, 대다수 헤지펀드가 미국 증시가 너무 올랐다는 이유로 미국 주식 비중을 대폭 낮추고 상대적으로 덜 오른 유럽 증시 비중을 높이고 있다고 해요.

아버지 유럽에서는 이미 전고점에 도달한 증시가 여럿인데 뭘 보고 상대적으로 덜 올랐다고 하는지 모르겠어. 아무튼 2023년 7월 들어서 증시를 보면 매우 긍정적인 현상이 보이기 시작했어. 지금까지는 대략 7개 종목만 주로 오르면서 용오름 현상을 보이는, 이른바 유동성 장세* 말기의 특성을 보였잖아? 하지만 S&P500 기준으로 4200포인트를 돌파한 이후 약 300포인트가 오르는 동안에는 오로지 7개 종목만 오른 게 아니거든.

실제로 2023년 7월 12일 기준 S&P500 지수 내에서 50일 이동평균선을 돌파한 종목의 비율이 83.2%로 늘어났는데, 지난 3월 10일만 해도 이런 종목의 비율은 16.4%에 불과했어. 또한 2022년 10월 이후 시가총액 가중 방식의 S&P500 지수는 25% 올랐는데, 모든 종목의 비중을 똑같이 산정하는 인베스코 S&P500 동일 비중 ETF인 RSP도 20%나 상승했거든.

쉽게 말해서 빅 7 기업만 주야장천 오른 게 아니라 증시가 전반적으로 함께 올랐다는 의미로 해석할 수 있다는 거지.

이수   유동성 장세 말기의 특성을 보인다면, 이제 곧 패시브 자금이 강력하게 매수하는 시기가 온다는 말씀인가요? 그러니까 **실적장세****가 오고 있다는 뜻인가요?**

아버지   그보다는 7개 종목이 강하게 치고 오르면 나머지 종목들이 키 맞추기를 하는, 매우 바람직스러운 흐름이 전개되고 있다는 거

●   증시에 대규모 자금이 유입돼 자금력으로 주가를 밀어 올리는 장세를 말한다. 특수한 몇 개 종목에 돈이 집중되면서 말도 안 되는 강력한 상승 기류가 만들어지기도 한다.
●●   경기가 좋아지면서 대부분 기업의 실적이 좋아지고 증시 역시 가파르게 상승하는 장세

지. 이게 왜 바람직스러운 현상이냐면, 지금까지 많은 전문가가 고작 7개 종목이 주도하는 강세장은 매우 취약하다고 봤잖아? 언제든지 다시 시장이 얼어붙을 수 있을 정도로 매우 불안정하니까 말이야. 하지만 이렇게 용오름 현상이 일어나고 그 외 소외주들이 따라붙는 모습이 몇 차례 반복되고 나면, 마침내 실적 장세로 전환되는 거야.

이수 지금 당장은 아니더라도 이런 현상이 지속적으로 반복되면, 미국은 가장 뜨거운 시장인 '실적 장세'로 진입할 수도 있다는 말씀인 것 같은데요.

한국은 어떤가요? 같은 모습으로 따라갈까요?

아버지 물론 우리나라도 비슷한 흐름이 감지되기 시작했어. 그동안 AI에 대한 기대치가 있는 업종으로만 매수세가 유입됐잖아? 얼마 전까지만 해도 IT 업종 중에서 200일 이동평균선을 넘어서는 종목 비중이 90%에 달할 정도로 편중 현상이 심했는데, 2023년 7월 셋째 주부터는 조금 다른 모습을 보여주고 있어. **오로지 반도체에서만 머물렀던 온기가 타 업종으로 확산됐거든. 드디어 패시브가 움직이기 시작한 거야.** 달랑 한 주만의 모습으로 확신할 수는 없겠지만, 용이 솟아오르고 다른 소외주들이 키 맞추기를 하는 긍정적 흐름이 전개되기 시작했다는 생각이야. 이런 흐름이 몇 차례 반복되고 나면, 우리나라도 조만간 실적 장세로 진입할 것으로 생각해.

핵심 요약

- 시장을 너무 낙관해도 문제지만, 그렇다고 너무 비관적으로 바라볼 필요는 없다. 특히 '물가 효과'와 관련된 경우라면 낙관적인 전망이 오히려 투자에 더 큰 도움이 될 수 있다. 코로나19 이후 폭발적으로 늘어난 유동성 탓에 꾸준히 상승한 물가는 이자와 자재비도 올리지만 기업의 매출과 이익도 함께 오르게 한다.

- 비관적 전망이 가득하다고 하더라도 주가 상승을 견인하는 몇 개의 종목을 따라 증시의 전반적인 상승이 반복된다면, 걱정만 하기보다는 용기를 내는 것이 어떨까. 이는 물가 효과가 가져다준 절호의 매수 기회일 가능성이 크다.

6강

미래를 바꿀
산업들

반도체, AI가 가져다줄 기회

HOW TO BE
RICH

보통은 어제와 같은 내일이 이어지지. 그러다가 아주 혁신적인 변화가 생기는 경우가 있는데, 이를테면 산업혁명이나 전기의 발견, 인터넷의 활용 등이 그래.

이때는 산업적으로도 상당히 많은 변화가 수반될 수밖에 없어. 어쩔 수 없이 사장되거나 소멸하는 직업이나 업종도 생길 테고, 반대로 새롭게 부각되는 업종도 생겨나지. 자동차의 발명 이후 말 조련사나 미용사 등 수많은 말 관련 산업이 소멸하고, 대신 볼트·너트와 같은 부속 공장이나 판금사 같은 새로운 직업이 생겨난 것처럼 말이야.

이런 혁신의 시기에는 눈을 똑바로 뜨고 앞으로 스타가 될 수 있는 업종에 주의를 기울여야만 하는데, 나는 특히 'AI'를 산업혁명에 준하는 혁신적 변화로 생각해. 이 분야에 관심을 기울여야 한다는 거지.

기대 반 걱정 반 AI, 기회를 가져다줄 종목은?

2023년 5월 19일, 일본 히로시마에서 G7 정상회의가 열렸습니다. 회의 안건 중 가장 뜨거운 감자는 AI에 대한 규제 이슈였습니다. 챗GPT ChatGPT가 출시된 이후 지구촌엔 AI 개발 광풍이 불면서 세상이 더욱 빠르게 변해가고 있죠.

그런데 챗GPT를 만든 오픈AI의 샘 올트먼 Sam Altman CEO마저 미 의회 청문회에서 "국제사회 차원에서 AI 규제가 반드시 필요하다"라고 얘기했습니다.

헨리 키신저 전 미 국무장관 역시 〈이코노미스트〉 인터뷰에서 이렇게 말했을 정도입니다.

AI는 5년 안에 안보의 핵심 요소가 될 것이다. 군사 역사를 보면 지리적 한계 등으로 모든 적을 파괴하는 것은 불가능했지만, 이제 그런 제한이 없어졌다.

AI는 중국과 미국이 대화해야 할 분야이며, 미국과 중국이 각자 힘을 통한 성취에 전적으로 의존한다면 세상을 파괴하게 될 것이다.

단순 규제뿐만 아니라 미국과 중국의 패권 싸움에 AI가 활용될 수 있기 때문에 군사적 충돌을 우려하는 목소리를 낸 거죠.

무서운 속도로 진화하는 AI에 대해 기대와 우려가 동시에 커지고 있습니다. 투자자로서 우리는 어떤 점에 주목해야 할까요?

⑤ 파괴적 혁신, AI의 등장

이수 아버지, 이번엔 좀 어려운 주제인 것 같아요. AI가 계속 발전해 나가는 모습을 보면서 우선은 정말 경이롭다는 생각이 드는데요. AI가 과연 어디까지 학습할 수 있을 것인가에 대한 호기심과 동시에 두려움이 느껴지는 것도 사실이거든요.

아버지 구체적으로 어떤 두려움을 느끼니?

이수 아무래도 가장 먼저 떠오르는 건, AI가 인력을 대체하면서 실업이 늘어나고 경제적 불평등이 커지는 거예요. 또……, AI는 엄청나게 똑똑하잖아요? 슈퍼 인텔리전스인 만큼, 인간이 해내지 못하는 것들을 쉽게 풀어가다 보면 오히려 인간의 실존적 위험도 당연히 있을 것 같고요. 이 외에도 사실 AI의 발전에 따르는 걱정은 너무 많죠.

아버지 내가 오래전에 말해줬던 것 같은데, AI가 산업혁명에 준하는 변화를 불러올 거라고 한 거 기억나니? 일본의 다치카와 에이스케太刀川英輔라는 미술가는 이런 말을 한 적이 있어. **"생물은 위기를 수반한 '변화'가 오면 이에 '적응'하는 과정에서 진화적 사고가 발동하고 이를 통해 진화한다"**라고 말이야.

인류가 어떤 위기에 처하면 아주 커다란 변화가 생기는데, 그 계기를 만든 것이 코로나19라고 생각해. 흔히 젊었을 때 고생은 사서 한다고들 하잖아. 실제로 젊은 시절에 고통을 겪어보고 자란 사람과 그렇지 못한 사람 사이에는 상당한 격차가 존재하거든. 문화에서도 같은 얘길 할 수 있어. 유럽을 강타했던 페스트균 기억나지? 당시 정말 많은 유럽인이 감염돼 죽었는데, 죽음의 고통에 적응하는 과정에서 창조성이 폭발하면서 문예 부흥, 즉 르네상스 시대를 열 수 있었던 거야.

전 세계에서 수천만 명의 목숨을 앗아간 스페인 독감 역시 마찬가지야. 발생 다음 해인 1919년에 전설적인 창조성 학교 바우하우스Bauhaus가 탄생했는데, 예술 분야는 물론이고 심지어 건축 양식에서도 큰 변화가 생기게 되는 시발점이 됐어.

이수 2019년에 코로나19가 터졌고 정말 많은 사람이 죽었어요. 그리고 동시에 전 세계적으로 엄청난 변화가 있었잖아요?

아버지 그렇지.

이수 바이러스 위기였으니까 공중 보건과 관련한 인식 변화는 당연하고, 경제적으로는 금융이나 부동산 등 그 여파가 아직까지도 지대한 영향을 끼치고 있죠. 또 교육적으로도 혁신이 일어났어요. 원격 학습이라는 게 생기면서 온라인 학습 관련 플랫폼이 정말 많이 생겨났죠. 그 외에도 긍정적으로나 부정적으로나 장기적인 영향이 지속되고 있어요.

아버지 네가 말해준 부분도 맞지만, 부인할 수 없는 팩트는 코로나19로 엄청난 사상자가 발생했다는 점이야.

이수 '위기를 수반한 변화가 오면 이에 적응하는 과정에서 진화적 사고가 발동하고, 이를 통해 진화한다'라는 점을 말씀하시려는 거죠?

아버지 맞아. 인류는 지금까지 늘 위기 속에서 진화해왔으니까. 나는 그 새로운 창조성 폭발의 단서로 '생성형 AI'를 꼽고 싶어.

생각해봐, 이수야. 예전에 산업혁명은 증기기관이 시발점이 됐잖아. 여러 사람이 해야 할 일들을 기계가 대신 해주면서 산업에 일대 혁명이 일어난 거였어. 요즘 생성형 AI가 딱 그렇지? 심지어 게임을 만드는 것도 수많은 사람이 매달려야만 했던 것을 그냥 "이러저러한 취지의 게임을 만들어줘"라고 하면 뚝딱 만들어주거든.

고임금의 개발자들을 고용해서 오랜 시간을 거쳐 만들어지던 게임이 그냥 자연어로도 제작이 가능해지는 세상이라는 말이잖아. 테트리스 같은 쉬운 게임은 그냥 초등학생이라도 직접 만들어 즐길 수 있는 시대가 된 거야.

이수 하지만 그런 게임을 만들어서 내보내는 회사 입장에서는 좋겠지만 고임금 개발자들 입장에서는 일자리를 뺏기는 거니까, 좋기만 한 시대라고는 볼 수 없지 않을까요?

아버지   그런 걱정은 산업혁명 때나 자동차가 등장할 때도 똑같이 있었어. 당시 직물 공장에서 일하던 노동자들을 기계가 모두 해고하게 만들 것이라는 걱정이었지. 시간이 좀 더 지나 자동차가 발명됐을 때도 마찬가지였어. 자동차가 결국은 마차와 관련된 모든 일자리를 빼앗을 거라며 반발했지.

물론 일부 구조적 실업자가 생긴 것은 사실이야. 마부를 비롯해서 말을 돌보는 직종 등이 대부분 사라졌으니까. 하지만 자동차를 만들기 위해서 볼트 공장도 생겨야 했고, 타이어 공장도 생겨야 했어. 그 이전 세상보다 훨씬 더 많은 새 직업이 생겼기 때문에 전체 고용 시장은 오히려 더 좋아졌거든.

직업을 잃게 될 거라는 불안이나 불만보다는, 이미 시작된 커다란 변화를 인정하고 수용하는 자세가 필요하지 않을까?

💲 AI 파도에 올라탈 종목은?

이수   저 또한 변화의 파도에 휩쓸리기보다는 올라타야 한다는 입장이기 때문에 일자리에 관련된 건 사실 크게 걱정되지 않아요. 그것보다는 앞서 헨리 키신저가 말한 것처럼, AI가 무기로 남용될 경우가 걱정돼요.

실제로 영화 〈터미네이터〉에 나오는 '스카이넷'이 자주 언급되고, 〈어벤져스〉라는 영화에서는 아이언맨이 개발한 AI인 '울트론'이 세상에서 일어나고 있는 많은 일을 혼자 학습한 후 인류를 제거하는 것이 답이라는 결론을 내리고 인간을 공격하는 장면이 나왔어요. 그런 똑똑한 AI가 인간을 공격할 수도 있고, 또 애초에 그런 용도로 개발될 수도 있잖아요.

아버지 더 이상 영화에서만 일어나는 일이 아니야. 실제로 얼마 전에 AI가 "핵무기 통제권을 손에 넣을 수 있다면 그것을 이용해서 인류를 멸망시키고 싶다"라고 답변한 적도 있어. 그래서 그 부분을 경계하자는 거야. 사실 지금도 패트리엇 등 방어용 무기에는 AI가 필수적으로 적용되고 있어. 러시아가 자랑하는 극초음속 미사일 '킨잘'처럼 마하 5의 속도로 날아오는 무기를 인간이 하나하나 체크해가면서 응사할 수 없기 때문에 AI가 자동으로 대응하게 되어 있거든.

문제는 방어용 무기인 패트리엇에 적용할 수 있다면, 공격용 무기에도 적용할 수 있다는 거지. 그런 무기 체제에 AI를 적용하는 것에 대해서는 각별한 주의와 경계가 필요할 거야. 자칫하며 오판한 AI가 핵무기 버튼을 작동시킬 수도 있을 테니까 말이야.

이수 생각만 해도 너무 무섭네요. AI가 계속 발전해도 우리는 그걸 막을 아이언맨이나 토르가 없으니까……. 정말 진지하게 규제나 법을 빨리 마련해야 할 것 같아요.

일단 크게는 무기 체제에 대한 접근만 아니라면 당연히 AI, 그리고 그로 인해 전망되는 모든 변화에 대해서는 수용하는 게 맞는다고 생각해요. 대화형 AI의 발전에 불을 지핀 챗GPT의 월별 방문자 수가 2023년 5월 기준 18억 명에 달하니까, 사실 이미 거부할 수 없는 변화인 거죠?

2022년 11월에 첫 서비스가 출시된 이후로 고작 6개월 만에 1,200%나 급증한 건데요, 어떤 서비스도 이렇게 빨리 확산된 예가 없었다고 해요.

우리가 이런 변화를 기꺼이 수용하고 흐름에 동참한다면, 어떤 종목에 주목하면 좋을지도 한번 봐야겠죠?

아버지 그 선두에는 마이크로소프트가 있어. 훨씬 더 예전부터 챗GPT 열풍을 만든 장본인이거든. AI와 관련해서는 가장 선두 주자인 구글 역시 압도적 기술력을 가지고 질주 중이지. 아직 상세 정보가 공개되진 않았는데, 멀티모달multimodal●베이스의 '제미니 GEMINI'에 상당한 기대를 걸고 있어.

최근에는 GPT-4와 동등하거나 그 이상의 성능을 가진 것으로 기대되는 PaLM 2가 공개됐는데, 검색엔진과 수많은 워크 스페이스 등이 대대적으로 결합된 모델이라 상상 초월의 확장성이 기대되지.

● '모달'은 시각·후각·청각·촉각·미각 등 인간이 정보를 받아들이는 방식을 가리키며, 멀티모달은 이처럼 다양한 감각을 활용하여 정보를 받아들이고 처리하는 것을 말한다.

이수 AI의 숨은 강자로 아마존도 꼽혀요. AI의 가장 핵심적인 요소인 클라우드를 점령하고 있는 만큼, 배송 속도 증진부터 상품 검색을 위한 생성형 AI를 도입할 예정이라고 해요. 최근에 허깅페이스와 파트너십을 발표하면서 생성형 AI 경쟁에 본격적으로 참전했다고 하더라고요.

아버지 풀필먼트 시스템fulfillment system●에 AI를 도입한 건 꽤 됐어. 이를테면, 기온이 몇 도 아래에서 비가 추적추적 내릴 때는 막걸리 주문이 많아진다는 것을 AI 시스템이 예측하고 주문해서 재고를 늘려둔다든가 하는 거지. 이렇게 하면 도심 속 작은 배송 물류 공간도 아주 유용하게 쓸 수 있거든.

그런데 아마존의 메인 서비스라고 할 수 있는 배송 시스템에서는 늘 적자가 나는 거 아니?

아마존이 내는 수입의 대부분은 아마존웹서비스Amazon Web Service, AWS에서 나와. 클라우드 컴퓨팅 분야인데, 결국 AI 관련주라고 볼 수 있지. 그 외에 좀 더 추가하자면 엔비디아 같은 기업이 있는데, GPUGraphics Processing Unit(그래픽처리장치)라는 핵심 칩을 공급하지. 사실상 미국의 빅테크들은 모두 AI 관련주라고 볼 수 있어.

이수 AI의 등장은 산업혁명에 준하는 변화라는 말이 실감 날 정도로

● 물류 전문 업체가 물건을 판매하려는 업체들의 위탁을 받아 보관, 포장, 배송, 재고관리, 교환 및 환불 서비스 등의 모든 과정을 담당하는 물류 일괄 대행 서비스

바닥 대비 가장 많이 상승한 종목들이에요.

아버지 그렇지. 현재 빅 10이 전체 지수 상승률에 기여하는 정도가 무려 92%나 되는데, 이 말은 그냥 이들 빼고는 다 정체 수준이라고 볼 수 있다는 얘기야.

그냥 S&P500 지수가 바닥 대비 많이 상승했다기보다는 이들 빅테크만 주로 상승했다고 보는 편이 나아.

이수 하긴 요즘 시장에는 상승할 만한 재료가 없잖아요. 블룸버그 이코노미스트에 따르면 1년 이내 미국과 유로존의 경기 침체 확률이 2022년 8월부터 50%를 줄곧 웃돌고 있어요. 가벼운 침체냐 무거운 침체냐의 차이만 있을 뿐이고, 침체 자체가 올 가능성은 매우 크다고 보는 건데요. 침체에 대한 두려움 속에서도 상승을 주도하고 있는 극소수 종목 때문에 주가가 오른 것이고, 그들의 공통점은 AI를 주력으로 장착했다는 점인 듯해요.

아버지 맞아. 엔비디아의 예만 보더라도 PER이 무려 70배 수준이야. 지난 5년 평균치가 42배였으니까 그보다 60%가량 높은 거지. 물론 막상 괄목할 만한 실적이 발표되면 PER은 큰 폭으로 하락하곤 하지만 말이야. 워낙 성장 속도가 빨라서 주가가 먼저 가고 PER이 따라갈 정도니까.

그리고 중요한 건, 이런 빅테크들의 독주 때문에 미국 증시의 밸류가 높다는 말이 나오는 거야. 지금 미국의 PER은 2023년 5월 셋째 주 기준 18배수 정도지? 시총의 27%를 차지하는 상위 10개 종목의 PER이 평균 27배수인데, 이를 제외한다면 나머지 기업들은 16배수도 되지 않아.

경기 침체에 대한 우려감이 있음에도 18배수나 되는 밸류 때문에 투기적 매도 포지션을 역사적으로 최고 수준까지 유인하는 모습을 보이긴 했지만, 시총 10위권을 제외한다면 10년 평균 PER보다 아래에 머물러 있다는 얘기야. 이는 곧 미국의 증시가 전혀 고평가되지 않았다는 말이겠지?

이수 그러면 우리나라 SK하이닉스나 삼성전자는 어떨까요?

아버지 우리나라는 이차전지가 주춤한 뒤 자동차가 한동안 가더니만, 2023년 5월 셋째 주부터는 매우 뚜렷하게 반도체가 주도주로 나서고 있지?

생성형 AI가 존재하기 위해서는 강력한 서버가 필요하고, 이를 위해서는 HBM High Bandwidth Memory(고대역폭메모리)이라는 반도체가 필요해. 챗GPT를 비롯한 여러 AI 학습에서 엔비디아의 DGX A100 시스템이 사용되는데, 이 서버에는 2개의 CPU Central Processing Unit(중앙처리장치), 8개의 GPU 그리고 48개의 HBM이 장착돼 있거든. 그 HBM을 세계에서 가장 잘 만드는 나라가 바로 한국이지.

핵심 요약

- 이른바 '잘나가는 빅테크'들은 대부분 AI와 밀접한 관련이 있다. 2023년 3분기, 아마존은 본업인 물류에서 적자를 보고도 AI의 핵심 요소인 클라우드 컴퓨팅 분야의 선두 주자인 덕에 엄청난 실적을 기록했다. 같은 기간 매우 좋은 실적을 내고도 급격한 조정을 보였던 구글과 비교해보면, 다가올 산업의 중심에 AI가 있으리란 사실은 더욱 분명해진다.

- 빅테크의 한 축을 맡고 있는 마이크로소프트의 애저 오픈AI 서비스Azure OpenAI Service, 그리고 메타 역시 대부분의 서비스에 AI가 가미되고 있다. 물론 그 중심에는 AI 칩을 만드는 엔비디아, AMD 등이 포진하고 있다.

- AI가 몰고 올 변화는 과거 산업혁명, 아니 그 이상일지도 모른다. 이 과정에서 일부 구조적 실업자가 양산될 수 있지만, 반대로 새로 생겨나는 직업 덕에 전체 고용 시장엔 긍정적인 영향을 미칠 가능성도 존재한다. 다가올 미래를 우리는 지금부터 기민하게 준비해야 한다. AI가 주도하는 시장에서 날개를 펼칠 수 있는 종목들의 리스트를 만들어 계속 체크해야 한다는 뜻이다.

진정한 자율주행에 가장 먼저 도달할 기업은?

자율주행은 가장 기초적 수준인 레벨 1부터 완전한 자율주행이 가능한 레벨 5까지 총 다섯 단계로 나뉩니다. 다양한 자동차 기업들이 자율주행 기술의 선두 주자가 되기 위해 경쟁 중이지만, 막상 선두를 선점하려 해도 문제가 하나 있습니다. 완전 자율주행에 가까워질수록 교통사고의 과실 부담이 운전자에서 기업으로 옮겨가기 때문입니다. 실제로 레벨 4 이상만 되더라도 초기 투자 비용이 상당할 뿐만 아니라 사고가 날 경우 자동차 회사에 책임이 귀속됩니다. 그럼에도 자율주행을 완벽하게 구현할 수 있다면 막대한 이익은 보장된 것입니다.

테슬라만 하더라도 2021년 7월부터 이미 주행 보조 시스템인 완전 자율주행Full Self Driving, FSD 기능을 월 199달러에 팔기 시작했고, BMW 코리아 역시 2022년 7월부터 반 자율주행 어시스턴스를 월 5만 1,000원에 출시했습니다. 차를 팔고 난 뒤에도 매달 추가 이익을 챙길 수 있다는 건 기업 입장에서 무시할 수 없는 이점입니다.

2024년까지 레벨 4 기술 구현을 목표로 하는 대표적인 기업에는 테슬라, GM, 웨이모 등이 있습니다.

과연 어떤 회사가 진정한 자율주행에 먼저 도달할 수 있을까요?

자율주행 완성의 열쇠: 에지 컴퓨팅

아버지   지금까지 자율주행은 그저 어시스턴스 정도에 불과하고, 진정한 자율주행은 전혀 운전대를 잡을 필요가 없는 레벨 4 이상을 말해. **레벨 4에 가장 먼저 도달할 수 있는 나라라면 싱가포르나 우리나라처럼 도시화 비중이 높은 나라여야만 할 거야.**

이수   레벨 4와 레벨 5를 가르는 중요한 기준이 특정한 공간에서의 완전 자율주행이냐, 아니면 어디에서든 완전 자율주행이냐니까 우리나라처럼 도시화 비중이 높은 곳에서 먼저 시작할 가능성이 크다는 말씀이죠?

아버지   그렇지. 그만큼 우리가 좀 더 관심을 가지고 지켜봐야 하는 분야이기도 하지. **테슬라는 경쟁 회사에 비해 흑자로 전환된 지 얼마 되지 않았어. 그럼에도 GM, BMW, 폭스바겐의 시장 가치를 넘어서고 있는 이유는 미래가치가 굉장히 출중한 무언가를 가지고 있다고 봐야겠지? 그건 아마도 자율주행과 관련된 가치일 거야.**

자율주행은 하나의 기술 표준으로 발전하고 있는 게 아니야. 자율주행 개발 초창기에는 카메라와 라이다 센서 인식을 통해서 구현하려고 했어. 하지만 이 라이다가 너무 비싼 장비라서 자율주행을 저렴하게 구현하기 어렵다고 판단한 거지. 그래서 테슬라가 방향을 좀 바꿔서 카메라 8개랑 초음속 센서 12개를 장착한 거야. 물론 2022년 10월부터는 초음속 센서마저 제거하고 오직 카메라로만 자율주행을 구현하겠다고 했지. 아무튼 그렇게 카메라로 얻은 데이터를 기반으로 AI가 딥러닝을 해서 물체를 인식한다면, 이 세상에서 가장 싸게 자율주행이 구현되는 거야.

이수 하지만 그런 테슬라에 대해서 사람들이 의구심을 많이 가지고 있는 것 같아요. 사고도 많이 났는데, 트레일러 반사판을 도로로 인식해서 그대로 돌진해 사람이 사망한 사건까지 있었잖아요.

아버지 자율주행까지 어떻게 시행착오 없이 도달할 수 있겠니? 아무튼 **테슬라 이후로는 자율주행에서 가장 중요한 게 센서의 능력치보다는 'AI의 융합과 학습 능력'**이라는 점이 부각됐어. 테슬라의 CEO 일론 머스크Elon Musk는 2021년 8월 테슬라 AI 데이 행사에서 자율주행 AI 학습에 최적화한 슈퍼컴퓨터 '도조Dojo' 개발 계획을 발표했지. 그리고 2023년 7월부터 도조 생산을 본격적으로 시작했어.

이수야, 그러면 당장 자율주행을 위해서는 어떤 인프라가 필요할까? 힌트를 줄게. 내가 지금 AI의 학습 능력과 판단 능력이 중요하다고 했는데, 그렇다고 자동차마다 슈퍼컴퓨터를 얹고 다닐 수는 없잖아.

이수 컴퓨터를 얹고 다닐 수 없다면, 연산은 다른 곳에서 하고 연산의 결과를 실행하기만 하면 되지 않을까요? 그럴 경우 연산에 지연이 생기면 사고로 이어지니까……, 통신 속도가 엄청나게 중요해지겠네요.

아버지 그렇지! 지금까지 우리가 알던 방식으로는 불가능해. 5G가 무지연이라고는 하지만 약간의 지연 현상만으로도 문제가 생길 수 있거든. 클라우드에서 연산하는 방식은 위험하기 때문에 에지 컴퓨팅edge computing●'이 가능한 고성능 칩이 탑재돼야만 해.

이수 데이터를 중앙 컴퓨터로 보내고 이걸 다시 받는 과정에서 문제가 생길 수도 있으니 근거리에서 처리한다는 의미죠?

아버지 맞아. 그래서 자율주행과 관련해서는 에지 컴퓨팅이 주목받을 수밖에 없는 거야.

ⓢ 테슬라 vs 반테슬라

이수 전기차 메이커가 정말 많은데도 왜 그렇게 차들이 비싼지 궁금했는데, 아무래도 값이 비싼 라이다 같은 부품이 들어가니까 그럴 수밖에 없는 거네요. 그렇다면, 그런 점에서 테슬라에는 미래가치가 있다고 봐야 할까요? 라이다와 같은 부품 없이도

● 중앙 집중 서버가 모든 데이터를 처리하는 클라우드 컴퓨팅과 달리 분산된 소형 서버를 통해 실시간으로 처리하는 기술

높은 단계의 자율주행을 이룰 수 있다는 거니까요.

그러면 다른 자동차 메이커들은 이걸 어떤 식으로 풀어나갈 수 있을까요? 계속 비싼 라이더만 고집할 수는 없을 것 같고, 그렇다고 자율주행을 포기할 수도 없을 것 같은데 말이에요.

아버지 물론 모든 회사가 라이다를 포기한 것은 아니야. 웨이모는 라이다를 통해서 자율주행을 구현하고 있어. 이미 일정한 지역 안에서만 구동되는 완전 자율차가 운행 중이지? 다만 대부분 회사는 비싼 가격이라는 허들을 넘지 못했고, 그래서 결국 카메라를 탑재하는 테슬라를 따르기로 한 거지.

하지만 테슬라를 제외한 다른 회사들은 운행 관련 데이터가 없잖아. 그럼에도 자율주행은 거역할 수 없는 시대의 흐름이기 때문에 당연히 포기할 수도 없겠지. **데이터 양의 격차를 줄이기 위해 매핑 전문 솔루션 기업들과 협력하기 시작했어.**

아버지가 앞에서 유대인들이 가장 중시하는 전략이 하나 있다고 했지? 바로 균형이야. 유대인들은 어느 하나만 우월한 세상을 원하지 않아. 권력이 하나에 집중되는 순간 썩어버린다는 것을 잘 알고 있거든. 그래서 원자폭탄도 공유한 것이고.

이수 반테슬라 진영도 균형을 위해서 필요하다는 의미인가요?

아버지 그렇지. **반테슬라 진영의 선봉장으로 컴퓨터 그래픽 시스템의 강자인 엔비디아가 나섰어.** 테슬라가 실전 주행 데이터를 토대로 매핑했다면, 엔비디아는 거꾸로 HD 매핑을 먼저 구축한 다음에 실주행 데이터를 쌓을 디바이스를 개발해 테슬라 외에 다양한 완성차 업체를 대상으로 확대해나간 거지.

이수 재밌네요. 테슬라와 반테슬라 진영의 경쟁이 볼만하겠는데요. 2020년 6월이었죠? 엔비디아가 세계 최대 자동차 업체인 메르세데스-벤츠와 손잡고 차량용 컴퓨팅 시스템과 AI 컴퓨팅 인프라를 구축한다고 발표했어요. 2024년부터는 메르세데스-벤츠의 차세대 차량에 적용돼 업그레이드가 가능한 자율주행 기능을 실현하게 된다고 해요.

아버지 그뿐만이 아니야. 2017년에 인텔이 모빌아이를 인수한 후, 모빌아이가 ADAS Advanced Driver Assistance System(첨단 운전자 보조 시스템) 아이큐eyeQ● 시스템을 공급했는데, 이것을 주면서 '차량 주행 데이터들에 대한 소유권 계약'이라는 조건을 붙였어. 그러니까 ADAS를 거의 공짜로 주고, 그 차량과 관련된 주행 데이터를 받기로 한 거지. 그 이후로 글로벌 자동차 메이커, 무려 약 8,800만 대의 데이터를 축적하면서 이미 HD 맵을 구축했어.

이수 인텔의 기술력 정도면 테슬라와 충분히 대적할 수 있을 것 같은데요?

아버지 그들 말로는 이미 확보한 데이터로 레벨 4 수준의 자율주행이 가능하다고는 하는데, 어쨌든 그건 회사 측 주장이고 레벨 4에 도달했는지 어떤지 아직은 알 수 없어.

이수 참, 그러면 캘리포니아에서 시행 중인 로보택시(무인 자율주행 택

● 자동차에 통합칩셋soC 형태로 탑재돼 ADAS 및 자율주행 기술을 지원하는 칩

시)는 레벨 4의 자율주행이 아닌가요?

아버지 그건 진정한 레벨 4라고 볼 수 없어. 캘리포니아 안에서도 딱 샌프란시스코 지역에서만 다니는 거고, 그 안에서야 많은 경험치가 있고 변수가 상대적으로 적으니까 가능하겠지? 하지만 일반 도로에서도 레벨 4 수준의 자율주행이 가능한 모델을 발표한 회사는 아직 없어. 게다가 사고도 많고 말썽도 많아서 캘리포니아 교통국에서는 운행 대수를 축소할 것을 요청했거든.

이수 '완벽히 안전한가?'라는 질문에 대한 대답은 아직 '아니요'가 될 것 같은데요. 2023년 10월 24일 미국 기술 전문 매체 테크크런치에 따르면, GM 자회사 크루즈의 로보택시가 차량에 치인 보행자를 끌고 가는 사고가 일어나서 캘리포니아주 교통 당국이 해당 업체의 운행 허가를 중단했다는 뉴스가 있었어요. 크루즈의 운행 중단으로 샌프란시스코에서는 구글의 자율주행 계열사 웨이모만 운행할 수 있게 된 상태고요.

아무튼 그걸 자율주행이라고 한다면 우리나라의 현대차와 기아차도 이미 2021년부터 세종시에서 레벨 4 주행 시범 서비스를 시작했으니까 비슷하다고 볼 수 있겠네요. 그러면 완벽한 레벨 4 이상의 자율주행 시대는 아직 먼 훗날의 이야기인 걸까요?

아버지 자동차 메이커들이 사활을 걸고 개발에 집중하고 있기 때문에 꼭 그렇진 않을 거야. 현대차도 2024년에 레벨 4를 발표한다는 말이 있을 정도니까 말이야. 단지 시작하는 과정에서 약간의 시행착오가 있을 뿐이지. 자동차가 처음 등장했을 때 마차에서 자동차의 세상으로 바뀌는 데 고작 10년의 세월이 필요했을 뿐이야. 자율주행 세상으로 전환되는 것도 그 정도 시간이면 충분하지 않을까 싶어.

일단 레벨 3과 레벨 4는 들어가는 전장 부품이나 칩이 완전히 달라. 아무래도 매번 주행 시에 나올 수 있는 돌발 변수에 모두 반응하려면 높은 수준의 연산 능력이 필요하지 않겠니? 게다가 운전대를 잡아주고 돌려주는 솔레노이드solenoid 같은 부품도 더 들어갈 테고 말이야.

이수　자율주행에 대해서는 중국이 더 빠를 거라는 말도 있어요.

아버지　사고가 많이 난다고 하더라도 정부에서 밀어준다면 자율주행을 먼저 시도할 수 있겠지. 실제로 길리자동차는 2024년에 레벨 4 자율주행을 시현하겠다고 공고했고, 그 외 리오토나 니오 등도 2025년부터는 레벨 4 수준의 자율주행을 시현하겠다고 밝혔어.

자율주행을 견인할 업종은?

이수　진정한 레벨 4 수준이 될 수 있을지는 아직 모르겠지만, 자율주행의 시대가 코앞으로 다가온 것 같은 느낌인데요. 어떤 업종에 집중해야 할까요?

아버지　우선 우리나라는 칩 메이커가 없기 때문에 AI 칩 같은 건 아직

무리야. 그렇다고 테슬라 같은 데이터도 없고. **대신 전장 부품 관련주에 관심을 가져볼 수 있겠지?** 앞서 얘기했듯이 레벨 4 수준부터는 차가 완전히 달라져. 더 많은 전장 부품이 들어가는데, 전체 차량 가격의 50% 이상까지 확대될 수 있다는 것이 중론이야.

가장 기본적으로 카메라가 필요할 거고, 카메라에 대한 의존도가 높은 회사라면 역시 테슬라가 있겠지. 구글의 웨이모 쪽은 주로 레이더와 라이다를 쓰는데, 그 차이는 이수가 좀 말해줄래?

이수 카메라는 말 그대로 카메라예요. 강점은 차선이나 색상 감지, 도로표지판 판독이 잘되고 고해상도라는 점이죠. 약점이 있다면 번개가 치는 등 악천후를 만났을 때 오류가 많다는 거예요. 라이다는 고출력의 펄스 레이저를 발사해서 거리를 측정해요. 물체 감지나 거리 정확도가 높고 번개와 같은 악천후에서도 작동이 잘되지만 차선이나 색상 감지에 약하다는 단점이 있어요. 그리고 레이더는 전자파를 발사해서 돌아오는 전파의 소요 시간과 주파수를 측정해요. 마치 박쥐처럼요. 레이더는 유효 감지 거리가 200미터에 달하고, 라이다는 그 절반에 그치지만 3D 정보를 수집할 수 있다는 장점이 있죠. 당연히 가격은 라이다가 훨씬 더 비싸고요.

아버지 잘했어. 라이다가 워낙 비싸기 때문에 카메라 센싱 모듈이나 장비 같은 종목도 눈여겨볼 필요가 있어. 카메라 업체라면 대표적으로 엠씨넥스·세코닉스·퓨런티어 등이 있고, 레이더는 스마트레이더시스템, 라이다는 에스오에스랩 등이 있지. 그 외 전장 부품에는 현대모비스와 HL만도, 현대오토에버, 모트렉스 등이 유망해 보여.

그 외 자율주행 차량, 실시간 도로 상황 정보를 토대로 자율주행 차를 통제할 수 있는 에지 컴퓨팅 등 신호를 제어할 수 있는 AI 또는 장비와 관련된 종목 역시 꾸준히 관찰할 필요가 있어.

 핵심 요약

- 완전 자율주행이라는 정상을 차지하기 위한 기업들의 경쟁이 갈수록 치열하다. 지금 수준에서 한발 더 나아가 진정한 의미의 자율주행이 되기 위해선 그만큼 기술과 환경의 고도화가 필요하다. 신기술을 잘 활용하기 위한 도시화는 물론, 빅데이터를 활용해 돌발 상황을 대비하는 AI의 학습 능력, 에지 컴퓨팅을 통한 고성능 연산으로 찰나의 지연도 허락하지 않는 등 모든 환경이 갖춰져야 할 것이다.
- 분명한 건, 인류가 완전 자율주행을 마주하기까지 정말 얼마 남지 않았다는 사실이다. 더 늦기 전에 준비해 다가올 자율주행 시대를 슬기롭게 맞이하자. 변화된 환경에 더욱 환영받을 종목들을 선점하려면 전장 부품, 카메라, 레이더, 라이다, 그리고 AI 등 관련된 모든 기업의 흐름에 주목하자.

미국은 반도체 시장을 어떻게 점령했나

지난 2021년 6월 미국 혁신 경쟁법으로 명명된 미 반도체 지원 법안이 통과됐고, 그로부터 8개월 뒤인 2022년 2월에는 미국 경쟁 법안이 하원을 통과했습니다. 이 2개의 법안에는 대략 500억~550억 달러 규모의 반도체 산업에 대한 지원이 포함돼 있는데, 두 법안의 병합 과정에서 양당의 의견 대립으로 세부 사항을 조율하는 데 난항을 겪었습니다.

2022년 8월 휴회를 앞두고 양당은 일단 반도체 지원 법안이라도 통과시켰는데요. 그러지 않으면 중단된 반도체 투자가 재개될 수 없기 때문이었습니다. 그렇게 2022년 7월 28일 목요일 새벽, 오랜 대립 속에서도 예상보다 더 높은 2,800억 달러 규모의 반도체 지원 법안이 최종 통과됐습니다.

이 법안은 미국에서 어떤 의미를 가질까요? 나아가 우리나라 경제엔 어떤 영향을 미칠까요?

⑤ 미국의 반도체 모시기, 핵심은 인력

아버지 오래전 이야기를 좀 해주는 게 도움이 되겠구나. 과거에는 일본이 떠오르는 태양이라는 소리를 들으며 잘나가던 때가 있었어. 특히 반도체 산업이 강했는데, 일본이 너무 커지니까 미국이 일본의 반도체를 타이완과 한국으로 조금씩 이전하기 시작했어. 지금 중국을 견제하는 것처럼 말이야. 이후 일본의 반도체 산업은 쪼그라들었고, 그때 기회를 잡은 나라가 우리나라와 타이완이지. 아무튼 당시 미국은 일본의 반도체 공장을 미국 내에 건설하라고 요구했는데 그게 바로 미·일 반도체 협약이었어.

이수 그 협약은 실패한 전략 아닌가요? 일본은 그 요구를 대부분 수용했고 많은 반도체 업체가 미국에 진출했지만, 대부분 공장이 오래가지 못하고 문을 닫았다고 들었어요. 너무 높은 인건비와 물류비용 등을 감당할 수 없었기 때문이었다고 하죠?

아버지 맞아. 실제로 도시바의 파운더는 **"미국에 공장을 지은 것이 내가 한 행동 중에 가장 어리석은 일이었으며, 그 공장의 철수 결정을 내린 것이 내가 한 행동 중에서 가장 현명한 일이었다"**라고 말하기도 했지.

이수 그러면 전 세계의 반도체 업체들이 똑같은 실수를 반복하는 걸까요? 글로벌 반도체 기업들이 미국 내 신규 팹Fab● 건설을

● 제조를 의미하는 'fabrication'의 약자로, 반도체 소자semiconductor device를 만드는 제조라인을 가리킨다.

잇달아 발표했잖아요. 인텔이 오하이오주에 약 200억 달러, TSMC가 애리조나주에 120억 달러, 삼성전자가 텍사스주에 170억 달러 수준의 투자 계획을 발표했죠. 그리고 SK그룹의 최태원 회장도 미국의 바이든 대통령과 화상 통화를 한 후, 기존 계획 70억 달러에 더해서 220억 달러 추가 투자 계획을 밝혔거든요.

이 기업들은 미국의 고비용 구조를 잘 알면서도 단지 미국 정부의 압력 때문에 투자를 결정했다고 봐야 할까요? 단도직입적으로, 우리나라 기업들은 미국의 고비용 구조를 잘 알면서도 단지 미국 정부로부터 가해질 압력이 두려워서 투자를 결정했다고 봐야 할까요?

아버지　반반이라고 해야겠지. 이 세상에서 가장 큰 시장을 가지고 있는 미국의 요구를 거스를 방법은 일단 없어. 또한 미국도 고비용 구조로는 반도체 산업의 이전이 어렵다는 것을 잘 알기에 반도체 지원 법안이 필요했던 거고. '달러의 저주'라는 말 들어봤니?

이수　'달러의 저주'니, '석유의 저주'니 하는 말 많이 들어봤죠. 석유의 저주는 석유가 많이 나는 나라는 바로 그 석유 때문에 국민들이 일도 안 하고 결국 저개발 국가로 남는다는 얘긴데요, 실제로 사우디 등 산유국에는 제조업이 거의 없잖아요.

달러의 저주도 비슷한 의미로 쓰여요. 미국의 최대 수출품이 달러이다 보니까, 너무 어려움 없이 살고 있다는 말이죠. 지난 팬데믹 때도 좀 어려워지니까 미국 전역에서 모기지 상환을 못 해도 차압하지 못하게 했잖아요. 게다가 사람들의 급여보다 많은 보조금을 지급했어요. 뭔가를 애써 만들어 쓰는 것보다는 찍어낸 달러로 해외에서 사 오는 게 훨씬 더 경제적이기 때문에 제조업이 나날이 약해질 수밖에 없죠.

아버지 맞아. 반도체 공정은 매우 정밀한 공정인데, 여기에서 일할 사람이 별로 없어. 실제로, 통과된 반도체 지원 법안에서도 연구와 인력 교육에만 110억 달러가 지원되거든. 게다가 식각 공정 등에서는 맹독성 물질을 다루어야 하기 때문에 같은 급여를 받고 일할 사람을 구하기 어렵다는 말이지.

이수 삼성전자를 포함해서 TSMC나 인텔이 미국에 파운드리 공장을 짓는다고 하더라도, 반도체 인력 확보에 어려움을 겪을 수밖에 없을 거라는 말씀이죠? 일할 사람이 없다면 결국엔 돈을 더 주고서라도 하겠다는 사람을 고용해야 하겠네요. 그러면 인건비가 올라가고 반도체를 만드는 비용도 더 비싸질 수밖에 없겠는데요?

아버지 맞아. 이수가 말한 업체 중에서 실제로 행동에 들어간 업체는 2022년 7월을 기준으로 TSMC가 전부야. 2021년 6월에 착공한 것으로 알려졌어. 그 외 인텔이나 삼성전자는 착공식마저 수차례 연기했는데, 전문 인력을 확보하기 어렵고 비용이 높다는 문제 때문에 착공하기 어렵다는 것이 그 이유거든.
TSMC의 창립자인 모리스 창Morris Chang은 타이완에서 공장을 운영하는 것보다 미국에서 운영할 때 비용이 무려 50%나 높다고 주장했어. 비용이 50%나 높다면 반도체를 만든다고 해도 경쟁력이 있겠니?

이수 고비용 구조에 대한 중장기적인 지원 대책이 없다면, 미국 내 기업들의 리쇼어링 정책은 또다시 1980년대의 미·일 반도체 협약 때처럼 일장춘몽이 될 수도 있겠네요. 그래서 다른 회사들이 착공도 못 하고 반도체 지원 법안의 통과 여부를 보고 가겠다는 거였군요?

아버지 맞아. 아예 엄두도 못 내지. 인텔에서는 만약 반도체 지원 법안이 통과되지 않는다면, 조 바이든 대통령이 미국 제조업 부흥 사례로 언급한 대표 프로젝트인 '오하이오 프로젝트'마저 유럽으로 이전하겠다고 말했을 정도거든. 미국의 회사가 미국에 공장을 세우는 것조차 힘들다고 할 정도니까 다른 나라 회사는 말해 뭐 하겠어?

미국의 의원들이 서둘러 통과시킨 이유는 8월 휴회 이전에 통과되지 못한다면 이후에 통과된다고 해도 별로 의미가 없기 때문이야.

🅢 한국 떠날 반도체, 대안의 투자처는?

이수 그러면 앞으로 우리나라는 어떻게 되는 거죠? 특히 중국과의 관계가 참 모호해졌어요. 중국은 대놓고 칩4Chip4 동맹●에 참여하지 말라고 하고, 미국은 어느 편에 붙을 건지 답을 달라고 하고……. 정말 복잡해요.

아버지　중국과의 문제는 참 어렵지. 중국 말대로 우리나라 전체 수출 물량의 60%가 중국으로 향하니까. 하지만 미국의 요구를 거절한다면 장비를 받을 수가 없으니 아예 반도체를 만들 수가 없어. 중국에서 처음에는 강하게 반발하겠지만, 중국도 고사양의 휴대전화를 만들려면 우리 반도체가 꼭 필요하지. 어쩔 수 없이 받아들여야 하는 상황이 아쉽긴 하지만, 사실 우리에겐 선택의 여지가 없어.

이수　보복은 없을까요?

아버지　보복은 이미 사드 때부터 당했잖아? 어쨌든 삼성전자의 휴대전화는 중국 시장에서 차지하는 점유율이 1%도 안 돼. 자동차도 그렇고. 다만, 원자재 부문에서는 중국 비중이 무려 100%인 것들도 있기 때문에 혹시나 있을지 모르는 보복에는 경계를 늦추지 말아야 해. 기업 입장에서만 보자면, 조건만 맞는다면 미국으로 나가려고 할 거야. 우리나라는 기업을 경영하기가 매우 힘든 나라에 속하거든. 특히 반도체는 대표적인 공해 업종이기 때문에 일단 수도권에는 공장을 세우려고 해도 각종 규제 때문에 쉽지가 않아. 세정 방식을 바꿔서 겨우 규제를 피하면 지역

● 　2022년 3월 미국이 한국, 일본, 타이완에 제안한 반도체 동맹

주민들의 반대가 너무 심하기 때문에 뭣 좀 하려고 해도 진행이 안 되는 경우가 많아.

이수 삼성 공장에 대한 송전 선로 공사도 4년 동안이나 주민들의 반발로 연결되지 못했고, SK하이닉스 부지도 2년 정도 착공이 지연됐죠?

아버지 응. 일단 기업 입장에서 본다면 반도체 지원법이 통과됐으니, 미국에서 고비용 구조는 완전히 해결됐다고 생각할 거야. 당장이라도 이사하고 싶겠지. 실제로 2022년 5월에 삼성전자가 미국 텍사스주에 '챕터 313'을 신청했어. 테일러 공장에 220조 원, 오스틴에는 32조 원을 투자하겠다는 계획을 포함해서 앞으로 20년 동안 약 250조 원을 투자하겠다는 초장기 계획이야.

이수 챕터 313은 투자 기업에 자금도 지원하고, 최대 10년 동안 재산 증가분에 대해 세금을 면제해주는 텍사스주의 인센티브 프로그램이죠. 삼성전자가 만약 250조 원을 미국에 쏟아붓겠다면 이제 선단 공정은 모두 미국으로 간다는 말인데요. 참 아쉽기도 하고 한편으로는 답답하기도 해요. 챕터 313에 더해서 반도체 지원법까지 통과됐으니, 당연히 삼성전자는 기업 환경이 까다로운 우리나라에 더 투자할 생각이 없을지도 모르겠고요.

아버지 기업의 존재 목적은 의리를 지키는 게 아니라 영리를 추구하는 거잖아. 그러니 삼성전자를 향해 의리를 지켜야 하는 거 아니냐고 윽박지를 수는 없지.

생각해봐. 삼성전자가 미국에 반도체 공장 짓는 거 거부하고 우리나라에서 반도체를 만들었다고 해보자. 그런데 경쟁자인 TSMC는 미국에서 세금도 감면받고 보조금도 받으면서 더욱 싸게 만들었다면? 우리나라에서 만든 반도체가 경쟁력이 있겠니?

지금까지 삼성전자의 기본 전략은 중국 시안 공장에서는 기술 난도가 낮은 낸드 메모리를, 미국 오스틴 공장에선 14나노 이상의 저부가가치 반도체를 주로 생산하는 것이었어. 7나노 이하 초미세 공정이나 극자외선EUV 공정 등은 모두 국내에서 가동해왔지. 그러니까 기술 노출이 되어도 상관이 없는 로엔드 제품만 주로 해외에서 만들었고, 보안이 필요한 하이엔드 제품은 대부분 국내에서 만들었다는 말이지.

하지만 삼성이 챕터 313에 낸 약 2,000억 달러 규모를 보면, 미국에 첨단 생산라인을 모두 세우겠다는 생각 같아. SK하이닉스 역시 70억 달러에서 290억 달러로 규모를 상향했으니 선단 공정을 이전하려는 것 같지? 당연히 반도체 산업의 생태계가 달라질 수도 있을 거야.

이수 챕터 313까지 신청한 마당이니 마음이 절반 이상은 이미 갔다고 봐도 될 것 같은데요. 만약 삼성이 첨단 공정을 미국에 세운다고 가정했을 때, 투자자로서는 어떤 생각을 가져야 할까요?

아버지 반도체의 첨단 공정이 미국으로 간다면 우리나라는 껍데기만 남는다고 보면 돼. 과거 일본처럼 말이야. 앞으로 반도체는 별로 비전이 없다고 봐야지.

이수 하지만 우리나라 기업이 미국에서 생산한다고 해서 우리 것이 아닌 건 아니잖아요?

아버지 국민총생산Gross National Product, GNP의 시대에는 우리나라 자동 차 회사가 멕시코에 공장을 세워도 그로부터 발생하는 매출은 우리 매출이었어. 하지만 GDP의 시대에는 멕시코에 있는 우리 자동차 회사는 우리 GDP에 잡히지 않아. 멕시코의 GDP에 관 여되지. 그 나라의 인력을 고용하고 그 나라에서 세금을 내니 까 결국 그 나라의 기업인 거야.

이수 그러면 반도체나 자동차는 이제 더 이상 기대할 게 없다는 말 씀인가요?

아버지 그렇지는 않아. 일본만 보더라도 소재나 재료 등을 발전시켰고, 지금도 막강한 경제 규모를 유지하고 있으니까 말이야. 우리도 이런 쪽에서 차세대 먹거리를 찾아야겠지?

이제 세계화의 시대는 갔다고 봐. 유럽은 유럽 나름대로, 중국은 중국 나름대로, 미국도 미국 나름대로 각자 반도체가 필요한 만큼 각자 공장을 세우려 들 테니까 장비 수요는 더욱 커질 수밖에 없 어. 다만 그마저도 아직 반도체에 대한 재고 적체 현상이 심하 니까, 반도체 재고 적체가 어느 정도 해소되고 미국에 대한 투 자가 시작되면 반도체보다는 반도체 장비주들이 좋을 거야.

핵심 요약

- 미국이 본격적으로 전 세계 반도체 기업 흡수에 나섰다. 제조업 기반이 빈약한 현실을 벗어나기 위해 미국에 공장을 짓고 생산까지 하도록 말이다. 고질적인 약점으로 꼽히던 고비용 구조마저 해결하기 위해 '반도체 지원법'을 극적으로 통과시켜 인력 확보에 차질이 없게 했으며, 나아가 각종 세제 혜택까지 주는 등 글로벌 반도체 기업들의 의사결정에 쐐기를 박은 것이다.

- 당장 한국의 반도체 기업들에 선택의 여지는 없어 보인다. 미국으로 건너가지 않는다면, 미국 공장과의 생산 단가를 맞추기 어려워 가격 경쟁력에서 현저히 뒤처질 것이기 때문이다. 사실상 국내 반도체 비전이 사라진다고 해도 과언이 아닌 상황인데, 이럴 때일수록 냉정하게 우리에게 이득이 될 것을 찾아보자. 각자도생을 위해 반도체 공장을 지으려면, 이를 위한 반도체 장비 수요가 커질 수밖에 없다는 사실 등에 유념하자.

용인 클러스터가 보여주는
앞으로의 20년

2023년 3월 15일, 정부에서 한 가지 계획을 발표했습니다. 경기도 용인에 '반도체 클러스터'를 만든다는 것입니다. 2042년까지 첨단 반도체 제조 공장 5개를 구축하고, 소재·부품·장비 및 반도체 설계 전문회사 팹리스Fabless 등 최대 150개 기업을 유치하겠다는 내용이 담긴 청사진을 선보였습니다.

앞으로 20년 동안 300조 원을 쏟아붓겠다는 계획인 만큼, 다양한 이야기가 오가고 있습니다. 대규모 투자가 이루어진다는 점에서 반도체 소재·부품·장비주가 수혜주가 될 거라는 의견부터, 전기 수급 문제 등 여러 가지 이유로 반도체 클러스터는 우리나라에서 성공하기 어렵다는 의견도 함께 나오고 있습니다.

반도체 클러스터 설립을 둘러싼 여러 의견과 함께, 성공적인 설립을 위해 어떤 내안이 있을지 알아보겠습니다.

ⓢ 용인 반도체 클러스터, 사실상 불가능?

이수   용인 반도체 클러스터에 대한 기대치 때문에 반도체 소부장이 일제히 강세를 보였어요. 하지만 여러 가지 문제점 때문에 반도체 클러스터를 성공적으로 설립하기 어려울 거라는 전망 역시 만만치 않아요. 그래서 소부장 관련주들이 오르다가 다시 내리기도 하고, 변동성이 꽤 커지고 있어요.

반도체 클러스터가 쉽지 않을 거라는 근거로는 어떤 것들이 있나요?

아버지   그 전에, 반도체 회사를 종류별로 구분해보자.

이수   반도체 회사는 크게 네 종류가 있어요. 우선 'IDMIntegrated Device Manufacturer'이 있는데요, 반도체의 설계부터 제작 그리고 패키징까지 모두 하나의 라인에서 할 수 있는 회사예요. 우리나라의 삼성전자와 SK하이닉스 등 몇 개 안 돼요. 그리고 설계만 하는 '팹리스'가 있고, 설계는 못 하지만 수탁해서 생산을 해주는 '파운드리Foundry'가 있어요. 마지막으로 패키징과 테스트를 담당하는 'OSATOutsourced Semiconductor Assembly and Test'가 있죠.

아버지   그럼 이수의 질문에 답해볼게. 반도체 클러스터가 쉽지 않을 거라는 근거는 네가 방금 설명한 IDM에서 찾을 수 있어. **용인 클러스터 불가론에서 가장 많이 언급되는 이유가 '삼성전자가 IDM이기 때문에 수주가 어려울 것이다'라는 거거든.**

이수   삼성전자가 IDM이라 수주가 어렵다는 게 무슨 말이에요? 말 그대로 턴키베이스방식turn-key method으로 칩 설계부터 생산까지 다 맡길 수 있는데, 수주가 어렵다고요?

아버지 그렇게 생각할 수도 있겠지만, 삼성전자와 경쟁 관계에 있는 칩 설계 회사들도 있을 거 아냐? 그런 회사들이 굳이 칩 설계를 할 수 있는 삼성전자에 발주하지 않을 거라는 게 이유야. 설계는 지식재산권에 해당하잖아. 삼성전자에 맡긴다면 보안 문제가 생길 수도 있다는 얘기지.

이수 그러니까 아예 설계 포기 선언을 한 TSMC처럼, 설계도대로 생산만 하는 파운드리에 맡기는 편이 오히려 낫다고 생각할 수도 있다는 거죠?

아버지 그렇지. 그런데 그건 용인 클러스터 건설 불가의 이유로는 적절치 않다고 생각해. 앞서 이수가 말했듯이 반도체 회사는 여러 형태가 있잖아. 특히 이종 반도체끼리의 패키징이나 테스트 공정도 매우 중요하거든. 용인 클러스터에는 전공정은 물론이고 후공정 라인도 들어올 수 있기 때문에, 비메모리반도체 수주를 못 받아서 용인 클러스터가 실패할 거라는 이유는 좀 적절하지 않아 보이지?

반도체 공정 중에서 중요하지 않은 공정은 없어. SK하이닉스가 미국에 짓기로 한 건 대부분 패키징 공장이야. 특히 미국이 경쟁력 우위를 유지하기 위해서 투자하려는 분야도 반도체 패키징이고, 그 분야를 중심으로 예산을 빠르게 늘리고 있거든.

두 번째로 많이 지목되는 이유는 인프라 부족이야. 반도체 공정에

서 **필요한 것은 풍부한 공업용수와 전력이거든.** 용인은 물이 많은 동네니까 아무래도 용수에 대한 걱정은 덜한데, 전기 수급이 불가능에 가깝다는 점을 두 번째 이유로 들고 있어.

이수 전기 수급이 부족하다는 이유라면 근처 발전소 같은 곳에서 끌어오면 되지 않나요?

아버지 근처 발전소라면 영흥 발전소가 있는데, 일단 영흥 발전소의 발전량으로는 어림 반 푼어치도 없어. 삼성전자 평택 단지가 한국전력에서 공급받는 전력량이 연간 26TWh나 되거든. 원전 1기당 연간 전기 생산량이 6TWh 정도니까, 원전 4~5기를 돌려야 할 정도의 엄청난 양이야.

문제는 용인 클러스터가 평택 단지보다 2배 이상 크기 때문에, 여기에서 쓰이는 전력을 감당하려면 원전 8~9기를 새로 만들어야 할 판이라는 거지.

투자 성패를 좌우할 '수소에너지'

이수 그렇게나 많은 전력을 쓰는지 몰랐어요. 그러면 전기 수급 문제 때문에 용인 클러스터 계획은 사실상 거의 불가능하다고 봐야 할까요?

아버지 글쎄, 꼭 그렇지는 않아. 어떤 계획을 추진하려고 하면 반대하는 사람들이 늘 있기 마련이잖아. 증기기관 차량이 처음 공개됐을 때도 반대가 참 많았고, 우리나라에 고속도로가 처음 놓일 때도 만만치 않았지. 하지만 역사는 그런 반대들을 이겨내고 새롭게 쓰이는 거야.

용인 클러스터 완공 목표 계획이 2042년까지라고 했지? **앞으로 약 20년 후에 완공하는 게 목표니까, 전력 문제는 아마도 그 안에 다른 방법을 강구할 거야. 아마 수소에너지를 대안으로 세우지 않을까 싶어.**

우선 다른 발전소에서 끌어오는 방법은 경로가 너무 복잡해. 남사면 주변은 이미 민가가 많은 동네인데, 개인 소유 땅에 철탑을 함부로 세울 순 없잖아. 설령 모든 주민이 동의해서 전력을 끌어올 수 있다고 해도, 아까 말했듯이 그 정도 가지고는 전체 전력 수요를 감당하기가 어려워. 게다가 삼성전자도 RE100Renewable Electricity 100%●을 선언했기 때문에 화력으로 전체 수요량을 충당하는 것도 불가능해. 결국 청정에너지로 대부분을 조달해야만 한다는 말인데, 풍력과 태양광은 연속성이 보장되지 않기 때문에 사실상 어렵겠지?

그래서 남은 대안으로 수소에너지 같은 것들이 고려되지 않을까 싶어. 수소는 우주를 구성하는 기본 원소 중에서 가장 풍부한 원소니까 말이야.

이수　양이 많다고 해서 비용 문제를 간과할 수는 없지 않나요? 수소

● 　기업이 사용하는 전력 100%를 재생에너지로 조달하도록 유도하는 캠페인

가 지금 범용 에너지로 쓰이고 있는 것도 아니니까 말이에요.

아버지 2023년까지가 이차전지의 해라면, 2024년부터는 수소 경제가 개화될 거야. 이미 혼다/GM, 스텔란티스Stellantis/푸조, 플러그파워Plug Power/르노 등이 수소차에 드라이브를 걸기 시작했거든.

이수 수소 경제가 시작된다고 해도 수소차가 잘 팔리려면 우선 충전소가 충분히 마련돼야 한다고 생각해요. 특히 우리나라는 수소 충전소가 아주 적잖아요. 국회 근처에 있는 충전소도 가끔 보면 줄을 길게 서 있더라고요.

아버지 맞아. 아마 모든 나라의 공통된 의견일 거야. 그래서 2030년까지 유럽은 200킬로미터마다 수소 충전소를 설치하기로 합의했고, 플러그파워는 수소차 충전소 공급 업체인 하이드로젠 리퓨얼링 솔루션스Hydrogen Refueling Solutions, HRS와 최대 14개의 충전소 수급 계약을 체결했어. 스텔란티스도 수소밴 출시를 본격화하면서 충전소와 수소 공급을 위해서 에너지솔루션스EnergySolutions와 파트너십을 체결했고, 에어리퀴드Airliquide와 토탈에너지스Total Energies는 유럽에 100개의 상용차용 수소 충전소를 건설하기 위해 JVJoint Venture(합작 공장)를 설립하기로 했지. 2023년 4월, 미국에서도 계획 중인 수소 허브 건설에 여러 프로젝트가 경합했어. 이후 2023년 10월 13일, 바이든 대통령은 선정된 7개 프로젝트에 총 70억 달러(약 9조 4,000억 원)의 연방 정부 예산을 투입할 계획이라고 발표했지. 이 허브들에서 생산되는 수소는 IRA 법안에 포함된 수소 생산 보조금을 킬로그램당 3달러씩 받게 될 거야.

이수   시장에서 이차전지만 부각되는 상황이 워낙 오래 지속되다 보니까 수소는 한물간 거라고 생각했는데, 알게 모르게 수소도 굉장히 부지런하게 움직이고 있었네요. 아버지가 전기차는 완전한 친환경은 아니고, 완전 친환경으로 가기 위한 가교일 뿐이라고 말씀하신 적이 있는데요. 완전 친환경이라면 역시 무한대의 에너지를 가진 수소에너지겠죠?

이수   잠깐 이야기가 옆으로 샜는데요. 그러면 용인 클러스터는 여러 가지 문제점이 있음에도 건설될 수 있을까요?

아버지   그렇지. 마지막으로 한 가지만 더 얘기할게. 2023년 3월 31일자 〈니혼게이자이신문〉 보도에 따르면, 일본이 23개 첨단 반도체 제조 장비를 수출 통제 대상에 추가한다는 방침을 발표했어. 이건 당연히 중국을 겨냥한 조치라고 볼 수 있겠지? 이렇게 되면 중국은 더욱 선택지가 없어져. 우리나라 반도체 장비가 더욱 돋보일 수 있는 상황이라는 말이지. 아버지는 반도체 소부장은 중장기적으로 긍정적이라고 봐.

핵심 요약

- 앞으로 20년, 한국이 진정한 반도체 강국으로 거듭나기 위한 기로에 섰다. 300조 원이라는 천문학적 비용을 들여 '용인 반도체 클러스터' 조성에 사활을 걸었는데, 아직 넘어야 할 산이 많다. 계획을 성공시키기 위해서는 무엇보다 산업용 전력이 마련돼야 할 텐데, 이를 위해 원전을 지어야 할 판이니 사실상 아무런 대책이 없는 셈이다.

- 남은 20년, 좋든 싫든 해답은 수소에너지뿐이다. 마침 글로벌 경제 역시 수소에너지 관련 산업에 골몰하고 있다. 혼다, GM, 푸조, 르노는 물론 미국 역시 국고 70억 달러를 들여 수소 허브 건설에 나섰으니 말이다. 용인 반도체 클러스터가 절반짜리 계획으로 마무리되지 않으려면, 한국 역시 수소에너지 개발을 위해 부단히 노력하는 수밖에 없다.

- 2023년 10월, 용인 남사읍에 부지 조정까지 진행됐다. 부족한 전력량을 충당하기 위해 서해안에서 일부 끌어오고 있지만 역시 부족할 것으로 예상된다. 이런 난관을 극복하고 용인 클러스터를 완공시킨다면 수소 경제가 열매를 맺는 장이 될 수 있을 것이다. 바야흐로 수소 발전의 시대가 다가오고 있다.

다음 이벤트를 기다리며

부탄이라는 작은 나라가 화제가 된 적이 있습니다. 국민이 행복감을 느끼는 정도, 즉 행복 지수가 세계 1위였기 때문이죠. 하지만 비교 대상이 없는 절대평가는 무의미하다고 생각합니다. 실제로 부탄의 행복도가 세상에 알려지면서 부탄 사람들도 다른 나라와 비교하는 환경이 만들어졌고, 이내 그들의 행복도는 뚝 떨어졌습니다. 내가 가진 게 없어도 비교할 상대가 없으면 행복할 수 있지만, 내가 가진 게 있더라도 상대적으로 빈곤하면 속상한 법입니다.

그런 점에서 2023년은 우리에게 엄청난 상대적 빈곤감을 안겨준 해로 기억될 것입니다. 선진 시장은 온통 산타가 왔다는 분위기로 역사적 신고가를 쓰고 있는데, 우리 증시는 연고점도 돌파하지 못하며 지지부진한 모습을 보였기 때문입니다. 무엇보다 중국과의 높은 상관성이 문제였습니다. 우리나라의 수출 의존도가 5분의 1에 달하는 만큼 바닥없는 침체에 빠져든 중국의 영향권에서 벗어날 수 없었으니까요.

이벤트 스터디는 시장의 목소리를 공부하는 것입니다. 2023년이 힘들게 느껴졌다면, 앞으로는 시장의 목소리에 좀 더 귀를 기울여보세요.

2023년 연말 기준, 가장 영향력이 큰 뉴스는 무엇일까요? 연방기금금리FFR의 가격이 연준의 금리 인상이 끝난 것을 전제로 형성되어 있다는 게 아닐까 싶습니다. 이런 뉴스를 접했다면, 우리 증시가 2024년에는 2023년처럼 아주 못난 모습을 보이진 않으리라는 점을 미루어 짐작할 수 있어야 합니다. 이유는 간단합니다. 2023년 상대적 빈곤감의 원인이 중국 때문이었다는 점에 대해 이견이 없다면, 결국 중국 증시가 바로 서야 우리나라도 족쇄를 풀 수 있으니까요.

일반적으로 미국의 금리 인상기에는 돈이 미국으로 흘러 들어가기 때문에 중국에선 섣불리 재정 정책을 구사할 수 없습니다. 지금까지 중국은 재정 정책을 강화하지 못해 침체에서 벗어날 수 없었고, 그 때문에 중국과 상관도가 높은 우리나라도 지지부진한 모습을 보인 거죠. 그런데 미국의 금리 인상 중단은 중국이 재정 정책을 강화해도 자금이 해외로 샐 이유가 없다는 말이고, 이는 곧 우리나라도 부진에서 벗어날 수 있다는 뜻이 됩니다. 이런 점을 알고 미리 준비할 수 있다면 이벤트 스터디를 제대로 했다고 볼 수 있습니다.

앞으로도 시장을 자극하는 이벤트는 끊임없이 생겨날 것입니다. 어디에서 어떤 성격의 일들이 일어날지 예측할 순 없지만, 순발력 있게 대응할 수 있도록 준비해야 합니다. 과연 어떤 이벤트들이 우리를 기다릴까요?

40년 투자 대가 샤프슈터와 딸의 금융 수업

숫자를 몰라도 내 주식은 오른다

제1판 1쇄 발행 | 2024년 1월 22일
제1판 2쇄 발행 | 2024년 1월 23일

지은이 | 박문환·박이수
펴낸이 | 김수언
펴낸곳 | 한국경제신문 한경BP
책임편집 | 박혜정
교정교열 | 공순례
저작권 | 백상아
홍 보 | 서은실·이여진·박도현
마케팅 | 김규형·정우연
디자인 | 권석중
본문디자인 | 디자인 현

주   소 | 서울특별시 중구 청파로 463
기획출판팀 | 02-3604-590, 584
영업마케팅팀 | 02-3604-595, 562   FAX | 02-3604-599
H | http://bp.hankyung.com   E | bp@hankyung.com
F | www.facebook.com/hankyungbp
등   록 | 제 2-315(1967. 5. 15)

ISBN 978-89-475-4937-0 03320